Selina & Loreen Kaiser

# LOLA
Band 1

## Mein Leben und ICH

Jugendroman

KLECKS VERLAG

Selina+Loreen Kaiser

# LOLA

## Band 1

## Mein Leben und ICH

Jugendroman

# Inhalt

# PROLOG

Sonntag, 18.30 Uhr

Ich saß auf dem weiß-grau gefleckten Teppich in meinem Zimmer und packte meinen Schulranzen, denn am nächsten Morgen begann mein erster Schultag in der zehnten Klasse. Lust darauf hatte ich nicht wirklich. Meine kostbare Zeit in der Schule zu verschwenden, war nun echt nicht reizvoll, wenn ich stattdessen mit Kathrin im Einkaufzentrum sitzen und mich mit ihr über die allercoolsten Klamotten im Schaufenster der allerneusten Boutique unterhalten könnte. Kathrin Whiten und ich, wir waren die besten Freundinnen. Sie war ein äußerst hübsches Mädchen: Sie hatte blonde, lange, gelockte Haare und wunderschöne, blaue Augen. Ich hingegen war sehr groß, hatte braune Haare, grüne, hässliche Schlangenaugen und ein von Pickeln übersätes Gesicht. Manchmal war ich schon ein bisschen neidisch auf Kathrin. Schließlich musste sie sich nie um ihr Aussehen sorgen, denn sie war es schon immer und bleibt es auch – perfekt. Und weil ich das nun einmal nicht war, saß ich nun hier, packte meinen Ranzen und gedachte schon, hier zu altern.

Auf einmal ertönte die Stimme meiner Mutter: »Orr, Tommy! Nicht schon wieder. Lola!« Ich verdrehte die Augen und wusste genau, was auf mich zukommen würde:

mein nerviger, kleiner Bruder Tommy, der schon wieder irgendetwas angestellt hatte. Ich stand also auf und ging runter in die Küche.

Als ich dann endlich fertig war, den Pulli meines kleinen Bruders – der übrigens schon elf Jahre alt war – zu waschen, weil er sich ihn mal wieder mit Schokolade vollgekleckert hatte, ging ich auf mein Zimmer und chattete mit Kathrin. Nach einer Stunde kannte ich den neuesten Klatsch und Tratsch und hatte auch erfahren, dass ein neuer Schüler in unsere Klasse kommen würde. Er soll ein hochbegabter Junge sein. Aber mal ehrlich, was wollte er dann in unserer Klasse? Da waren doch nur Versager? Na ja, er konnte sich ja schlecht aussuchen, in welche Klasse er kam. Aber wenn die, die das entschieden hatten, meinten, das wäre richtig so, sollte es eben so sein. Doch ich würde ihm ganz bestimmt nicht helfen, in unserer Idioten-Klasse klarzukommen. Schließlich hatte ich das auch schon ganze zweimal durchgemacht. Das erste Mal bei Jeff Johnsen. Er war ein schwarzhaariger Junge mit blauen Augen, eigentlich ganz niedlich, wenn da nicht dieser ekelhafte Mundgeruch und dieser grottige Kleidergeschmack gewesen wären! Und noch Marie Rossi. Sie war ein rothaariges Mädchen mit braunen Augen, einer Brille und einer Nase so groß wie der Jupiter. Also, kurzgefasst hatte ich zwei völlig abartigen Menschen geholfen, sich in meiner Klasse zurechtzufinden. Und was war aus ihnen geworden? Sie waren nun die größten Loser – dank mir. Und das möchte ich, Lola Hugents, keinem noch einmal antun. Ich wusste zwar, dass es eigentlich nicht mein

Verdienst war, aber trotzdem wurde ich dieses Schuldgefühl nicht mehr los, egal, wie sehr ich mich auch bemühte …

# KAPITEL 1
## DER ERSTE SCHULTAG

Montag, 7.02 Uhr

Wie ein Fluch. Ein Fluch, der mich ab dem heutigen Tag das ganze Jahr lang verfolgen sollte. Nicht mehr ausschlafen, keine Ruhe mehr, tausend Hausaufgaben und überall nur verrückte Menschen. Und als ob das alles nicht schon schlimm genug wäre, hatte ich auch noch in diesem Schuljahr – das zum Glück das letzte sein würde –, meinen kleinen Bruder an der Backe. Denn er ging jetzt mit mir in eine Schule, und obwohl er in der fünften Klasse war, wusste ich, dass wir uns hin und wieder über den Weg laufen würden. So groß war meine ... ach nein, unsere Schule ja auch nicht. Leider.

Als ich dann fertig war, mir mein Honigbrot zu schmieren – und Tommys Nutellabrot noch dazu –, machte ich mich fertig und versuchte, meine schlechte Laune so gut es ging zu verbergen.

»Tommy! Wir müssen los, der Schulbus ist da!«, schrie ich wenig später und schleppte dann meinen vollgepackten Ranzen zum Bus. Dort setzte ich mich auf einen freien Platz. Tommy hatte sich neben seinen Freund gesetzt und belästigte mich zum Glück nicht weiter. Im Bus waren auch schon einige Schüler meiner Klasse. Darunter waren Dave der Witzbold, Klot der Aufreißer und Ron der Charmeur. Das sind die Dally-Drillinge und gleichzeitig auch die drei beliebtesten Schüler der ganzen Klasse. Klot Dally hatte schon was mit allen Mädchen aus der Schule, außer mit den Unbeliebten. Dave Dally hatte ein Händchen für gute, aber manchmal auch unpassende Witze wie kein anderer und war deshalb auch ziemlich nervig. Und Ron Dally baggerte jedes freie Mädchen an, das einigermaßen gut aussah. Ich selbst schämte ich mich in Grund und Boden, da ich schon mit Dave und Klot zusammen war. Ein schrecklicher Gedanke, obwohl sie alle drei gar nicht so schlecht aussahen: braune Haare, grüne Augen, gut gebaut und ein nettes Lächeln. Eigentlich alles, was ein Mädchen sich wünschte.

Als dann der Bus endlich fuhr, war ich überglücklich, dass er sich überhaupt bewegte, denn der Busfahrer war schon ziemlich alt. Grenzte bestimmt an die siebzig. Dass sie den noch fahren ließen!

Kaum waren wir losgefahren, kamen Dave und Klot zu mir an den Platz.

»Was wollt ihr?«, fragte ich und war etwas verblüfft, dass sie mit mir sprechen wollten.

»Wir wollten dir ›Hallo‹ sagen. Und dich fragen, wie es dir geht und ob du dich gut erholt hast?«, erklärte Dave.

»Ja, mir geht's gut, aber von was soll ich mich bitte schön erholt haben?«, fragte ich etwas misstrauisch.

Dave und Klot starrten mich an, dann kreischten sie beide los: »Na von der Trennung von uns beiden! Hat dich das nicht bedrückt in den Ferien? Uns zwar nicht, aber wie erging es dir denn so?«

Oh Mann, wie peinlich! »Mir ging's ganz gut. Denke ich … Um ehrlich zu sein, hatte ich andere Probleme, als an euch zu denken. Außerdem hab ich Schluss gemacht und nicht ihr … Was rede ich überhaupt mit euch darüber … Das Thema ist doch schon längst gegessen, Jungs«, sagte ich und hoffte, dass Kathrin bald einstieg.

»Ja, für uns auch. Wollten es nur wissen. Also bis gleich«, verabschiedeten sie sich und gingen an ihren Platz zurück.

Echt merkwürdig, die zwei …

Der Bus hielt, dann kam auch schon Kathrin.

»Kathrin! Du bist etwas spät dran.«

»Hallo Lola, wie zu spät? Zu spät für was?«, sagte sie und drückte mich an sich. Ich lachte nur und erzählte, was sie verpasst hatte. Als der Bus vor unserer Schule endlich anhielt, stieg ich gemeinsam mit Kathrin aus, um in unsere erste Stunde zu gehen.


»Guten Morgen, Klasse 10d, ich begrüße euch alle. Und wenn wir schon mal beim Begrüßen sind, heißt alle John Ross willkommen. Er wird ab heute in eure Klasse gehen.« Vor uns stand ein hübscher Junge, mit blondem Haar und wunderschönen braunen Augen.

»Ich würde gerne jemanden beauftragen, der sich um ihn kümmert. Also, Freiwillige vor«, sagte Mr. Müller in die Runde. Während er dann alles über John erzählte, hörte ich einige aus meiner Klasse tuscheln: »Boar, der ist ja zum Anbeißen.«

»Ich muss ihn haben«, forderte Nancy Ziegler.

Rocky Erana erwiderte: »Also Nancy, du bist ja vielleicht eine Gierige. Er gehört mir!«

»Mal langsam hier, dieser Traum von einem Mann steht immer noch mir zu!«, verbesserte sie Anne Wolf.

Ben, der Rocker, seufzte laut: »Also, was finden die Weiber nur an dem? Dave, schau doch mal, wie die den alle anglotzen! Wo schauen die nur hin?«

»Woher soll ich das denn wissen? Er ist nun mal neu, das gibt sich wieder«, meinte Dave gelassen.

Lorenz, der Feigling, meldete sich auch zu Wort: »Also … Jungs, ich denke, er ist ganz nett und wird mir schon nichts tun. Öhm … ich meine, er wird euch schon nicht eure Mädels ausspannen.«

Alle verstummten wieder, als Mr. Müller etwas sagte. Ich hatte die ganze Zeit nicht zugehört.

»Also wenn du mich fragst, John, nehmen wir doch einfach Lola. Die kennt das doch schon sehr gut und wird mich … äh, ich meine natürlich dich, bestimmt nicht enttäuschen. Okay, Lola? … Lola? … Lola!«, schrie Mr. Müller durch den Raum.

Ich schreckte aus meinen Tagträumen. »Äh ja … was? Natürlich, Mr. Müller«, sagte ich hastig, ohne zu wissen, was ich gerade getan hatte. Alle Mädchen schauten mich so schrecklich grimmig und enttäuscht an. Auch Kathrin. Was hatte ich denn gemacht? Und auf einmal kam dieser Typ – also John –, zu mir und dankte mir, dass ich auf ihn achtgeben würde. Dann verstand ich. Ich Dummkopf. Ich hatte mal wieder das zweifelhafte Vergnügen, den Neuen in unsere Klasse einzuführen, und die Mädchen hassten mich jetzt, weil sie ihn nicht bekommen hatten. Aber daran war ich ja schon gewöhnt. Die Tussen Nancy, Anne und Rocky waren echt die schlimmsten und konnten mich noch nie leiden. Als dann die Pausenglocke läutete wollte ich nur noch zu Kathrin. Doch sie ging eiskalt davon, ohne mich eines Blickes zu würdigen.

Nach der fünften Unterrichtsstunde hat sie sich dann doch wieder eingekriegt und sich sogar entschuldigt. »Sorry, dass ich so gemein zu dir war. Wir vertragen uns einfach wieder, kein Junge wird uns je trennen. Freunde?«

Junge? Zwischen uns? Nur weil ich John helfen sollte, sich in unserer Klasse zurecht zu finden – wenn auch unfreiwillig. Egal. Wenigstens war jetzt alles wieder gut zwischen uns.

Nach der Schule ging ich zu John, um den sich alle Mädchen – na ja, die Tussen – versammelt hatten und ihn umschwärmten.

»John, hier hast du meine Adresse. Komm bitte um 16.00 Uhr zu mir, dann besprechen wir alles. Bis dann!« Ich ging, doch er rief mir hinterher. »Klar Lola … Boss!« Er grinste und ich hatte das Gefühl, dass er sich freute, zu mir zu kommen. Ich musste lachen, denn die anderen Mädchen waren fast rot angelaufen vor Zorn, als sie gehört haben, dass John heute zu mir nach Hause kommen würde. Ich ignorierte die wütenden Blicke, dummen

Kommentare und das Lästern und ging Hand in Hand mit Kathrin nach Hause.

Also langsam wurde es mir echt zu bunt. Wo blieb nur dieser Junge? Hatte er mich und unser Treffen etwa vergessen? Wollte er nicht zu mir kommen? Nicht, dass mir das wichtig war. Bloß, wenn man einen Termin vereinbart, dann hielt man den auch ein und kam nicht erst, wenn es einem passte! Ich war stinksauer! Da riss ich mir schon ein Bein aus, wollte ihm helfen und der hielt es nicht mal für nötig, zu mir zu kommen. Das würde Rache geben …

Dann klingelte es. Ich zögerte, ging dann aber doch zur Haustür, um sie zu öffnen. Tatsächlich, es war John. Ganz verschwitzt und unter schweren Atemzügen stand er vor mir. »Hi Lola. Sorry, dass ich zu spät bin. Ich … ich musste noch etwas erledigen.«

»Ach so! Und das war so wichtig, dass du es nicht mehr für nötig gehalten hast, pünktlich hier zu sein?«, sagte ich kalt und schaute ihn missbilligend an.

Er kratzte sich am Arm. »Ähm … Nein … Ja, es war halt sehr wichtig. Ich wollte ja pünktlich kommen, aber es war halt ungünstig, dass meine Mum gerade vorhin anrief und … mich bat, meine … meine Oma zu besuchen, da sie im Krankenhaus liegt. Es tut mir leid!«, keuchte er und ich beruhigte mich etwas. So herzlos war ich dann auch nicht.

»Ja okay, ich verzeihe dir. Bloß, wenn du noch später gekommen wärst, hätte ich dir gar nicht erst aufgemacht!«, sagte ich beiläufig. ›Wer zu spät kommt, den bestraft das Leben‹, dachte ich bei mir. Doch ich sagte nichts mehr dazu, winkte ihn hinter mir her und ging mit ihm in mein Zimmer.

Als wir dann dort waren, rief auch schon meine Mutter zu uns herauf: »Lola! Möchte der junge Mann ein paar Kekse?« Ich rollte genervt mit den Augen. Meine Mutter – sie hatte lange schwarze Haare, smaragdgrüne Augen und ein bezauberndes Lächeln –, konnte zwar ziemlich cool sein, doch meistens schaffte sie es, mich so richtig zu blamieren. Ich schaute zu John, der aber gleich kopfschüttelnd ablehnte.

»Nein danke!«, schrie ich als Antwort und wandte mich wieder meinem neuen Schulkameraden zu. »Also John, gleich im Voraus: Ich bin eine ganz schlechte Helferin, und ich versteh auch nicht, wieso ich das immer machen muss.«

»Ach, das glaube ich nicht«, sagte er total freundlich … viel zu freundlich.

»Danke … Also lassen wir das und fangen einfach an.« Als Erstes fragte ich John ein bisschen aus. Schließlich hatte ich bei Mr. Müllers Erzählungen über ihn kein bisschen zugehört und außerdem fiel mir auch nichts Besseres ein, über das ich mit ihm hätte reden können. Ich fragte ihn also, wo er herkäme, ob er wirklich hochbegabt wäre und ob er schon Freunde gefunden hätte. Heraus kam, dass er wirklich ein Musterschüler in seiner alten Schule gewesen war, diese aber verlassen musste, weil er mit seinen Eltern hierhergezogen war. Hätten die nicht warten können, bis er seinen Abschluss hatte? Na ja, wenn er ja so hochbegabt war, würde er bestimmt damit kein

Problem haben. Ihm persönlich ging es gewaltig gegen den Strich, dass ihn alle als hochbegabt bezeichneten – obwohl er das ja eigentlich war, denn er hatte mir verraten, dass er die neunte Klasse mit einem Durchschnitt von 1,0 abgeschlossen hatte. Zum Schluss sagte er mir noch, dass er schon einige Freunde gefunden hatte.

»Und welche Leute kannst du denn jetzt schon als deine Freunde bezeichnen?«, fragte ich erstaunt darüber, vor allem da es ja sein erster Tag an einer neuen Schule gewesen war. Er schien wirklich beliebt zu sein. Aber vielleicht gab ich dem Wort ›Freundschaft‹ einfach nur eine zu große Bedeutung. Manche Leute sagten ja schon, sie wären Freunde, nur weil sie mal ein gutes Gespräch miteinander geführt hatten. Das mit Kathrin und mir, das war wirklich wahre Freundschaft.

»Also, ich verstehe mich ganz gut mit Dave, Jeff und Marie«, sagte er stolz.

»Was, mit Jeff und Marie?« Die Loser unserer Klasse?, wollte ich eigentlich noch hinzufügen, doch es wäre nicht fair gegenüber den beiden gewesen und so verkniff ich mir den Kommentar.

»Ja, mit Jeff und Marie. Sie waren mir gleich sehr sympathisch und in der Cafeteria haben sie sich auch gleich zu mir gesetzt. Doch dann kam Dave und sie gingen einfach … das hab ich nicht so richtig verstanden«, sagte er enttäuscht.

Jetzt musste ich ihm doch die Wahrheit über Jeff und Marie sagen. »Ja … also, du musst wissen, dass Jeff und Marie nicht die beliebtesten Schüler der Klasse sind. Was heißt, nicht die beliebtesten … sie sind eigentlich überhaupt nicht beliebt. Ich glaube, das liegt daran, weil ich ihnen genau wie dir geholfen habe, in unserer Klasse zurecht zu kommen. Deshalb wollte ich diese Aufgabe auch nicht noch einmal übernehmen«, sagte ich verbittert und schaute zu John, der etwas näher an mich herangerückt war und einen Arm um mich legte.

»Das denke ich nicht, ich mein, dass du daran Schuld bist. Das ist ganz allein deren Schuld und mir ist das auch egal, ob sie cool sind oder nicht. Ich hänge mit den Leuten ab, die mir cool vorkommen, und welchen Rang sie in der Klasse haben, ist mir auch egal. Du bist mir zum Beispiel auch sehr sympathisch«, fügte er mit einem charmanten Lächeln hinzu und einem Unterton in der Stimme, den ich nicht so richtig deuten konnte.

»Echt, du findest mich sympathisch?«, fragte ich überrascht und etwas misstrauisch. In meiner Klasse fanden mich eigentlich alle ganz nett, außer Nancy, Rocky und Anne. Sie hatten schon immer etwas gegen mich, warum, wusste ich nicht. Doch dass auch John mich gut fand, wollte ich erst nicht so richtig glauben.

»Ja, sogar sehr«, antwortete er und starrte mich mit seinen großen Augen an. Ich verlor mich darin. »Also, ist alles wieder gut bei dir?«

»Ähm … ja klar. Du hast mir sehr geholfen … ähm, ich meine, danke, dass du mich aufgemuntert hast. Das hat bisher noch niemand geschafft. Nicht einmal Kathrin«, sagte ich etwas verdattert.

»Immer wieder gern. Also war's das für heute? Muss ich jetzt irgendwas beachten in der Schule, oder so?«, wollte er wissen und nahm nun seinen Arm von meiner Schulter und legte ihn auf seinen Oberschenkel.

»Nein, das war's. Dieser Job als Helfer ist nur dafür gedacht, dass ich dich auf den Alltag in unserer Klasse vorbereite und für dich in der Schule da bin. Total überflüssig, wenn du mich fragst. Aber na ja ... Oh, das hätte ich fast vergessen! Ich sollte dir auch noch was zu den Spitznamen der Schüler erzählen, damit du auch weißt, wer jetzt gemeint ist. Bestimmt ist dir schon aufgefallen, dass einige so einen Spitznamen haben. Ich glaube, die denken sie sich immer selbst aus, aber so genau weiß ich das auch nicht.«

Ich bemerkte, wie mich John neugierig ansah und schließlich fragte: »Ach so, und welche Spitznamen wären das? Hast du auch einen?«

»Nein, ich habe keinen. Keine Ahnung, warum. Kathrin hat auch keinen. Ich weiß auch nicht, ob du einen bekommen wirst. Aber eigentlich ist es ja jetzt egal. Also zu den Namen, es gibt: Dave den Witzbold, Klot den Aufreißer, Ron den Charmeur, Ben den Rocker, Lorenz den Feigling, und Nancy, Rocky und Anne sind die Tussen. Na ja, eigentlich ...«, gab ich zu, »...habe ich den drei Mädchen diesen Namen gegeben.« Wieso hatte ich ihm das gerade gesagt? Er lachte. Ich wollte mich am liebsten vergraben.

»Cool. Na ja, aber sie sind schon wirklich, irgendwie ... na ja, du weißt schon.«

Ich kicherte verlegen und fuhr fort: »Eigentlich sind sie alle stinknormale Schüler und du kannst dich mit ihnen auch ganz normal unterhalten. Außer mit Nancy und ihren Tussenfreundinnen, die sind nämlich die größten

Zicken, die es gibt, aber mach dir da mal dein ganz eigenes Bild. Du wirst aber bestimmt bald merken, dass alle den Tussen nach der Klappe reden. Sei du wenigstens schlauer und mach das nicht.«

»Okay versprochen. Und danke für deinen Rat, Lola. Ich habe schon mitbekommen, dass Nancy, Rocky und Anne die Hosen in der Klasse anhaben. Keine Sorge, ich werde dich nicht enttäuschen.«

John lächelte mir zu und ich ging mit ihm die Treppe nach unten zur Haustür. Dort angekommen verabschiedeten wir uns und John drückte mich zum Abschied. Ich wurde wahrscheinlich rot, zumindest klopfte mein Herz wie wild. Ich hoffte, dass er das nicht mitbekam, wenn doch, ließ er es sich jedenfalls nicht anmerken.

Verwirrt und zugleich überglücklich schwebte ich ins Bett. Dort dachte ich über John nach. Wie er mich angesehen und mir die ganze Zeit zugehört hatte. Als würde er sich wirklich für mich interessieren. Er war so … so anders als die anderen Jungs aus meiner Klasse. Zuvorkommend, nett und höflich und kein bisschen dämlich, wie Dave es manchmal war. Er war einfach … perfekt. Wie Kathrin. Vielleicht standen deshalb alle auf ihn, und vielleicht hatte ich mich jetzt auch … nein, das konnte nicht sein.

Ich zog die Bettdecke bis unters Kinn und schloss die Augen.

# Kapitel 2
## Das Glück kommt und geht
## so schnell vorbei

Donnerstag, 13.24 Uhr

Die restlichen Schultage hatte ich eigentlich ganz gut überstanden. John hatte jetzt wirklich Dave, den Witzbold, zum besten Freund, und mit Marie und Jeff war er auch ganz schön dicke geworden. Mich hatte er, glaube ich, schon wieder vergessen, seit Montag schon hatte er nicht mehr mit mir geredet. Warum auch? Schließlich war jetzt alles geklärt, er hatte also keinen Grund mehr, sich mit mir abzugeben. Irgendwie machte mich das ein bisschen traurig. Ich hoffte, dass er sich in unserer Klasse gut eingelebt hatte, denn ich hatte keine Lust mehr, immer den Ratgeber für andere zu spielen, obwohl ich bei John schon eine Ausnahme gemacht hätte. Aber das war ja jetzt auch egal.

An diesem Tag hatten wir Sport bei Mrs. White. Sie war die beste Lehrerin der ganzen Schule, weil sie den besten Unterricht aller Zeiten gab. Bis auf Sport, da wurde nur gerannt, und das war schon ziemlich ätzend. Kathrin war die beste Läuferin der gesamten Klasse, sogar von den Jungs konnte sie keiner schlagen. Heute war Ausdauerlauf dran, das konnte ich eigentlich noch ganz gut, vor allem hatte ich da nicht das Gefühl, gleich vor Anstrengung zu sterben, so wie es bei sämtlichen anderen Sportarten immer war. Doch heute war irgendetwas anders. Als ich mit Kathrin losrannte und die ersten zwei Runden auch mit ihr mithielt, fing ich schon bald an, immer langsamer zu werden. Irgendetwas war faul. Warum konnte ich nicht schneller laufen? Sonst lief ich immer neben Kathrin her und war hin und wieder auch schon mal fast so weit, sie zu überholen. Doch heute fühlte ich mich irgendwie schlapp. Ich versuchte, schneller zu laufen, doch trotz aller Anstrengung entfernte sich meine beste Freundin immer weiter von mir. Es fühlte sich an, als wäre alle Kraft aus mir gewichen. Ein leerer Körper ohne Energie.

Nach zwanzig Minuten kamen endlich alle zum Stillstand. Während meine Mitschüler zu Mrs. White gingen, um ihr die gelaufenen Runden anzusagen, fiel ich erschöpft zu Boden und lag nur noch wie gelähmt da. Kathrin hatte in zwanzig Minuten achtundzwanzig Runden geschafft, das war eine glatte Eins. Ich hingegen war mit dreizehn Runden die schlechteste Läuferin von allen und bekam nur eine Vier. Sogar Marie und Jeff waren mit sechzehn Runden besser als ich.

Dann gingen alle in die Sporthalle und ich lag immer noch da, hatte das Gefühl, dass es Niemanden interessierte, dass ich wie eine Leiche auf dem dreckigen und kalten Boden lag. Mein Kopf brummte und vor Anstrengung tanzten schwarze Punkte vor meinen Augen. War ich denn unsichtbar? Müsste es nicht jemandem auffallen, dass ein Mädchen wie erstarrt auf dem Boden liegt und sich nicht bewegt? Zum Glück kam dann aber doch jemand zurück. Es war Mrs. White. Sie hockte sich neben mich und nahm meine Hand. »Lola? Lola? Ist alles in Ordnung mit dir? Warum stehst du nicht auf?«

»Was? Ich ... ich weiß nicht, ich kann nicht. Ich komme nicht mehr hoch, ich fühle mich wie ein schwerer Stein. Was ist mit mir los?«, sagte ich und zitterte am ganzen Körper, als ein kühler Windhauch über den Sportplatz fegte.

»Hast du heute schon etwas gegessen?«, fragte Mrs. White und betastete meine Stirn.

»Ich glaube nicht. Wieso? Kann es daran liegen?«, flüsterte ich und fühlte mich immer schwächer. Eigentlich ist der Boden doch ganz bequem. Ein Nickerchen wäre jetzt gut...

»Lola, du hast einen Schwächeanfall ... Lola? Hörst du mich? Wir müssen ...«

Das war alles, was ich noch mitbekam. Ich spürte noch, wie meine Augen sich schlossen und sich das Gefühl aus meinen Beinen und aus meinem ganzen Körper verabschiedete.


»Hallo? Hallo? Sind Sie wach?«, hörte ich eine fremde, tiefe Stimme, die ich aber, noch völlig benommen, kaum wahrnahm.

»Es scheint Ihnen wieder besser zu gehen. Das freut mich.«

Ich machte meine Augen auf und sah einem weiß gekleideten Mann mit einem Schnauzer und braunem

gelockten Haar entgegen. »Wo bin ich? Was ist passiert?«
Ich blinzelte in das grelle Licht des weißen Raumes.

»Sie sind im Krankenhaus, aber es ist alles gut. Ihre Lehrerin hat Sie zu uns gebracht. Sie hatten einen Schwächeanfall im Sportunterricht, weil Sie nichts zu sich genommen haben. Sie sind nach einem Ausdauerlauf ohnmächtig geworden. Ihre Lehrerin hat zum Glück schnell reagiert, sonst hätte das auch schlimmer ausgehen können«, erklärte der Arzt ruhig und sachlich.

»Aber ich verstehe das nicht … mir ging es doch sehr gut an dem Tag.«

»Ja, das kann schon möglich sein. Doch wenn Sie den Tag über wirklich nichts gegessen haben, dann kann so etwas schnell passieren, wenn Sie sich körperlich schwer beanspruchen, so wie in Ihrem Beispiel bei dem Ausdauerlauf. Sie hätten einfach etwas zu sich nehmen müssen.«

»Das … das tut mir leid. Ich wollte ja etwas essen, doch ich hatte einfach keine Zeit mehr dafür«, murmelte ich schuldbewusst, richtete mich langsam auf und lehnte mich an die Wand, an der mein Bett stand.

»Es ist ja nichts passiert«, beruhigte mich der Arzt, »aber merken Sie sich bitte, dass Sie vor dem Sportunterricht ab jetzt immer etwas zu sich nehmen, sonst kann das wieder passieren.«

»Ja.« Ich schüttelte mich kurz, stellte fest, dass es mir wieder gut ging und wollte nur noch hier raus. Zum Glück würde ich nicht mehr in die Schule müssen, denn Sport war unser letztes Unterrichtsfach an diesem Tag gewesen. »Darf ich gehen?«, fragte ich daher.

»Ja, das dürfen Sie. Morgen kann ich Sie aber noch nicht in die Schule lassen. Sie müssen sich noch etwas erholen, nur zur Sicherheit. Und vergessen Sie nicht, etwas zu essen, wenn Sie nach Hause kommen. Ihre Mutter wartet draußen, sie hat sich große Sorgen um Sie gemacht. Auf Wiedersehen, Ms. Hugents, und passen Sie auf sich auf«, sprach der Arzt, reichte mir die Hand und verließ das Zimmer.

Kaum dass auch ich aus dem Zimmer trat und die Tür hinter mir ins Schloss fiel, stürzte meine Mutter auch schon auf mich zu. »Lola! Ach, Schatz, zum Glück ist dir nichts passiert. Mach das nie wieder, hörst du? Ich möchte, dass du jetzt jeden Morgen etwas isst, bevor du aus dem Haus gehst. Hast du verstanden? Ich will nicht, dass so etwas noch einmal vorkommt, mein Schatz.«

»Ja, Mum, mir geht's gut, keine Panik. Aber schrei jetzt bitte nicht so rum, das ist peinlich«, sagte ich tatsächlich etwas peinlich berührt und leicht genervt von ihrem Drang, immer so zu übertreiben. Da fiel mir plötzlich eine wichtige Sache ein. »Sag mal, hat Kathrin angerufen oder nach mir gefragt? Sie hat sich nämlich nicht um mich gekümmert, als ich im Sport auf dem Boden lag. Sie ist einfach mit den anderen mitgegangen, als wäre ich ihr völlig egal.«

»Nein, es hat niemand angerufen. Vielleicht hat sie das Ganze nur nicht mitbekommen. Mach dir mal keine Gedanken. Komm, wir gehen nach Hause. Ich habe schon Mr. Müller angerufen. Er hat gesagt, dass ein gewisser John Ross kommen wird und dir am Wochenende alles bringt, was du nachholen musst. Wer ist das?«, fragte meine Mutter, offenbar heilfroh darüber, dass sie wieder mit mir sprechen konnte. Sobald sie seinen Namen sagte, dachte ich nicht mehr an Kathrin, und fragte mich auch nicht mehr, wie sie nur ihre beste Freundin am Boden liegend übersehen konnte. Nein, ich war überglücklich, dass dieses Wochenende John zu mir kommen würde und antwortete deshalb nur: »Der war neulich bei uns, weil er doch neu in der Klasse ist. Erinnerst du dich?« Sie schüttelte mit nachdenklicher Miene den Kopf.

»Er ist einfach ein Freund, ein guter Freund.«


Und dann war es so weit, John kam zu mir! Der John, von dem ich dachte, dass er mich schon völlig vergessen hatte. Ich war so glücklich und merkte gar nicht, dass Tommy direkt vor meiner Zimmertür stand und sagte: »Lola, es gibt Mittag. Du sollst kommen.«

»Ja, ja, du kleine Nervensäge, ich komme ja schon«, giftete ich ihn genervt an, doch folgte schließlich meinem kleinen Bruder in die Küche. Seitdem unser Vater uns verlassen hatte, musste meine Mutter alles alleine machen und deshalb dauerte es auch immer ziemlich lange, bis wir etwas zu essen bekamen. Manchmal half ich ihr beim Kochen, aber nicht immer, denn ich brauchte ja auch mal etwas Zeit für mich und hatte auch gar keine richtige Lust, ihr zu helfen.

Wenn ich hörte, wie schlecht es Kathrin zu Hause ging, dass sie nur geschlagen wurde und ihr Vater eine neue Frau geheiratet hatte, mit der sie überhaupt nicht zurechtkam, musste ich zugeben, dass ich schon Glück mit meiner Familie hatte, auch wenn ich dafür jeden Tag Tommy ertragen musste.

»Setzt euch bitte, Kinder«, bat meine Mutter. Ich folgte ihrer Anweisung und setzte mich auf meinen Stammplatz. »Heute gibt es Spargel mit Schnitzel und Kroketten. Bedient euch«, erklärte sie noch und präsentierte stolz ihr zubereitetes Festmahl.

»Hm. Das sieht ja köstlich aus, aber du sollst dir doch nicht immer so viel Mühe machen. Es reicht auch einfach eine Suppe oder so«, erklärte ich und dachte an die überdimensionale Kalorienmenge, die nun vor mir stand. Kein Wunder, dass ich nicht so perfekt aussah wie Kathrin, wenn sogar meine Mutter meine Gewichtszunahme förderte. Während ich noch mit dem Kopf schüttelte, sagte Tommy mit vollgestopftem Mund: »Also, ich finde es großartig, wenn du so viel machst und das dann auch noch so gut ist. Von mir aus kann das so weitergehen. Aber bitte keine Suppe! Ich hasse Suppe, das bekommen alte Leute ohne Zähne, Pfui! Okay ... Lola könnte dann schon Suppe essen.« Während er sprach, landete bei jedem Wort ein bisschen mehr Essen aus seinem Mund auf meinem Teller.

»Orr, Tommy! Erstens spricht man nicht mit vollem Mund, und zweitens ist Suppe nicht nur für alte Leute«, meinte ich genervt.

»Wenn du meinst«, erwiderte Tommy und stopfte sich die nächste volle Gabel in den Mund. Manchmal wundert es mich schon, dass er bei seinen Tischmanieren überhaupt mit Messer und Gabel essen konnte.

»Kinder, hört auf, euch zu streiten. Ich mache das gern für euch, und wenn ihr gerne Suppe essen wollt, dann mache ich euch auch einmal Suppe. Aber jetzt lasst uns essen«, sagte meine Mutter und genoss weiter ihr zubereitetes Mahl.

»Ich will aber keine Suppe. Ich will Fleisch!«, rief Tommy vorlaut, sodass wahrscheinlich selbst die Nachbarn mitbekommen hatten, dass Tommy ein fleischsüchtiger, gieriger kleiner Junge war. Ich stupste ihn an und schaute ihm zornig in die Augen. Dann war er ruhig, widmete sich wieder seinem Schnitzel und ich fing dann auch an, etwas zu essen, wenn auch nicht so begeistert wie Tommy.

Nach dem Essen verschwand ich wieder auf meinem Zimmer. Irgendwann klingelte es dann an der Tür. Tommy machte sie auf und ich hörte ihn sagen: »Hallo, was willst du hier?«

»Ähm«, erkannte ich Johns Stimme, »ich will zu Lola, ich habe etwas für sie.«

»Okay, dann komm rein«, verlangte Tommy und schickte den Besucher zu mir nach oben.

»Hi Lola, komme ich zu früh?«, fragte John. Mein Herz schlug wie wild, mein Magen verkrampfte sich und ich wusste zuerst nicht, was ich sagen sollte, als ich ihn sah.

Reiß dich zusammen, ermahnte ich mich selbst.

»Nein, gar nicht, du kommst genau richtig.« Ich fühlte mich komisch in seiner Gegenwart und konnte immer noch nicht glauben, dass er wirklich hier bei mir im Zimmer stand… Oh, er stand, wie unhöflich! Ich bat ihn, Platz zu nehmen. Kaum saß er, kramte er in seinem Rucksack und sagte schließlich: »Ich habe hier die Sachen von Freitag. Ich habe dir schon alles kopiert, du brauchst es also nur noch einheften«, erklärte John und war sichtlich stolz auf seine Arbeit. Er war so lieb, so etwas Nettes hatte noch nie ein Junge für mich getan. Ich wurde ganz euphorisch.

»Oh danke. Das ist wirklich sehr nett von dir. Danke!«, wiederholte ich und bedankte mich damit wohl etwas zu heftig. Wie peinlich. Ich sah, wie John sich erhob, doch ich wollte nicht, dass er schon wieder ging und rief hektisch: »Halt, warte!« Er drehte sich verwirrt um und starrte mich an.

»Ja, was ist?«

»Ähm … wollen wir noch was zusammen unternehmen? Hast du Lust, ein Eis essen zu gehen? Wir sind zwar auf dem Dorf, aber eine leckere Eisdiele gibt es hier trotzdem«, versicherte ich ihm und hoffte, dass er zusagen würde.

»Klar, gern, ich hab Zeit. Ich habe sogar noch ein bisschen Geld in der Tasche. Ich kann dich sogar einladen«, sagte er und war – glaube ich – sehr glücklich über meinen Vorschlag.

»Wenn du willst«, erwiderte ich knapp, worauf John nur nickte und wir gingen gemeinsam hinunter zur Garderobe. Er packte seine Jacke und zog sie an, dabei beobachtete ich ihn genau. Er war so hübsch, klar, dass die ganzen Mädchen in der Klasse auf ihn standen. Dann nahm auch ich meine Jacke und zog sie ebenfalls an. Als ich fertig war, gingen wir nach draußen.

Es war Frühling und es wehte ein kühler Wind. Wir liefen von unserem Haus aus den Bürgersteig hinunter.

»Wie man schon von Weitem sieht, ist die Eisdiele sehr beliebt. Sogar Leute aus Frankfurt kommen extra deswegen hierher«, erklärte ich, um ein bisschen zu prahlen.

»Ja, ich sehe es. Komm, lass uns schnell hingehen, ich sehne mich schon nach dem leckeren Eis. So wie du davon geschwärmt hast, kann es ja nur gut schmecken«, sprach John begeistert und wir gingen weiter den Bürgersteig entlang.

Die Eisdiele lag nur noch wenige Meter vor uns und ich war so froh, etwas mit John unternehmen zu können. Nichts könnte diesen schönen Tag mehr kaputt machen. Vielleicht war ich da auch etwas voreilig, doch das war mir fürs Erste so was von egal.

Als wir die Eisdiele betraten, sah ich mich um. Viele fremde Leute besetzten fast alle Tische. Sie aßen riesige Eisbecher und lachten laut. Ihr Gelächter dröhnte in meinen Ohren. Es war eine schöne Atmosphäre, familiär und voller Lebensfreude.

»Hey, da drüben ist noch ein Tisch frei. Siehst du? Der am Fenster? Komm wir gehen hin.« John packte mich am Arm und zog mich so schnell er konnte zu dem Tisch, den ich noch gar nicht bemerkt hatte. Es war wirklich viel los und wir hatten Glück, dass wir noch einen Tisch bekamen. Und John hatte sich regelrecht auf den letzten freien Platz gestürzt. Er war so aufmerksam. Auch als er mir aus meiner Jacke half und sie neben seine an einen Haken hängte. Dann, als ich mich gesetzt hatte, schob er meinen Stuhl bis zur Tischkante vor und setzte sich dann auch auf seinen Platz. So etwas Höfliches hatte ich noch nie bei einem Jungen erlebt, ich glaubte, er war einer der wenigen Jungs, die sehr gut erzogen waren und wussten, wie man mit Damen umzugehen hatte.

»Was möchtest du haben?«, fragte er. Ich nahm die Karte und tippte auf den Erdbeershake, den ich immer bestellte, wenn ich hier war.

»Okay, dann bekommst du den«, versicherte er. Dann kam auch schon die Bedienung und er bestellte. Als sie wieder davonging, saßen John und ich uns einfach nur gegenüber und schauten uns in die Augen. Niemand sagte etwas und ich fühlte mich irgendwie ganz mollig warm. Ich war mir nicht sicher, ob es an ihm oder dem beheizten Raum lag. Dann sagte John mitten hinein in diesen schönen Moment: »Hat dir schon mal jemand gesagt, dass du wunderschöne Augen hast? Wie das Gras auf einer Wiese voller Blumen, nur noch schöner und grüner. Wie ein Smaragd, der in der Sonne glänzt.«

Ich fühlte mich geschmeichelt. Wann würde er aufhören, so hinreißend zu sein?

»So etwas hat noch nie jemand zu mir gesagt. Danke«, sprach ich und wurde so rot wie eine überreife Tomate. Verlegen vergrub ich mein Gesicht in den Händen. Dann rutschte John mit seinem Stuhl näher an den Tisch, nahm meine Hände von meinem Gesicht und hielt sie fest umklammert. Mein Herz klopfte immer schneller und es kribbelte in meinem Bauch. Das Gefühl, das ich spürte, war wunderschön, es war gar nicht zu beschreiben.

Jetzt war mir klar, dass ich John Ross, den Neuen unserer Klasse, wie alle anderen Mädchen vergötterte. Und ich war mir irgendwie sicher, dass er genauso für mich empfand. Vor allem, als er nun sagte: »Lola, du bist wirklich das schönste Mädchen, das ich kenne, und ich würde dir gerne etwas sagen. Ich … ich glaube, ich habe mich …«

Genau in diesem Moment sprang ein Mädchen vor unseren Tisch. Blonde Haare standen ihr zu Berge und ihre Augen glühten vor Zorn. John ließ meine Hände nicht los, als Kathrin direkt vor mir stand und schrie: »Lola, wie kannst du mir nur so etwas antun? Ich dachte, wir wären Freunde! Wie kannst du mich nur so hintergehen? Ich hasse dich, das hätte ich nicht von dir erwartet. Du verlogenes Miststück!«

Was war denn mit ihr los? Verblüfft schaute ich sie an. »Was … Was, habe ich denn getan?«, brachte ich schließlich zustande. »Kathrin, du warst doch diejenige, die mich im Sportunterricht zurückgelassen hat!«, warf ich ihr vor und sah, wie John Kathrin erstaunt anstarrte.

»Ja und? Ich habe dich nicht gesehen, und außerdem hatte mich Nancy auf eine Pizza eingeladen, weil ich so gut war. Wie hätte ich da Nein sagen können?«, erklärte sie und ich merkte, wie kochende Wut in mir aufstieg.

»Was? Du warst mit Nancy weg? Mit Nancy, der Obertusse? Ich dachte, du hasst sie! Was ist bloß los mit dir? Wann bist du nur so geworden?«

»Wie ich geworden bin? Lola, die Einzige, die hier was Schlimmes getan hat, bist du! Ich dachte, kein Junge geht zwischen uns!«, schrie Kathrin und trat einen Schritt zurück. Sie zeigte mit dem Finger anklagend auf John.

»Du reagierst völlig über, wir sind nur Eis essen. Es tut mir leid«, flehte ich. Ich wollte keinen Streit mit meiner besten Freundin, die immer zu mir gehalten hatte und der ich alles anvertrauen konnte.

»Eis essen?« Sie lachte voller Ironie. »Ach, spar dir das! Ich sehe doch genau, wie John dich ansieht, wie du ihn ansiehst, wie ihr … Händchen haltend euch angafft!« Sie würgte gespielt, als wäre ihr plötzlich schlecht. »Lass mich einfach in Ruhe! Ich will dich nie mehr wiedersehen!« Und sie rannte heulend aus der Eisdiele.

Ich war geschockt. Was hatte ich getan? Nur wegen meinen dämlichen Gefühlen für John hatte ich jetzt Probleme mit Kathrin! Mir kullerte eine Träne über die Wange. Meine Hände lagen immer noch in denen von John. Ich wollte sie losreißen, doch er hielt sie fest. »Was war das denn, Lola? Seit wann steht denn Kathrin auf mich? Was hast du denn gemacht?«

»Ich … ich weiß es nicht. Sie hat mir nicht gesagt, dass sie auf dich steht. Ich weiß nicht, was ihr Problem ist. Sie denkt wahrscheinlich, dass ich dich…« Mir stockte der Atem und John ergänzte das Wort, welches ich nicht hatte aussprechen wollen. »Liebe?« Ich nickte nur stumm, merkte, wie mir Schweißperlen auf die Stirn traten und die Tränen, die ich wegen Kathrin vergossen hatte, auf meiner heißen Haut verdampften.

»Ja, darüber wollte ich doch vorhin mit dir reden. Ich wollte dir sagen, dass ich mich im ersten Augenblick, in dem ich dich gesehen habe, in dich verliebt habe. Ich wäre gerne mit dir zusammen. Was hältst du davon?« Er stellte nun die Frage, die ich mir anfangs so sehr erhofft hatte. Wäre Kathrin nicht gekommen, hätte ich wahrscheinlich sofort zugestimmt und wäre ihm um den Hals gefallen, doch jetzt zögerte ich mit meiner Antwort.

»Und? Was hältst du davon?« An dem selbstbewussten Unterton in seiner Stimme bemerkte ich, dass er sich sehr sicher war, dass ich Ja sagen würde.

»John … ich mag dich auch, aber ich kann nicht mit dir zusammen sein. Ich meine, schon allein wegen Kathrin. Ich muss das wieder hinbekommen. Es tut mir leid.« Ich zog meine Hände aus seinen, stand auf und ging an ihm vorbei, um nach draußen zu hasten. Ich wollte ganz schnell weg, um ihm nie wieder in die Augen blicken zu müssen. Doch er packte mich am Arm und flüsterte mir ins Ohr: »Sie kann es uns nicht verbieten, du entscheidest das, nicht sie. Ich kann mir vorstellen, wie du dich fühlst. Ich werde auf dich warten.«

Ich lächelte und rannte nach Hause, ohne mich noch einmal umzudrehen.

Zu Hause warf ich mich auf mein Bett und dachte nach. Ich durfte nicht mit John zusammen sein. Niemals. Nicht auf diese Weise. Ich musste das mit Kathrin wieder hinbe-kommen, sonst würde mein Leben in der Schule ab jetzt die Hölle sein. Mein Ziel war es ab heute, all das wieder gerade zu biegen, was ich mit Kathrin zerstört hatte, und mir war klar, dass John und ich unter keinen Umständen ein Paar werden konnten – auch wenn dieser Gedanke wunderschön war. Ich musste mich von ihm trennen, ob-wohl wir noch nicht einmal richtig zusammen waren. Ich brauchte Kathrin einfach. Ich konnte nicht ohne sie, nicht ohne meine beste Freundin. Ich brauchte nur sie, niemanden sonst, und sie brauchte mich, sonst würden wir beide kaputtgehen.

# KAPITEL 3
## SCHULE DES SCHWEIGENS

Montag, 7.18 Uhr

Steh auf! Lola, Liebes, steh auf! Du hast verschlafen. Du musst zur Schule«, rief meine Mutter hektisch und schüttelte mich so lange, bis ich meine Augen öffnete.

»Was? Verschlafen? Wieso hast du mich nicht geweckt? Und was soll ich jetzt machen?«, fragte ich noch schläfrig und stieg langsam aus meinem kuscheligen Bett. Schon war der Tag verdorben.

»Ich wecke dich nie! Du stehst jeden Tag alleine auf. Es ist schon alles vorbereitet. Dein Frühstück liegt unten auf dem Küchentisch und dein Ranzen steht neben der Haustür. Du musst dich nur noch schnell fertigmachen, dann bring ich dich rüber. Frühstücken kannst du ja dann in der ersten Pause. Also, beeil dich!«, sagte meine Mutter und verließ dann mein Zimmer. Ich wusste nicht, warum ich verschlafen hatte, denn das passierte mir sonst nie. Heute war ich mir hundertprozentig sicher, dass dieser Tag der schlimmste Schultag meines Lebens sein würde. Am liebsten hätte ich weitergeschlafen und wäre hier geblieben, doch da war mir meine ›reizende‹ Mutter wohl in die Quere gekommen.

Als ich dann in der Schule angekommen war, hatte ich knapp das Stundenklingeln der ersten Stunde verpasst. Kathrin saß schon mit Nancy, Rocky und Anne in der Klasse. Sie würdigte mich keines Blickes und lachte lautstark mit Nancy und ihren zwei Freundinnen weiter. John saß stur auf seinem Platz, den Blick nach vorn gerichtet. Als ich an ihm vorbeiging, um an meinen Platz zu gehen, zwinkerte er mir zu. Ich reagierte nicht. Mir war es unangenehm, was am Samstag in der Eisdiele passiert war und ich wollte das einfach nur verdrängen, es hinter mir lassen. John machte es mir nicht gerade leicht.

Als die erste Stunde vorbei war, nahm ich mein Pausenbrot, um erst einmal zu frühstücken. Schließlich hatte ich noch nichts gegessen und mein Magen hatte den ganzen Unterricht über geknurrt. Zum Glück hatten die anderen es nicht bemerkt, sonst hätte ich wieder ungewollt auf mich aufmerksam gemacht. Doch nicht mal mein Honigbrot, das ich sonst so sehr liebte, konnte mir meinen Tag versüßen.

Dann kam John an meinen Platz und fragte mich, wie es mir ginge und ob ich gut geschlafen hätte. Ich antwortete nur mit einem kurzen Nicken, bei dem ich ihn nicht einmal anblickte und wollte ihm damit zeigen, dass ich gerade keine Lust hatte, mich mit ihm zu unterhalten. Es tat weh, ihn so fies zu behandeln, doch mir blieb keine Wahl.

Die nächsten Stunden verliefen ganz normal. Jeder hatte hin und wieder einen Kommentar in der Stunde abgegeben, sogar Kathrin. Sonst hatte sie das nie gemacht. Sie veränderte sich und wurde immer mehr zu einer von diesen Tussen, und das gefiel mir gar nicht. Was ein Tag in dem Umfeld von Nancy, Rocky und Anne alles ausmachen konnte …

Dann auf dem Hof wusste ich nicht genau, wohin ich gehen sollte. Sonst stand ich immer mit Kathrin in einer Ecke, konnte mich mit ihr über die vorhergehenden Unterrichtsstunden aufregen oder über andere Dinge reden. Doch heute stand ich ganz alleine da und bereitete mich – zu meinem eigenen Erstaunen – auf den Unterricht vor. Sonst hatte ich nie Zeit dafür oder Lust darauf. Und Kathrin ja auch nicht.

John stand ganz lässig bei Dave, Ron und Klot. Neben ihm standen auch noch Marie und Jeff, mit denen er sich ebenfalls zu amüsieren schien. Er schwankte immer zwischen Marie, Jeff und den Drillingen hin und her; wusste anscheinend nicht, wen er mehr mochte. Und ständig starrte er zu mir. Seine Mundwinkel gingen nach unten, als er mich so allein in der Ecke stehen sah. Ich schaute jedes Mal weg. Trotzdem verstand ich nicht, dass er nicht zu mir kam. Anscheinend hatte er kapiert, dass ich erst einmal Abstand wollte, und das so lange, bis wieder alles so war, wie es einmal war. Es war zwar schwer, ihn zu ignorieren, aber nur so konnte ich mich von ihm distanzieren. Es funktionierte auch ganz gut.

Als es dann endlich zum Ende der Hofpause klingelte, lief ich an meinen Spind, nahm meine Hausschuhe, zog sie an und ging mit dem Lehrbuch des nächsten Fachs in der Hand in den nächsten Unterrichtsraum. Ich war einsam und fühlte mich schrecklich. Da sah ich Kathrin, wie sie an mir vorbeiging – Arm in Arm mit Nancy. Sie stieß mich heftig an und das Mathebuch fiel mir aus der Hand. Nancy fing an, aus vollem Halse zu lachen. Kathrin hingegen verzog nur verächtlich die Mundwinkel und sagte: »Na, Streber, hast du dich schon wieder auf die nächste Unterrichtsstunde vorbereitet?« Sie schaute hochnäsig und völlig abweisend auf mich herab, als ich mich bückte, um mein Buch aufzuheben. Als ich es wieder in meinen Armen verstaut hatte, wandte ich mich ohne Antwort von den beiden ab. Nancy zischte mir hinterher: »Du bist ganz schön unhöflich. Auf Fragen netter Leute kann man ruhig mal antworten! Du Feigling!«

Hat Nancy sich selbst und Kathrin gerade wirklich als nett bezeichnet? ›Das ist doch ein schlechter Scherz, oder?‹, dachte ich und grinste, wenn auch etwas halbherzig. Gleichzeitig war ich nämlich auch sehr verletzt, dass meine angeblich ›beste Freundin‹ Kathrin mich so beleidigt hatte. Ich musste Kathrin einfach zeigen, dass John mir nichts bedeutete – obwohl ich insgeheim Gefühle für ihn hegte. Ich musste ihr einfach die Wahrheit erzählen, dass ich sie als beste Freundin nicht verlieren wollte und dass ich nicht wollte, dass sie zu einer Obertusse wie Nancy und ihre Freundinnen wurde. Ich wollte einfach nur die alte Kathrin wieder, aber dafür musste ich kämpfen. Ich kannte Kathrin schon so lange und ich konnte es nicht ertragen, ohne sie zu sein. Ich brauchte sie, sie war wie eine Schwester für mich. Ich wusste, dass Kathrin sehr stur sein konnte, wenn es um Streitereien ging. Deshalb konnte ich sie nur durch eine ernsthafte Unterhaltung davon überzeugen, nicht all das aufzugeben, was wir uns in den vielen Jahren, in denen wir schon beste Freunde waren, aufgebaut hatten. Wenn ich das nicht schaffen würde, war es endgültig vorbei. Ich wollte sie nicht mehr ignorieren und schweigen wie ein Grab. Und ich dachte mir, dass sie das sicherlich auch nicht wollte, und genau aus diesem Grund nahm ich mir vor, schon am nächsten Tag diese Unterhaltung mit ihr zu führen. Koste es, was es wolle.

Jetzt, an diesem Dienstagnachmittag nach der Schule, war ich fest entschlossen, zu Kathrin zu gehen und mit ihr zu reden. Jetzt und hier war der Moment der Wahrheit gekommen. Kneifen würde es heute nicht geben! Ich stand nur wenige Meter neben Kathrin, allein an der Schulmauer. Ich hatte genau auf so einen Moment gewartet. Wenn niemand bei ihr war. Ich drehte mich zu ihr und tippte ihr auf die Schulter. Sie giftete mich an: »Lola? Was geht denn bei dir? Hast du es immer noch nicht kapiert, dass ich nichts mehr von dir wissen will? Du nervst mich, du bist falsch und du hast mich betrogen. Ich werde dir das nie verzeihen, also komm jetzt nicht angekrochen. Ich weiß, was du vorhast!«

»Was? Kathrin, du verstehst es nicht. Ich vermisse dich, ich brauche dich, und du brauchst mich. Wieso bist du nur so geworden? Ich möchte die alte Kathrin, meine beste Freundin wieder. Es tut mir leid. Ich wusste nicht, dass du dich auch in John verguckt hast. Du hättest es mir sagen sollen. Wir sagen uns doch sonst immer alles. Ich überlasse ihn dir. Ich empfinde nichts für ihn. Es tut mir leid«, wiederholte ich und mir kamen dabei fast die Tränen.

Nicht, weil dieser Moment so rührend war, sondern weil John hinter mir stand und alles mitgehört hatte. Ich blickte, als ich mich umdrehte, direkt in seine feuchten, braunen Augen. Er hingegen starrte mich nur fassungslos an, schüttelte mit dem Kopf und sagte: »Lola, dass du so verlogen bist, hätte ich nie gedacht. Ich dachte, du hättest etwas für mich übrig. Ich dachte, wir könnten … Ach, vergiss es. Ich denke, wir sollten getrennte Wege gehen. Genau das wolltest du doch die ganze Zeit, oder? Deshalb hast du mich so ignoriert. Du bist falsch, damit hat Kathrin vollkommen recht!« Er schaute meine ehemalige beste Freundin an.

»John, es tut mir leid. Ich wollte dich nicht verletzen. Ich bin einfach nicht bereit dafür. Lass uns doch einfach Freunde sein! Das wär doch was, oder?« Ich blickte abwechselnd in die Gesichter von Kathrin und John. Ich sah, wie Kathrin sich freute, dass John jetzt nichts mehr von mir wissen wollte. Das war die pure Schadenfreude, ich erkannte ihre Falschheit. Ich sah zum ersten Mal in den vielen Jahren ihre wahre Persönlichkeit. In Johns Augen dagegen sah ich die bittere Enttäuschung. Er war wirklich in mich verliebt, doch ich hatte ihm eiskalt das Herz gebrochen und deshalb antwortete er mir auch nicht, drehte sich um, ging an mir vorbei und stieß mich dabei sogar noch abweisend an. Es tat richtig weh. Nicht nur zu sehen, wie ich gerade einem bildhübschen und äußerst netten Jungen einen Korb gegeben hatte, sondern auch in diesem Moment zu wissen, dass ich mich die ganzen Jahre mit der falschen Person abgegeben hatte.

Als John endgültig davon war, wandte Kathrin sich hochnäsig mir zu: »Tja, Lola, das war dann wohl nichts. Danke, dass du ihn mir überlässt. Er passt eh viel besser zu mir und nicht zu einer so armseligen Figur wie dir. Ich werde dich jetzt deinem traurigen Schicksal überlassen. Lola, wir werden nie wieder Freunde sein. Ich hoffe, das war jetzt deutlich genug für dich. Winke, winke, du Versager!« Dann stolzierte sie davon und ich war wieder allein. Ich stand hilflos da, ohne Schutz, ohne jemanden, bei dem ich mich jetzt hätte ausheulen, mit dem ich hätte reden können. Ich hatte keine Freunde mehr. Davor hatte ich mich immer gefürchtet. Ich nahm meinen Ranzen und ging mit Tränen in den Augen nach Hause.

Als ich dort endlich ankam, rannte ich zu meiner Mutter und erzählte ihr alles – das war das erste Mal seit vielen Jahren. Sonst war Kathrin immer meine erste Wahl, wenn ich über etwas reden musste. Sie konnte nur mit dem Kopf schütteln, als sie von den Geschehnissen hörte und gab mir einen weisen, mütterlichen Rat: »Lola, mein Schatz, du brauchst Kathrin doch gar nicht, und John auch nicht. Du hast Besseres verdient. Was willst du denn mit falschen Freunden, wenn du hier zu Hause eine Familie hast, die immer zu dir hält und immer für dich da ist? Meine Kleine, mach deine Schule so gut weiter wie immer, die anderen können dir egal sein. Ich weiß, dass du das kannst.«

Nach diesem Rat fühlte ich mich viel besser. Zum ersten Mal wieder, nach vielen Jahren Freundschaft mit der Falschen, empfand ich so etwas wie Dankbarkeit und Vertrautheit zwischen meiner Mutter und mir. Erst jetzt wurde mir klar, dass meine Mutter immer für mich da gewesen war, wenn ich sie brauchte. Doch ich hatte sie immer abgewiesen. Hatte nur Augen für sie – für die hochnäsige Ziege Kathrin. Und doch hatte mich meine Mutter nie aufgegeben. Sie hätte mich nie einfach allein zurückgelassen. Da wurde mir klar, dass es so was wie ›beste Freunde‹ gar nicht gab und nie geben würde. Man machte sich nur sinnlos von einem Menschen abhängig, vertraute ihm seine Ängste und Gefühle an, nur um dann wieder und wieder von ihm hintergangen zu werden. »Jeder ist sich selbst der Nächste«, nicht »Beste Freunde für immer und alle Zeit«. Eine wahre Verbundenheit zwischen Menschen, die sich erst kennenlernen und sich dann als Freunde bezeichnen, gibt es nicht. Ehrlichkeit, Unterstützung und Vertrauen – die wahre Verbundenheit –, bekommt man von den Menschen, die einen von Geburt an begleiten, die dich kennen, dich verstehen, mit dir durch schwere Zeiten gehen, und egal, was du sagst oder tust trotzdem immer an deiner Seite bleiben – deine Familie.

Ich umarmte meine Mutter so fest ich nur konnte, wollte ihr meine ganze Liebe, die ich ihr die ganzen Jahre vorenthalten hatte, mit einer einzigen Umarmung schenken. Mir liefen Tränen über die Wangen, und ich hatte endlich wieder einen Halt gefunden.

»Mum?«, seufzte ich und blickte in das erstaunte Gesicht meiner Mutter. Für sie war meine plötzliche Zuneigung zu ihr ebenfalls neu.

»Ja, Schatz?«

»Tut mir leid, dass ich die ganzen Jahre, in denen ich mit Kathrin befreundet war, so … so kalt und herzlos zu dir und Tommy gewesen bin.« Ich musste mich beherrschen, nicht wieder laut los zu heulen.

»Lola …«, sagte meine Mutter nun etwas traurig.

»Mum?«

»Ja, Lola?«

»Du bist die Beste! Ich liebe dich!«

»Ich liebe dich auch.«

Und wir lagen uns noch eine Weile in den Armen und genossen dieses neue Gefühl der Verbundenheit.


Ich ging in mein Zimmer und legte mich auf mein Bett. Ich dachte nach. Nun hatte ich zwar keine Freunde mehr, wusste aber endlich zu schätzen, was ich für eine super tolle Familie hatte. Ich musste jetzt auch ohne Freunde klarkommen und durfte mich nicht durch meine Probleme von der Schule ablenken lassen.

Bald würde es die Halbjahreszeugnisse geben, die im Allgemeinen ziemlich wichtig war – vor allem, in der zehnten Klasse. Ich musste jetzt klare Prioritäten setzten. Weg von Shoppen, Chatten und Jungs – von all den Themen, über die ich mit Kathrin wochenlang diskutiert hatte. Jetzt erschien es mir mehr oder weniger absurd. Es gab schließlich wichtigere Dinge im Leben. Dinge, die meine Zukunft beeinflussten und mein ganzes Leben prägen würde. Ohne gelungenen Abschluss würde ich meinen Platz in der Welt nicht finden, nicht mein Abitur machen, nicht studieren können. Mein Leben wäre ruiniert. Ich hatte mir schon immer vorgenommen zu studieren. Aber durch Kathrin war ich immer mehr von diesen Plänen abgekommen. Erst jetzt wurde mir das klar. Noch hatte ich die Chance, alles zu ändern. Ich müsste mich nur etwas mehr anstrengen. Ich meine, so schlecht war ich nicht, hatte schon einen guten Durchschnitt. Aber das war nicht das, wozu ich eigentlich fähig war. Ich hatte mein Wissen mehr oder weniger unterdrückt, weil es ja ›uncool‹ war, wenn man sich in der Schule Mühe gab. Wenn man anders war als die anderen. Traurig, dass mir das erst jetzt bewusst wurde. Ich will gar nicht daran denken, wie es gekommen wäre, hätte mir Kathrin nicht den Laufpass gegeben. Der Ausraster in der Eisdiele hatte mein Leben komplett auf den Kopf gestellt … obwohl, nein … eigentlich hatte John mein Leben komplett auf den Kopf gestellt. Noch ein Grund, um Jungs endgültig aus meinem Kopf zu verbannen! Eigentlich müsste ich beiden ja fast dafür dankbar sein.

Durch Johns Auftauchen hatte Kathrin endlich ihr wahres Gesicht gezeigt. Aber nun müsste ich mich auf andere Dinge konzentrieren: Nach der Vergabe der Halbjahreszeugnisse würde ich erst einmal Ferien haben. Danach stand mir nur noch ein halbes Jahr Schule bevor, in dem ich mich sowieso – wie alle anderen auch – auf die Prüfungen vorbereiten müsste. Darauf würde ich jetzt hinarbeiten und mich von nichts und niemanden mehr ablenken lassen.

Ich brauchte die anderen nicht, ich hatte eine Familie, die immer zu mir hielt und auf die ich mich immer verlassen konnte. Und mal ganz ehrlich: Was wollte ich mehr?

# Kapitel 4
## Der Zettel der Wahrheit

Donnerstag, 12.07 Uhr

Ich saß in der Cafeteria und aß meinen Mittagsnack – alleine. In den letzten Tagen war überhaupt sehr wenig passiert. Ich hatte gedacht, dass es nach dem Vorfall – der blöden Unterhaltung mit Kathrin – noch mehr Streit geben würde, doch irgendwie war das nicht der Fall. Kathrin und die Tussen beachteten mich nicht und so extrem, wie ich es mir vorgestellt hatte – dass sie mich von nun an mobben und alles dafür tun würden, um mich bloßzustellen –, kam es dann doch nicht. Ich war einfach nur Luft für sie. Bei John hingegen war das ganz anders. Er war richtig grob geworden. Fast in jeder Stunde versuchte er, mich runterzumachen und zu demütigen. Der mitunter schlimmste Spruch war: »Alter, Mädel, kannst du nicht mal schneller reden, wenn du Antworten gibst? Das dauert ja ewig, bis du mal ein Wort aus deinem Maul bringst. Wir sind hier in der Schule, nicht im Seniorenheim.« Und obwohl er das vor den Lehrern sagte, schienen diese davon überhaupt nichts mitzukriegen. Jedenfalls bekam er auch nie Ärger wegen solch gemeiner Bemerkungen.

Ich wusste, dass ich ihm das Herz gebrochen hatte, doch das war noch lange kein Grund, mich vor der ganzen Klasse fertigzumachen. Manchmal verstand ich Jungs wirklich nicht. Eine ganze Weile waren sie richtig nett und wenn du ihnen eine Abfuhr erteilst, dann hassen sie dich. Ich hatte gehofft, dass ich und John nach dieser Angelegenheit wenigstens Freunde sein könnten. Doch das schien erstmal nicht möglich zu sein – zumindest in Johns Augen. Irgendwann würde er es sowieso aufgeben und mich – genau wie Kathrin – in Ruhe lassen.

Dann klingelte es zur sechsten Stunde. Ich packte so schnell ich konnte meine Sachen ein und eilte dann in den nächsten Unterrichtsraum. Wenn ich noch einmal bei Mr. Wiedemann zu spät kam, würde ich bestimmt mehrere Jahre nachsitzen dürfen. Aber ich schaffte es zum Glück noch rechtzeitig. Als ich den Raum betrat, schaute mich Mr. Wiedemann grimmig aus seinen braunen Augen an. Er sah aus wie ein Zauberer und darum machten sich auch viele Schüler gerne über ihn lustig. Sein von Falten überzogenes Gesicht wurde von grauen Haaren eingerahmt, die direkt in einen langen, ebenso grauen Bart übergingen. Außerdem hatte er immer so uralte Klamotten an. Da musste man sich das Lachen schon verkneifen. Wie sollte man auch einen Zauberer in der heutigen Zeit noch ernst nehmen? Egal wie grimmig er mich auch gerade ansah, ein kleines Schmunzeln konnte ich mir nicht verkneifen. Zum Glück bemerkte er es nicht und ich konnte mich – ohne viel Aufmerksamkeit zu erregen – auf meinen Platz setzen.

Obwohl die wenigsten Schüler Mr. Wiedemann ernst nahmen – geschweige denn auf ihn hörten –, gab er einen sehr guten Mathematikunterricht. Heute wiederholten wir das Wurzelziehen.

»So, nun, schlagt bitte eure Übungshefte auf und übernehmt die Aufgabe, die ich euch jetzt an die Tafel schreibe«, forderte Mr. Wiedemann und begann, die Aufgabe zu notieren. Wir sollten die Wurzel aus 3844 ziehen. Ich nahm meinen Taschenrechner und tippte die Aufgabe ein. Nach kurzer Zeit schon fragte Mr. Wiedemann nach der Lösung. Ich meldete mich – als Einzige – und er nahm mich dran.

»Die Lösung ist 62, Mr. Wiedemann.«

»Korrekt. Sehr gut, Lola«, lobte er mich und fuhr mit seinem Unterricht fort.

Neben mir saßen Kathrin und Nancy. Ich hörte, wie sie miteinander sprachen.

»Lola ist so eine Streberin, deshalb will auch keiner mit ihr befreundet sein«, lästerte Nancy und lachte.

»Oh ja, da hast du vollkommen recht. Darum hat sie John bestimmt auch eine Abfuhr erteilt, weil sie gemerkt hat, dass er viel zu gut für sie ist. So eine Versagerin«, entgegnete Kathrin und begann, irgendetwas auf einen Zettel zu schreiben. Sie überreichte ihn geschickt John – er saß vor ihr –, der nahm ihn entgegen und faltete ihn auf. Seine Mundwinkel gingen nach oben und er schaute kaum merklich zu mir. Dann starrte er Kathrin ganz lange an und nickte Nancy zu.

Doch Mr. Wiedemann hatte das mitbekommen und schrie durchs Klassenzimmer: »John, Kathrin, Nancy? Was gibt es denn da so Interessantes zu besprechen? Sie können es ruhig der ganzen Klasse mitteilen, wenn es so unentbehrlich ist, dass es nicht warten kann. Wir würden gerne mitdiskutieren. Also?«

»Ähm, nein, Mr. Wiedemann, wir haben hier alles unter Kontrolle.«, versicherte John und zappelte auf seinem Stuhl herum.

»Genau! Von den Themen, über die wir hier schreiben, verstehen unsere Mitschüler doch gar nichts«, meinte Kathrin und zuckte kaum merklich zusammen.

»Aha. Ihr redet nicht, ihr schreibt? Das ist ja noch besser. John, gib mir den Zettel, ich werde ihn mal vorlesen, dann können wir ihn alle gemeinsam analysieren, und wenn die Klasse etwas nicht verstehen sollte, dann werde ich es genauestens erklären. Also, komm her und bring ihn mir. Wird's bald?«, sprach Mr. Wiedemann mit einem Unterton in der Stimme, der keinen Widerstand duldete.

John blieb nichts anderes übrig, als vorzugehen und den Zettel unserem Mathelehrer zu überreichen. Ich sah, dass er sich schämte. Als er in geduckter Haltung zu seinem Platz zurückging, schaute er mich hilflos an. Ich erwiderte seinen Blick nicht und starrte weiterhin stur nach vorne. Auf einmal verspürte ich keinen großen Drang mehr, wissen zu wollen, was auf dem Zettel stand.

»Aber, Mr. Wiedemann, das können Sie doch nicht machen! Das ist Privatsphäre, das geht Sie gar nichts an und die Klasse erst recht nicht!«, kreischte Nancy. Kathrin stupste sie an und schüttelte heftig den Kopf.

»Meine liebe Frau Ziegler, ich bin der Lehrer hier und habe das Recht zu wissen, mit welchen Mitteln und warum hier in dieser Klasse mein äußerst wichtiger Unterricht gestört wird. Also setzen sie sich ordentlich hin und blicken Sie an die Tafel. Wir machen weiter«, sagte er und fuhr dann einfach mit dem Unterricht fort.

Ich war mir sicher, dass er den Zettel niemals vorgelesen hätte, egal wie oft er das auch gesagt hat. Er würde niemals einen Schüler bloßstellen, aber bei meinen ehemaligen, angeblichen Freunden hätte ich eigentlich nichts dagegen einzuwenden gehabt, auch wenn auf dem Zettel wahrscheinlich eine boshafte Bemerkung über mich stand – nach dem kurzen Blick von John zu urteilen. Aber ich war mir ziemlich sicher, dass ich noch früh genug erfahren würde, was da gerade eben passiert war.

Und das Ganze ließ mir auch nicht wirklich Ruhe. Was stand nur auf diesem verdammten Zettel? Was lag nur in diesem Stück gefaltetem Papier verborgen? Diese Fragen hatten mich nach der Schule so intensiv beschäftigt, obwohl ich zwischenzeitlich gedacht hatte, es würde mich nicht mehr interessieren – aber das tat es wohl doch.
Als ich am nächsten Tag in die Schule ging, das Klassenzimmer betrat und auf meinen Platz zusteuerte, konnte ich es nicht glauben. Der Zettel, der gestern in Mr. Wiedemanns Mathestunde so ein großes Thema gewesen war, lag nun auf meinem Platz – ja, tatsächlich auf meinem Platz! Zumindest glaubte ich, dass es der Zettel war, denn er sah haargenau so aus, wie der, den John gestern auf den Platz unseres Mathelehrers gelegt hatte. Ich schaute mich entsetzt um. Es war fast noch keiner meiner Mitschüler in der Klasse, außer Jeff und Marie, aber die

hatten den Zettel doch niemals auf meinen Platz gelegt. Sie hatten gar nichts damit zu tun – oder vielleicht doch? Einfach fragen konnte ich sie natürlich nicht, denn es wäre unfair gewesen, sie zu verdächtigen, zumal sie mir noch nie etwas getan hatten.

Ich stand immer noch wie angewurzelt vor meinem Tisch und starrte auf den Zettel. Ich hatte nicht bemerkt, dass mich Jeff und Marie die ganze Zeit beobachteten, wie ich so auf meinen Platz starrte und innerlich einen Kampf mit mir selbst austrug. Wahrscheinlich habe ich dabei auch ein bisschen vor mich hin gemurmelt. Irgendwann drehte ich mich zu ihnen und schaute ihnen ins Gesicht, sie schienen ganz verblüfft und starrten entgeistert zurück. Jeff mit seinem spitzen Kinn und Marie mit ihrer riesigen Nase. Irgendwann nervte mich ihr sinnloses Gegaffe und ich fuhr sie an: »Was ist denn mit euch los? Warum starrt ihr mich so an? Noch nie einen Menschen gesehen, der mit sich selbst spricht?«

»Ähm, eigentlich nicht. Es tut uns leid, dass wir dich angeschaut haben. Es kommt nicht mehr vor«, versicherte Jeff verängstigt und wurde dabei leicht rot. Er hatte sichtlich Angst vor mir und schien kurz davor, gleich weg zu rennen.

Schon nach wenigen Sekunden tat es mir unheimlich leid, dass ich Jeff und Marie so angeblafft hatte. Früher habe ich sie zusammen mit Kathrin eigentlich immer nur ignoriert oder auch mal über sie gelästert, aber da war ich auch noch viel beliebter in unserer Klasse als jetzt. Wenn ich mich nicht in den Griff bekam, würde ich noch so wie die hochnäsige Kathrin und ihre Tussenfreundinnen werden. Schnell fasste ich mich wieder und brachte eine angemessene Entschuldigung heraus: »Jeff, Marie? Es tut mir leid, ich habe es nicht böse gemeint. Ich mag es bloß nicht, wenn mich Leute anstarren, wenn ich in meine Gedanken vertieft bin, okay? Also, Entschuldigung, ihr beiden.« Sie starrten mich an, als hätte ich den Verstand verloren. »Also ... könnt ihr mir das noch einmal verzeihen?«, fragte ich und kratzte mir verlegen am Hinterkopf.

»Äh ... ja, ist in Ordnung, Lola. Wir verzeihen dir. Danke, dass du dich entschuldigt hast«, sagte Marie und stupste Jeff an, der ganz verdutzt und verlegen in der Gegend herumschaute. »Ach so, ähm, ja, Lola wir verzeihen dir.« Dann verließen beide den Klassenraum.

Wieso sie auf einmal gingen, konnte ich nicht ganz nachvollziehen. Der Unterricht ging schließlich in weniger als fünf Minuten los. Wo wollten sie denn jetzt noch hin? Mich beschäftigte diese Frage nicht mehr lange und ich setzte mich – endlich – auf meinen Platz, packte meine Sachen aus und trank von meinem leckeren Saft, den ich mir von zu Hause mitgenommen hatte. Trinkend fiel mein Blick auf den immer noch zusammengefalteten Zettel, der auf meinem Platz lag. Oh. Ich hatte ihn schon fast wieder vergessen. Umso länger ich ihn anstarrte, umso mehr Angst hatte ich, ihn zu öffnen, obwohl ich so neugierig war. Ich packte also den Zettel und schmiss ihn schnell in meinen Ranzen. Ich beschloss, ihn erst zu Hause zu öffnen, denn so könnte ich mich in Ruhe auf den Unterricht konzentrieren und würde allen Diskussionen aus dem Weg gehen. Genau in dem Moment, als der Zettel in meinem Ranzen verschwunden war, stürmten auch schon meine Mitschüler in den Klassenraum. Zum Glück hatten sie von all dem nichts mitbekommen. Als der Unterricht losging, war ich doch etwas unkonzentriert, weil ich schon sehr gespannt auf den Nachmittag war und auf die vor mir liegende Enthüllung.

Endlich war es so weit! Der Moment, auf den ich jetzt mehr als acht Stunden gewartet hatte, stand kurz bevor. Ich rannte in mein Zimmer, packte meinen Ranzen aus – besser gesagt, schmiss ich alles einfach achtlos heraus –, lief wieder ins Wohnzimmer und warf mich auf unser großes Sofa, zusammen mit dem mysteriösen Zettel. Ich starrte ihn an. Er war korrekt zusammengefaltet, so wie ich es von Kathrin kannte. Trotz ihres sehr schlechten Umgangs hatte sie Ordnung und Sauberkeit noch nicht verlernt. Noch nicht. Ich schmunzelte, doch meine Hände zitterten, als ich den Zettel aufmachte. Die Wörter, sauber und geradlinig, trafen mich wie ein Blitz. Ein Schock, der sich auf meinem ganzen Gesicht ausbreitete und es erstarren ließ. Auf dem Zettel standen in Kathrins akkurater Handschrift die Worte:

›Hey John, hast du nicht einmal Lust, mit mir am Wochenende ins Kino zu gehen? Ich bin mir sicher, wir werden eine Menge Spaß zusammen haben. Ich denke, wir beide passen auch viel besser zusammen, als du und die armselige Lola. Nancy hat mir geraten, dich zu fragen und genau das Gleiche gemeint. Schreib schnell zurück. Küsschen, Kathrin. :* ‹

Ich hätte es wissen müssen. Von Anfang an war es total offensichtlich, dass Nancy Kathrin zu einer Obertusse verarbeiten würde und dass sie sich dann an jeden freien Jungen ranschmeißen würde. Ich wusste genau, dass Kathrin voll auf John stand. Mann, wie konnte ich nur so dumm sein? Ich hätte von Anfang an die Finger von John lassen sollen, dann wäre ich jetzt sicher nicht in dieser verzwickten Lage.

Ich knüllte den Zettel zusammen und versenkte ihn, trotz meiner Wut, schon beim ersten Versuch vom Sofa aus im Mülleimer. Ich war so wütend auf mich, auf Kathrin und auf John. Eigentlich müssten sie mich ja gar nicht mehr interessieren und trotzdem verspürte ich immer noch diesen komischen und schrecklichen Drang, alles über Kathrin, Nancy und John und ihre Geheimniskrämereien zu erfahren. Ich konnte mir denken, dass es kein Zufall war, dass der Zettel auf meinem Platz lag. Sicherlich hatte das Nancy zusammen mit Kathrin so eingefädelt. Sie wollten, dass ich mich darüber aufrege und mir den Kopf über sie zerbreche. Irgendwie hatten sie das ja auch geschafft. Doch ich würde wohl nie herausbekommen, warum der Zettel nun auf meinem Platz gelandet war. Wenigstens konnte ich mir jetzt auch Johns Blick auf mich, seinen langen und intensiven Augenkontakt mit Kathrin und das Kopfnicken in Nancys Richtung besser erklären. Es ging also nicht um mich – jedenfalls nicht in erster Linie. Endlich wusste ich alles. Es war mir klar, dass ich noch lange ein Thema bei den Dreien sein würde, aber das war mir jetzt auch egal. Für mich waren die drei von nun an Geschichte. Garantiert würde John Kathrin spätestens in einer Woche als seine Freundin bezeichnen, und mich würde das immer noch tief in meinem Herzen berühren. Es wäre mir nicht egal – John wird mir nie egal sein. Ich konnte nur hoffen, dass die Gefühle für John mit der Zeit verschwanden.

Dennoch freute ich mich auf das bevorstehende Wochenende und war froh, mal allen Problemen aus dem Weg gehen zu können. Jetzt gab es nur meine Familie und mich.

## Kapitel 5
## Er

Samstag 17.18 Uhr

Lola, Tommy? Kommt ihr bitte runter ins Wohnzimmer? Ich möchte euch mit einem sehr netten Menschen bekannt machen!«, rief meine Mutter vom Wohnzimmer aus, als ich gerade dabei war, meinen ewig langen Aufsatz vorzubereiten, den wir bis nächste Woche fertig haben mussten.

»Ja, Mum, ich komme schon«, schrie ich und klopfte mit aller Kraft gegen Tommys Zimmertür, aus der laute Musik drang.

»Hallo? Tommy! Mum hat gerufen, du sollst kommen! Hallo?«

Die Tür wurde nur einen Spalt geöffnet. »Ähm, was? Was willst du? Ich hab keine Zeit. Ich bin grade dabei, mir das neuste Album von ›Feel the Beat‹ anzuhören«, sagte er genervt und wollte gerade die Tür zu machen, als ich meinen Fuß noch rechtzeitig gegen stemmte, ihn am Arm packte und eiskalt mit hinunter ins Wohnzimmer schleppte. Er wehrte sich natürlich ordentlich – für einen Elfjährigen war er ganz schön hinterlistig und eigenwillig.

Er konnte es noch nie leiden, wenn ich über ihn bestimmte, doch manchmal ging es eben nicht anders.

Als wir dann endlich im Wohnzimmer ankamen – was mir übrigens wie ein stundenlanger Marsch durch die Sahara vorkam, da Tommy die ganze Zeit in meinen Armen zappelte, rummeckerte und vor sich hin fluchte –, gingen wir zu unserer Mutter. Neben ihr stand ein braunhaariger, braun gebrannter, grünäugiger, jung aussehender und eigentlich ganz hübscher Mann, der uns ganz merkwürdig anstarrte. Er trug ein frisch gebügeltes weißes Hemd mit blauer Jeans und schwarzen Lackschuhen. Sofort fiel mir die vergoldete Uhr um sein Handgelenk auf und ich dachte mir, dass die wohl ziemlich teuer gewesen war. Mindestens drei Minuten standen wir alle nur da, ohne dass einer auch nur einen Ton von sich gab, bis dann endlich meine Mutter das Wort ergriff.

»Also, Lola, Tommy. Darf ich euch Don Rodriguez vorstellen. Er ist gelernter Kfz-Mechatroniker und seit vorgestern mein fester Freund. Er ist wirklich traumhaft«, schwärmte sie.

»Was? Wie bitte? Dein fester Freund? Wieso? Ich glaube es nicht«, sagte ich und mir wurde fast schlecht, als meine Mutter diesen doch garantiert viel jüngeren Mann total verliebt anstarrte und dabei noch vollkommen glücklich aussah.

»Mami, wieso hast du denn jetzt auf einmal einen Freund?«, fragte Tommy und ich sah, wie seine Mundwinkel immer weiter nach unten gingen.

»Aber, meine Süßen. Was ist denn so schlimm daran? Seht doch, Don ist ein so wunderbarer Mann, ich bin mir sicher, ihr werdet euch gut verstehen. Ich bin sehr glücklich mit ihm.«

Könnte sie mal aufhören, ihn so dämlich anzuglotzen?

»Lola, Tommy. Ich denke, wir werden ein super Team werden. Wenn es für euch ein Problem ist, würde ich das sehr schade finden, denn ihr seid zwei so liebreizende Kinder und ich freue mich sehr euch kennenzulernen«, sagte Don und reichte Tommy und mir höflich die Hand.

Es war schon irgendwie gemein von uns, dass wir so auf den neuen Freund unserer Mutter reagiert haben. Obwohl ich ihn vom ersten Augenblick an nicht sonderlich mochte, musste ich ihm eine Chance geben – aber echt nur eine kleine. Nur weil er jünger und auf alle Fälle reicher als meine Mutter war, musste das ja nichts heißen. Vielleicht war er wirklich sehr nett. Wenn meine Mutter glücklich war, dann musste ich das auch sein. Schon alleine, weil ich sie natürlich nicht verletzten wollte.

»Hallo Don«, sagte ich nun also. »Ich hoffe auch, dass wir uns alle gut verstehen werden. Wenn unsere Mum glücklich ist, dann sind wir das auch. Nicht wahr, Tommy? Tommy?« Ich stieß ihn leicht gegen die Rippen und lächelte verlegen unsere Mutter an.

»Ähm ...«, brabbelte Tommy und war bestimmt etwas enttäuscht von der ganzen Situation oder einfach nur verwirrt, dass ich auf einmal so nett zu unserer Mutter war. Schließlich hatte er von unserem emotionalen Gespräch unter vier Augen nichts mitbekommen.

»Äh ... ja ... Hi Don«, brachte er schließlich hervor. Er kam offensichtlich nicht damit zurecht, dass unsere

Mutter jetzt einen Neuen hatte. Oder war ich die, die so dachte? Die nicht damit klar kam?

»Na, dann wäre das ja geklärt« Meine Mutter wandte sich ihrem neuen Freund zu: »Don, wenn ich mich recht entsinne, musst du doch jetzt gehen?«

»Ja, Trudie, da hast du völlig recht. Ein Autohaus pflegt sich ja nicht von allein. Dann bis irgendwann, Kinder. Ich ruf dich an, Baby. Bye.« Er lachte herzlich, dann küsste er meine Mutter flüchtig und ging zur Tür hinaus.

Mir wurde fast schlecht, diesen widerlichen Anblick konnte ich kaum aushalten. Zum Glück hatte Tommy sich schon gerettet, denn er war wieder in seinem Zimmer verschwunden.

»Lola, ich finde es ganz toll von dir und von deinem Bruder, dass ihr mich so unterstützt. Ich bin mir sicher, mit Don mache ich alles richtig. Er ist bestimmt der Richtige. Auch wenn ich ihn erst ein paar Wochen kenne, habe ich mich immer zu ihm hingezogen gefühlt. Er ist einfach perfekt. Das findest du doch auch, oder?«

Ich setzte ein falsches Lächeln auf und nickte. »Klar, Mum, ich finde ihn super«, sagte ich, doch in Wirklichkeit war mir dieser ›Mr. Perfekt‹ total unsympathisch. Trotzdem wollte ich meine Mutter nicht verletzen und tat einfach so, als ob ich von ihrem neuen Freund total begeistert wäre.

Dann küsste sie mich auf die Stirn, lächelte wie ein Honigkuchenpferd und ging in die Küche, um alles für das Abendbrot vorzubereiten. Ich fühlte mich so mies. Wieso war ich nur so egoistisch? Wieso konnte ich mich nicht einfach für meine Mutter freuen? So richtig freuen, ohne künstliches Lächeln. Ich musste mir eingestehen, dass ich einfach nicht wollte, dass meine Mutter einen Neuen hatte. Warum konnte nicht einfach alles so bleiben, wie es war? Wer brauchte schon die Liebe, die Männer, und wieso musste sie jetzt mit so einem ankommen? Letztendlich aber ist es nicht meine Entscheidung, mit wem sie zusammen sein wollte. Solange sie glücklich war, musste ich es eben akzeptieren. Oder?

Endlich war wieder Sonntag und die letzte Schulwoche vor den Halbjahreszeugnissen stand an. Die letzten Wochen hatte ich eigentlich ganz gut überstanden. Ab und zu hatte es Sticheleien von Nancy, Anrempeleien von Kathrin, verstohlene Blicke von Rocky und Anne und eine abweisende, verletzende Haltung von John gegeben, die mich am Anfang noch sehr verletzten, doch im Laufe der Wochen ziemlich egal wurden. Gerade war ich nur froh, dass ich übernächste Woche endlich Ferien haben würde.

Heute unternahm ich – wieder einmal – mit Tommy einen kleinen Spaziergang durch den Park, und anschließend gingen wir noch auf den Spielplatz. Das machten wir fast jeden Sonntag, ich war sozusagen seine Nanny und er mein kleiner Schützling, dem ich jeden auch noch so verrückten Wunsch von den Augen ablas. Wie ein Kleinkind freute er sich jede Woche auf den bevorstehenden Sonntag, denn dann konnte er mit seinen kleinen Freunden auf dem Spielplatz spielen und zusehen, wie ich meinen schönen freien Tag mit ihm und seinen Spielereien vergeuden musste. Na ja, aber so langsam war ich das schon gewöhnt und in den vergangenen Wochen waren Tommy und ich uns auch irgendwie näher gekommen. Als ich mit Kathrin noch befreundet war, verspotteten wir immer meinen kleinen Bruder, lachten ihn aus, und wenn ich alleine zu Hause war, ging er mir nur auf die Nerven. In letzter Zeit aber kam mir Tommy gar nicht mehr so nervig vor. Wenn ich ein Problem hatte, half er mir aus der Patsche, und wenn ich jemanden zum Reden brauchte, war er für mich da. Es war doch irgendwie schön, kein Einzelkind zu sein.

»Endlich bist du fertig, das dauert immer Ewigkeiten bei dir, bis du mal aus deinem Zimmer nach unter kommst. Können wir jetzt los?«, fragte Tommy ungeduldig. Er rastete immer gleich aus, wenn ich sonntags mal zwei Minuten zu spät an der Haustür aufkreuzte. Wenn wir gemeinsam zur Schule gingen, stresste er da nicht so. Übrigens fand ich das jetzt auch gar nicht mehr schlimm, dass wir zusammen auf eine Schule gehen. Tommy war keine Last mehr für mich. Im Gegenteil.

»Wir liegen doch gut in der Zeit, Tommy. Wann triffst du dich denn heute überhaupt mit Paul und Taylor?«, fragte ich ihn und ging von der Treppe nach unten zur Haustür.

»Das habe ich dir doch heute schon hundertmal gesagt. Wir treffen uns um halb drei! Also los, komm, wir müssen uns beeilen. Der Spaziergang fällt dann heute mal aus, der ist eh lahm und unwichtig.«

»Was? Nein! Tommy, du weißt, dass es Mum nicht gefällt, wenn wir nur zum Spielplatz gehen, sie will, dass wir im Park zur Ruhe kommen und die Natur genießen. Also gehen wir erst spazieren«, sagte ich und setzte einen strengen Blick auf. Meine Mutter war wirklich speziell, wenn es um die Natur, Bewegung und die Erziehung ihrer Kinder ging.

»Aber, Lola, wenn wir das machen, kommen wir zu spät, und außerdem bist du dran schuld, dass wir nicht rechtzeitig los konnten. Du brauchst ja immer Jahre in deinem Zimmer.«

»Das ist gar nicht wahr!«

»Doch, das ist wahr!«

»Nein! Gar nicht!«

»Doch!«

»Boar, okay! Dann ist es eben wahr! Dann lassen wir halt den Spaziergang, aber wehe, du sagst ein Wort zu Mum. Dann bist du so was von dran.«

»Jap. Ich sag nichts. Komm, los, lass uns gehen.« Er packte mich am Arm und trotz meines schlechten Gewissens meiner Mutter gegenüber, folgte ich ihm im Eiltempo die Straße in Richtung Spielplatz hinunter.


Wenn ich weiter so schnell rennen würde, bekäme ich noch Muskelkater, dachte ich unter lautem Keuschen. Wie konnte man nur als Elfjähriger so viel Energie haben? Oder lag das wirklich an seiner ›Schoko-Diät‹? Denn angeblich sollte Schokolade ja ein großer Energielieferant sein – das behauptete Tommy zumindest immer. Deshalb aß er auch jeden Morgen zum Frühstück eine Tafel Schokolade. Ja, das klang echt komisch, eklig und abnormal, war aber wahr. Na ja, wenigstens gab es einen kleinen Trost für mich, wir kamen sehr schnell am Spielplatz an. Nach gefühlten fünf Kilometern Sprint – eigentlich - - eigentlich waren es weniger als achthundert Meter –, hatte ich endlich meine lang ersehnte Bank erreicht. Ich war vollkommen erschöpft. Mein Herz raste und ich versuchte verzweifelt, meinen schnellen Atem unter Kontrolle zu bringen. Tommy war schon dabei, den Spielplatz mit seinen beiden Kumpels unsicher zu machen. Taylor Cluny – der größte Achtklässler, den ich in meinem Leben je gesehen habe – war ein sehr sportlicher Junge. Schon mit fünf Jahren soll er im Basketball seinen ersten Korb erzielt haben, was aber keiner so richtig glaubte, denn seine Eltern waren sehr von ihm - und von sich - überzeugt. Sie nannten ihn einen hochbegabten Basketballer, der sein Zeug – zugegeben – wirklich gut mache. Dem war er sich auch bewusst, an Selbstvertrauen jedenfalls mangelte es ihm nicht. Außerdem hatte er schulterlange, schwarze Haare und braune Augen – ziemlich niedlich. Tommys anderer Freund war Paul Seller. Er ging mit Tommy in die fünfte Klasse und war ein kleiner, sehr intelligenter Junge, der eigentlich auf eine Hochbegabtenschule sollte. Tommy könnte sich mal eine fette Scheibe von ihm abschneiden – zumindest was das Lernen und die Höflichkeit betraf. Paul hatte braune, kurze Haare, smaragdgrüne Augen und war einfach ein Engel.

»Hallo Lola. Wie geht es dir heute?«, fragte Paul. Ich war seine äußerst freundliche und leicht übertriebene Art langsam schon gewöhnt.

»Mir geht es wirklich gut, danke. Also wollt ihr jetzt spielen? Ich gebe euch eine Dreiviertelstunde, dann gehen wir wieder. Ist das klar?«

»Ist klar. Vielleicht können wir zwei danach noch mal zusammen ins Eiscafé gehen, wenn dir das recht ist, Lola?«, sprach Taylor, mit einem Unterton in der Stimme, der Bände sprach. Leider war ich auch seine äußerst charmante Art, mit Mädchen zu sprechen, bereits gewöhnt. Er war für sein junges Alter schon sehr reif, und wenn er sich ein Mädchen in den Kopf gesetzt hatte, dann tat er auch alles, um es zu bekommen. Leider war ich dieses Mädchen und er wollte ständig, dass ich mit ihm ausging.

»Ja, äh ... Taylor, du fragst mich das jedes Mal und ich sage dir jedes Mal, dass ich viel zu alt für dich bin und dass es viele junge Mädchen gibt, die dich sehr gerne als Freund hätten. Tut mir leid.«

»Hm, das stimmt, das sagst du wirklich immer. Na ja, ändern kann man das nicht, dann werde ich das jetzt wohl hier beenden müssen. Es tut mir leid, ich mache Schluss mit dir.«

»Hä? Was, wir waren doch nie ... Ich habe dir doch nur gesagt ... Taylor, es hat und wird nie etwas geben zwischen uns«, erklärte ich ihm und war ein bisschen verwirrt. Wie gesagt, seine Art war einfach unbeschreiblich ... dämlich.

»Ach, Lola, mach es dir doch nicht selbst schwer. Ich weiß, dass du leidest.« Er legte mir eine Hand auf die Schulter, und obwohl er mehr als zwei Jahre jünger war als ich, überragte er mich um mindestens einen Kopf.

»Also belassen wir es jetzt dabei.« Dann stolzierte er erhobenen Hauptes zu Paul und Tommy.

Was war das denn gerade? Hatte mir gerade ein nicht mal vierzehnjähriger Junge einen Korb gegeben, obwohl ich gar nicht mit ihm zusammen war? Verwirrend … aber na gut, dann sah ich eben das Positive daran. Jetzt stand wenigstens kein kleiner Junge mehr auf mich und ich hatte ihm wenigstens nicht sein kleines Herz gebrochen. Wenn ihn das glücklich machte, dass er einem älteren Mädchen angeblich einen Korb gegeben hatte, dann war das doch schön. Auf Tränen eines ›kleinen‹ Jungen konnte ich hier in der Öffentlichkeit auch gut und gerne verzichten.

Nach dieser fragwürdigen Auseinandersetzung setzte ich mich auf meine Bank und sah den Jungs beim Spielen zu.


»Okay, Jungs, das war's dann. Tommy, sag auf Wiedersehen, wir gehen«, befahl ich meinem kleinen Bruder und nahm ihn an die Hand, als er bei mir ankam. Es war ihm peinlich, aber ich fand es lustig, ihn vor seinen Freunden zu blamieren. Auch wenn wir uns jetzt besser verstanden, hatte sich daran nichts geändert.

»Bye Taylor, bye Paul, bis morgen in der Schule, und Lola …« Er flüsterte mir ins Ohr: »Lass meine Hand los. Du bist peinlich.« Er löste sich von mir und ich kicherte.

»Tschüss Tommy, und auf Wiedersehen, liebe Lola«, verabschiedete sich Paul. Ich verdrehte halb genervt, halb belustigt die Augen. Jetzt war es an Tommy zu kichern.

»Ja, bye!«, schrie Taylor.

Nach wenigen Minuten, in denen wir den Bürgersteig entlang gewandert waren, rüttelte Tommy plötzlich an meinem Arm. »Hey Lola! Schau mal, ist das nicht… Don?« Er packte mich am Handgelenk, zog mich plötzlich in eine dunkle, dreckige Gasse, die am anderen Ende auf die Hauptstraße führte und zeigte auf einen Mann, der neben zwei Polizeibeamten stand. Wir versteckten uns hinter einem Auto, das an der rechten Seite einer Hausmauer geparkt war, um in Ruhe die Situation zu beobachten.

»Ja, ich denke schon. Was macht er da nur? Er schreit ja die Polizei an. Was fällt ihm ein? Komm, lass uns näher ran gehen, hinter die Müllcontainer, siehst du sie? Von da können wir das Gespräch bestimmt sogar belauschen.« Ich zeigte auf die beiden Container, war angespannt und zitterte am ganzen Körper. Angstschweiß lief mir über die Stirn.

»Wie in einem echten Detektivfilm. Ein weiterer Fall für Sherlock Holmes und Doktor Watson«, flüsterte Tommy voller Begeisterung.

»Und wer ist wer?«

»Du bist Watson. Was sonst?«

»Was? Warum bin ich Watson?«, flüsterte ich unglaubwürdig zurück. Mir würde die Rolle des Sherlock Holmes viel besser stehen als meinem elfjährigen naiven Bruder. Der lachte nur leise und wir schlichen uns in das besagte Versteck.

Zum Glück hatten wir es unbemerkt hinter die beiden Container geschafft, rechtzeitig, um das Gespräch zu hören. Vorher hatten die Polizeibeamten Don nur festgehalten und ihm Handschellen angelegt. Doch Don hat sich gewehrt, aber umsonst. Er wurde festgenommen. Festgenommen? Der eine Polizist war klein und wohlgeformt. Sein Schnauzbart war an beiden Enden gekräuselt und seine buschigen Augenbrauen waren zu einem schmalen Strich verzogen, als er Don mit seinen – waren es braune oder blaue Augen? – grimmig anblickte. Sein Kollege war dagegen groß und schmal. Ohne Bart, blond und auf jeden Fall jünger als der Dicke. Beide trugen die übliche Uniform eines Polizeibeamten.

»Wir haben Sie gerade dabei beobachtet, wie Sie aus diesem Laden wertvollen Schmuck entwendet haben. Sie bleiben jetzt ganz ruhig und kommen mit uns auf die Wache«, forderte der Dicke sachlich.

»Sie werden sich dafür verantworten müssen«, bekräftigte sein jüngerer Kollege und fasste Dons Handgelenke fester.

Ich war geschockt und konnte einfach nur zwischen den drei Männern hin und her blicken.

»Hoffen Sie für sich selbst, dass wir nicht noch mehr Diebesgut bei Ihnen finden. Wenn ich mir Ihre Uhr so ansehe, scheint die ja auch ziemlich teuer gewesen zu sein«, überlegte der Mann mit dem Schnauzbart.

»Na, wir möchten hier keine Behauptungen aufstellen, verehrter Kollege«, sagte der Jüngling und wandte sich dann wieder an Don: »Kommen Sie mit.«

Er führte Don weiter in Richtung Hauptstraße. Doch dieser begann, sich noch stärker zu wehren und schrie bissig und genervt auf die beiden Männer ein: »Ich habe hier nichts gestohlen! Ihr habt nicht das Recht, so was zu behaupten, ihr Idioten! Also, erst mal bin ich bestimmt nicht so bescheuert und sage euch irgendwas oder mache sonst irgendwas! Außerdem habe ich eine Frau kennengelernt, die voll auf mich abfährt! Die wird niemals zulassen, dass ihr mich wegen ein paar Diebstählen schon wieder in den Knast steckt! Niemals! Also kommt, macht die Handschellen ab und lasst den guten alten Don zu seinem Weib zurück, wir haben noch viel zu tun!«

»Schon wieder? Interessant. Also handelt es sich um wiederholten Diebstahl«, stellte der Blonde fest.

»Und Beamtenbeleidigung!«, ergänzte der Bärtige streng.

Dann schrien sie sich noch eine ganze Weile an, bis auch schließlich der andere Polizeibeamte Don am Arm packte und ihn gemeinsam mit seinem zierlichen Kollegen auf die Hauptstraße in ihren Wagen, der auf der anderen Straßenseite neben einem Laternenpfahl stand, zerrten. Die Reifen quietschten, als das Auto davonraste.

»Ich glaube, der Fall ist abgeschlossen, Dr. Watson. Auf Nimmerwiedersehen, Don!«, freute sich Tommy und winkte ihm schadenfroh hinterher. Ich war entsetzt, dass sich meine Mutter auf so einen … Kriminellen eingelassen hatte. Er hatte sie sogar als ›Weib‹ bezeichnet! Wie sollten wir ihr nur erklären, dass Don ein Verbrecher war? Sie würde uns das niemals glauben. Ich konnte mich gar nicht richtig freuen, so wie Tommy, denn ich wusste, dass wir das Schlimmste noch vor uns hatten. Unsere Mutter liebte Don so sehr und wenn wir ihr die Wahrheit sagten, müssten wir auf ewig ihren Kummer ertragen – wenn sie uns das alles überhaupt abkaufte. Wir hatten keinerlei

Beweise! Dennoch gab es keine andere Möglichkeit. Sie musste es erfahren und wir konnten nur hoffen, dass sie uns auch glauben würde.

Als ich mich wieder gefasst hatte, erklärte ich Tommy die Lage. »Tommy, das ist kein Spiel mehr. Weißt du, was das bedeutet? Don ist ein Verbrecher! Ein Lügner! Er wollte unsere Mutter nur als Rückendeckung! Er hat sie nie geliebt! Er wollte sie nur ausnutzen, dieses Schwein, und unsere Mutter ist auch noch darauf reingefallen. Ach, Tommy, was sollen wir nur tun? Wie können wir ihr das nur schonend beibringen? Sie wird uns nicht glauben. Wir haben keine Beweise …«

»Ja, Lola, das weiß ich doch. Ich würde sagen, wir sollten uns freuen«, versuchte er, mich zu beruhigen.

Freuen? Wieso sollte ich mich freuen? Okay, wir waren ihn los, doch wie könnte ich mich freuen, wenn das auch bedeutete, dass unserer Mutter wehgetan wurde? Also entgegnete ich: »Freuen? Wieso? Wir haben ihn zwar jetzt nicht mehr am Hals, aber was bringt uns das?« Jetzt kamen mir sogar die Tränen.

»Na, dein schlauer Bruder hat das ganze Gespräch mit seinem Handy aufgenommen und wir spielen das Mum einfach vor«, lobte er sich selbst. Himmel!

»Was? Tommy? Du bist ja echt ein Genie! Ich danke dir! Du bist der tollste Bruder auf der Welt!«, freute ich mich und begann ihn zu knuddeln. Zu meiner Überraschung ließ er es über sich ergehen.

»Komm, lass uns gehen«, schniefte ich schließlich und wischte die Tränen fort. »Morgen können wir es ihr ja ganz in Ruhe sagen. Super, Tommy, ich bin so unendlich stolz auf dich!« Ich umarmte ihn noch mal. Jetzt wehrte er sich schon ein bisschen und löste sich sanft aus meiner Umarmung.

»Ja, ja. Nichts zu danken. Den sind wir für immer los!«, jubelte Tommy glücklich. In seinen vor Freude strahlenden grauen Augen spiegelten sich meine eigenen Glücksgefühle wider. Wir rannten so schnell uns unsere Füße trugen nach Hause.

Ich war gespannt auf den nächsten Tag und froh, einen so tollen Bruder wie Tommy zu haben.


»Hey Mum! Wie geht's dir so? Hast du gut geschlafen?«, erkundigte ich mich, als ich meine Mutter am Frühstückstisch sitzen sah.

»Ähm ... ja, Lola. Mir geht's ausgezeichnet und ich habe auch gut geschlafen. Aber das fragst du mich doch nie. Was ist los?«

»Okay, Mum, es gibt da eine Kleinigkeit, die wir dir berichten müssen ...«

»Wir? Haben Tommy und du wieder etwas kaputt gemacht? Bitte nicht die Vase, die ich aus Thailand habe oder die Skulptur draußen im Garten. Oh, bitte nicht.«

Ich nahm erst einmal auch am Tisch Platz. »Nein, Mum, wir haben nichts kaputt gemacht. Na ja, doch ... irgendwie schon ...« Ich kratzte mir verlegen am Hinterkopf.

»Oh Lola, was habt ihr denn jetzt schon wieder angestellt? Los, raus mit der Sprache!«

Ich kniff die Augen zusammen, musste nachdenken, wie ich ihr schonend beibringen sollte, dass ihr heißgeliebter Freund Don Rodriguez ein Betrüger war und dass er nun bald im Gefängnis sitzen würde, vielleicht sogar schon saß. Außerdem musste ich Zeit schinden, denn Tommy war noch nicht aufgestanden. Ich durfte jetzt noch nicht die Karten auf den Tisch legen, schließlich hatte er die Beweise und ich hatte nichts, nur meinen Mund, der detailliert die Wahrheit ausspucken konnte. Wenn ich ihr es jetzt erzählen würde, würde sie mir es sowieso nicht glauben.

»Guten Morgen! Oh, da ist ja auch meine geliebte Mami. Hallöchen Mami«, rief eine bekannte, kindlich hohe Stimme von der Treppe. Tommy. Ich war glücklich, dass er endlich da war, denn ich hatte die ganze Zeit geschwiegen und langsam wurde es unangenehm.

Als er die Küche betrat, umarmte er unsere Mutter herzlich und grinste übers ganze Gesicht. Ich konnte mir denken, wieso, schließlich war ich auch froh, dass Don für immer aus unserem Leben verschwunden war – noch bevor er wirklich darin war. Meine Mutter war da sicherlich anderer Ansicht, und jetzt, da Tommy hier war, rückte der schreckliche Augenblick der Wahrheit immer näher. Bei diesem Gedanken grauste es mich und ich zuckte leicht zusammen, als Tommy mir etwas ins Ohr flüsterte: »Hast du ihr es schon gesagt?«

Ich schüttele kaum merklich den Kopf. »Noch nicht, ich hab auf dich gewartet. Es geht nicht ohne dich. Hast du dein Handy dabei?«

»Ja, legen wir los mit der Operation ›Zerstörung von Mamas großer Liebe‹.«

»Das klingt hart, aber lass es uns tun«, sagte ich mit einem optimistischen und gleichzeitig schuldigen

Unterton. Ich hatte keine Bedenken, dass es nicht funktionieren würde – ich war mir sogar sehr sicher, dass alles glatt gehen würde. Ich hatte nur Angst vor ihrer Reaktion und vor den Tagen danach.

Tommy setzte sich neben mich und fing ruhig und langsam an zu sprechen: »Also, Mum, wir müssen dir was sagen. Es wird dir nicht gefallen.« Ich blickte meine Mutter an, die gerade dabei war, unsere Brötchen für die Schule fertig zu machen.

»Ja, Tommy? Was möchtest du mir denn sagen? Lola meinte, ihr hättet etwas kaputt gemacht?«

Tommy schaute mich verwirrt an, ich winkte nur ab und er blickte wieder – immer noch leicht irritiert – in die Richtung unserer Mutter. »Na ja, also hier auf meinem Handy …« Wieso hat Tommy eigentlich ein Handy und ich nicht? Ich schüttelte den Kopf, um diesen Gedanken, der hierher nun wirklich nicht gehörte, zu verdrängen. »… habe ich ein Video, das du dir mal ansehen solltest.«

Da meine Mutter etwas komisch guckte, sagte ich: »Bitte, Mum, es ist sehr wichtig. Wir waren ja gestern auf dem Spielplatz, und als wir dann nach Hause gehen wollten, sahen wir Don und zwei Polizisten. Wir haben aufgenommen, was sie gesagt haben. Nur, damit du uns glaubst. Tommy, spiel es ab!«, forderte ich ihn auf und Tommy drückte auf Play.

Unsere Mutter schaute entsetzt drein, als sie die ersten Bilder des Videos erblickte. Ich sah, wie die Enttäuschung ihren Blick trübte. Ich fühlte mich schrecklich, doch es war nun mal die Wahrheit und der musste sie nun ins Gesicht blicken. Früher oder später hätte sie es sowieso erfahren.

Kurz vor dem Ende der Aufnahme fing sie an zu weinen. Dons Worte hatten sie hart getroffen. Sie saß auf dem Küchenstuhl, die Beine angezogen, das Gesicht in den Händen vergraben. Ihre Schminke war verlaufen, als sie uns kurz in die Augen blickte, um dann wieder in ihre alte, verzweifelte Haltung zu verfallen. Sie war am Boden zerstört. Genau das hatte ich befürchtet. Ich schaute zu Tommy, der fast auch anfing zu weinen, als er seine Mutter so gekränkt sah. Ich schniefte und ging gemeinsam mit Tommy zu ihr. Wir umarmten sie so fest wir konnten, denn sie sollte spüren, dass wir für sie da waren.

Das klappte scheinbar, denn sie beruhigte sich etwas und sprach dann schluchzend zu uns: »Kinder, es tut mir so leid, dass ich mich auf so einen bösen Menschen eingelassen habe. Ich hätte nie geglaubt, dass er so ein Idiot ist. Ich danke euch, dass ihr mir die Augen geöffnet habt und entschuldige mich dafür, dass ich jetzt wegen so einem Verräter auch noch vor euch rumheule. Ich liebe euch. Es tut mir so leid. Könnt ihr mir verzeihen?« Sie schaute uns tief in die Augen. Ihre waren ganz gerötet und glänzend von den Tränen, die noch darin standen. Oh Mum…

»Was? Mami du musst dich doch nicht für deinen Liebeskummer entschuldigen. Ja, du hast dir den Falschen ausgesucht, aber du konntest ja nicht wissen, was er für ein mieser Lügner ist. Mami, wir haben dich lieb«, sagte Tommy und küsste unsere Mutter auf die Stirn.

»Ja, Mum. Lass uns das einfach vergessen, lass uns Don vergessen, lass uns deine Gefühle für ihn vergessen, fangen wir noch mal von vorne an, ohne Don Rodriguez. Es wird alles gut«, versicherte ich ihr und sah, wie unsere Mutter sich die Tränen abwischte und dann ganz selbstbewusst aufstand. Jetzt war sie wieder vollkommen da, ganz die Alte. Und nun wusste sie auch wieder, was zu tun war.

»Ihr habt recht, meine Süßen. Ich lasse Don hinter mir. Ich habe einen Fehler gemacht, und den werde ich nie wiederholen. Danke, dass ihr mir gezeigt habt, wer Don wirklich ist. Ich versichere euch, kein Mann wird je wieder unser Haus betreten. Ich habe hier zwei wundervolle Kinder, wozu brauche ich denn einen festen Freund? Ich weiß, dass ich mich auf euch verlassen kann, und ihr könnt euch auch auf mich verlassen. Ich liebe euch.«

Sie nahm uns in den Arm, erst Tommy, dann mich. Als sie auf mich zukam, lächelte ich sie strahlend an, doch als ich sie dann umarmte und sie mir den Rücken streichelte, wurde ich doch nachdenklich. Ich wollte nicht, dass sie die Männer ganz vergaß. Ich wollte einfach nur, dass sie glücklich war, und wenn sie das mit einem Mann sein konnte, dann war das für mich auch in Ordnung. Wenn er nett wäre, auch zu mir und Tommy, fände ich es wirklich cool, wieder einen Vater zu haben …

Als sie sich von mir löste und auf die Uhr an der Wand starrte, bekam sie einen Schreck. »Ach du meine Güte, es ist schon so spät? Aber jetzt ab in die Schule. Los! Die Zeit drängt! Auf Wiedersehen.«

»Ja, Mum das wissen wir.«, sagten Tommy und ich wie aus einem Munde. Sie schob uns gehetzt Richtung Eingangstür.

»Wir lieben dich auch. Wir sind froh, dass es dir gut geht«, meinte ich und winkte ihr zum Abschied, als wir nun vor der Haustür standen.

»Auf Wiedersehen und danke für die Brote«, fügte Tommy noch hinzu und wir gingen mit unseren halbfertigen Pausenbroten zur Schule.

In den nächsten Tagen sprach meine Mutter nicht mehr von Don, dachte wahrscheinlich nicht mal mehr an ihn. Es schien fast so, als wäre er nie da gewesen und hätte meiner Mutter nie das Herz gebrochen. Ich dagegen hasste ihn immer noch. Mit ganzem Herzen, aus voller Seele verabscheute ich ihn und seine Taten. Mum war einfach wieder sie selbst.

In der Schule war eigentlich nicht mehr so dicke Luft. Kathrin und Nancy ärgerten mich zwar immer noch, doch ich hatte gelernt, damit umzugehen, gelernt, sie zu ignorieren. Wie ich gehört hatte – von bestimmten Personen, die es von Personen gehört hatten und die wieder von anderen Personen –, war John letzten Samstag mit Kathrin im Kino gewesen. So, wie es auf dem Zettel gestanden hatte. Mich interessierte es eigentlich nicht mehr – obwohl, eigentlich wollte ich nur zu gerne wissen, was jetzt zwischen den beiden war. Waren sie jetzt zusammen oder doch nur Freunde? Hatte John mich komplett vergessen oder hatte er sich Kathrin nur als Trostpflaster gesucht? Die letzte Frage ließ ich in meinen Gedanken unbeantwortet, denn es interessierte mich ja nicht mehr. Oder doch? Klar war, dass Kathrin voll auf John abfuhr und John sicherlich auch auf sie. Ich hasste sie! So eine verlogene, arrogante Ziege! Wenn ich nur an sie dachte – an ihren roten Lippenstift auf den vollen Lippen, an ihr von Make-up zugekleistertes Gesicht und an die angeklebten Wimpern –, da wurde mir ganz schlecht. Früher hatte ich mich zwar auch mehr geschminkt als heute, aber ich hatte zumindest nie wie ein Zirkusclown ausgesehen. Sie hatte sich so verändert, und das nur durch andere Freunde. Dass das möglich war, hätte ich bis vor Kurzem nicht geglaubt, doch nun hatte ich den Beweis. Eigentlich war ich schon längst über sie und John hinweg. Doch das Ende unserer Freundschaft und die ganze Sache mit John hatten einen Riss tief in meinem Herzen verursacht, der wohl nicht so schnell heilte. Egal was ich auch tat, diese Wunde würde auch fortan bestehen.

Aber das war nicht das Thema, was mich im Moment am meisten beschäftigte: Lorenz kam mir ein bisschen komisch vor. Das kam er mir zwar immer – wegen seiner schüchternen Art und seiner ganzen Haltung zu anderen –, aber irgendwas war heute noch komischer an ihm als sonst. Vielleicht lag es daran, dass morgen der letzte Schultag war. Da wurden doch alle irgendwie merkwürdig, oder? Den ganzen Tag hatte er mich im Unterricht angestarrt, und immer wenn ich seinen Blick erwiderte, schaute er plötzlich weg. Dieses Spiel gefiel mir gar nicht und machte mich total nervös. Falls er irgendein Problem mit mir hatte, dann sollte er mit mir reden und mich nicht die ganze Zeit anstarren wie ein Psychopath. Wenn mich Leute so dämlich anglotzen, komme ich mir immer so hilflos vor, so beobachtet. Das war ein schreckliches

Gefühl, das ich am liebsten immer sofort wieder loswerden wollte. Doch anscheinend schauten mich die Leute gerne an. Egal wo ich war, immer wurde ich angestarrt. Warum? War ich echt so hässlich, so interessant abstoßend? Ich wollte mich nicht selbst runtermachen, doch ich war nun mal nicht die Schönste. Damit hatte ich mich schon abgefunden. Ich konnte eigentlich nur hoffen, dass sich Lorenz' heutiges Verhalten nicht morgen am letzten Schultag nochmals wiederholen würde …

Nach der Schule ging ich einkaufen. Allein, ohne meine Mutter oder Tommy. Mein Bruder wäre sowieso keine große Hilfe gewesen, denn er wollte immer nur Schokolade oder Chips – das fettige Zeug eben. Und wenn er das nicht bekam, bockte er die ganze Zeit rum. Mich wunderte es, dass er noch nicht kugelrund war, bei dem ganzen Süßkram, den er am Tag verspeiste. Ich dagegen wurde schon dick, wenn ich nur an die Leckereien dachte. Weiße Schokolade, Karamellbonbons, Eiscreme mit Sahne und Buttercremetorte … Mhm … ›Stopp! Nicht daran denken, Lola!‹, ermahnte ich mich in Gedanken. Wenn ich alleine war, konnte ich wenigstens das kaufen, was mir gefiel – und natürlich meiner Mutter. Vielleicht würde ich auch eine Kleinigkeit für Tommy mitbringen – aber nur vielleicht. Schließlich war er ja mein kleiner Bruder, der mir immer zur Seite stand. Und außerdem, wenn ich mich ein bisschen einschleimte, machte das ja auch nichts. Es konnte immer nützlich sein, einen Elfjährigen auf seiner Seite zu wissen. Ich schlenderte weiter den Bürgersteig entlang, voller Tatendrang und mit leichten

Kopfschmerzen von der ganzen Nachdenkerei, doch all meine Sorgen schob ich jetzt in den Hintergrund.

# Kapitel 6
## Der letzte Schultag

Freitag, 07.48 Uhr

Endlich der letzte Schultag, dann sind Ferien. ›Bald hast du es geschafft, Lola!‹, dachte ich, als ich die Klasse betrat, um mich selbst ein bisschen aufzumuntern. Alle starrten mich an – wie jeden Morgen. Ich sah, wie Nancy und Kathrin mit John tuschelten und mich dabei belustigt anstarrten. Ihre Blicke trafen mich qualvoll – dennoch wurde ihr Getue langsam erträglicher. Außer die Blicke von John. Dem Jungen, der anfangs so in mich verliebt war, der mich so unterstütze, der so auf meiner Seite war, bis ich ihm wegen Kathrin das Herz gebrochen hatte. Und jetzt bekam ich die Rechnung. Ich sah, wie arrogant und kaltherzig John geworden war, wie egal ich ihm nun geworden und wie interessiert er an Nancy und Kathrin war. Aber am meisten störte mich, dass ausgerechnet Kathrin von allen Mädchen in der Klasse ihn am meisten interessierte. Früher war er so gut mit Jeff und Marie befreundet. Er hatte sie akzeptiert, auch wenn sie nicht so cool wie die anderen waren und jetzt hing er nur noch mit den Macho-Jungs und den Obercoolen ab. Jeff und Marie waren jetzt für ihn nur noch alte Fußabtreter. Die er, genau wie mich, nur noch ärgerte und runtermachte. Dabei waren wir die, die am Anfang mit ihm befreundet waren, wegen seinem tollen Charakter – den er aber jetzt offenbar abgelegt hatte. Er hatte sich für Freunde entschieden, die ihn nur mochten, weil er gut aussah und das Zeug zu einem coolen Jungen hatte. Na ja, da sah man mal wieder, wie Menschen sich nur durch den Umgang verändern konnten – zum Negativen wie auch hin und wieder natürlich zum Positiven. Wenn ich so darüber nachdachte, war ich gar nicht so allein, wie ich es mir immer vorgestellt hatte. Ich hing jetzt öfter mit Jeff oder Marie ab. Sie waren vielleicht nicht die Beliebtesten, doch seitdem ich mit Kathrin nicht mehr befreundet war, war ich das ja auch nicht mehr. Ich war Luft. Genau wie Marie und Jeff. Mit Kathrin ging es immer nur um Kontakteknüpfen, Klamotten und Partys. Mit Marie und Jeff hingegen konnte ich über alles reden: Schule, Interessen – auch über Klamotten, denn Jeff würde das nicht schaden, wenn er mal etwas mehr über Modetrends wusste. Er sah nämlich immer aus wie … wie … keine Ahnung, was man zu so etwas sagen könnte. Auf alle Fälle hatte er keine Ahnung, was dieses Gebiet betraf. Fakt war, dass ich mit ihnen gut reden konnte und sie ungefähr die gleichen Interessen hatten wie ich. Mir war es total egal, ob sie cool waren oder nicht. Ihnen war es auch total egal, dass ich der größte Loser der gesamten Klasse war, jetzt wo Kathrin nicht mehr mit mir befreundet sein wollte. Ich war einfach nur froh, dass ich jemanden gefunden hatte. Eigentlich war ich mir sicher, dass Jeff und Marie bessere Freunde werden könnten – vielleicht waren sie das sogar schon – als John oder Kathrin.

Als ich mich dann auf meinen Platz setzte, begrüßten mich Jeff und Marie, die vor mir saßen: »Hey Lola. Wie geht's dir? Schon gespannt auf dein Zeugnis?«

»Ja und wie, Jeff, ich freue mich schon sehr«, sagte ich voller Begeisterung und packte meine Sachen aus, legte sie auf den Tisch und hörte dabei Marie zu. »Wir auch, was denkst du, was du in Mathe hast? Dieses Halbjahr fand ich Mathe besonders schwer, obwohl es mir sonst immer leicht gefallen ist.«

»Hm, vielleicht eine zwei? Wieso fällt dir denn Mathe schwer? Du bist doch richtig gut darin.« Ich legte verwirrt den Kopf schräg.

»Ja, Marie, wieso?«, fragte Jeff neugierig und fasste ihr auf die Schulter. Süß, wie er sich um sie sorgte und ihr beistand. Dass sie nur Freunde waren, konnte ich nicht begreifen. Sie waren wie geschaffen füreinander.

»Keine Ahnung, früher war ich wirklich richtig gut. Wie zum Beispiel in der siebten Klasse, da war ich die Beste von allen. Na ja, ich hoffe, dass ich wenigstens eine Zwei habe. Dann wäre alles gut.« Sie war ein waschechter Streber. Belustigt verdrehte ich die Augen und kassierte einen bösen Blick von Marie. Jeff lachte.

»Ach Marie, guck doch nicht so! Bestimmt wird alles so wie du es dir wünschst. Ist doch so, oder Jeff?« Ich schaute ihn durchdringend an und lächelte, als er mir sofort zustimmte und sein Lachen verstummte. »Klar, Marie! Oh Leute, aufpassen, es geht los«, verkündete Jeff, streichelte Maries Rücken und drehte sich anschließend um.

Vorne stand Mr. Müller, in seiner Hand hielt er die Zeugnisse. »Guten Morgen, bevor ich euch eure Zeugnisse überreiche, noch ein Hinweis. Ihr habt heute nur zwei Stunden, aber das wisst ihr ja eigentlich schon von den vergangenen Schuljahren. So, und bevor es losgeht, erzählt mir doch mal, was ihr in den Ferien so geplant habt. Also, wer möchte anfangen?«, fragte Mr. Müller voller Begeisterung, doch diese spiegelte sich nicht in den Gesichtern meiner Klassenkameraden wider. Dieses Spielchen machte Mr. Müller nämlich jedes Mal vor den Ferien und nie hatte irgendjemand so richtig Lust darauf. Ich dachte eigentlich, wir wären schon zu alt für so was. Trotzdem machte es mir immer wieder Spaß zu hören, was meine Mitschüler so in den Ferien trieben.

Wie zu erwarten, meldete sich niemand. Ich mich auch nicht, denn ich konnte gut auf dumme Kommentare verzichten. Mr. Müller duldete aber keine Drücker und suchte sein erstes Opfer aus: Klot.

»Hm, also Ron, Dave und ich machen eine Expedition zum Nordpol«, berichtete Klot widerwillig.

»Uh, nimm mich mit, Klot, dann können wir zusammen mit Pinguinen kuscheln«, kreischte Rocky, und Klot schickte ihr einen Handkuss.

»Ähm, Rocky? Dir ist schon bewusst, dass es am Nordpol keine Pinguine gibt, oder?«, erwiderte Lorenz und drehte sich schnell um, als Rocky ihn wütend anstarrte.

»Ruhe bitte, Ruhe! Jetzt erzählt uns John etwas über seine Unternehmungen.«

John blickte erschrocken auf. Er hatte gerade mal wieder mit Kathrin geplaudert. »Ich? Ich ... also ich ... ich bleibe daheim.«

»Ah, das ist ja hoch interessant. Und du Kathrin?«

Sie schaute uninteressiert an Mr. Müller vorbei zu John und antwortete in seine Richtung: »Ich ebenfalls, Mr. Müller.«

»Aha, und du, Lola?«

Na toll, das musste ja sein. Es war so klar, dass Mr. Müller mich wieder mal dran nehmen würde. Ich schluckte und sagte: »Na ja, wir wissen es noch nicht. Wahrscheinlich bleiben wir zu Hause und ...«

Natürlich musste wieder jemand dazwischen quatschen. »Was kannst du auch anderes machen? Ihr habt doch eh kein Geld«, spottete Nancy, und Kathrin begann zu lachen. Die anderen machten sich – wie üblich – ebenfalls über mich lustig. John tuschelte: »Kann die nicht einfach mal knappe Antworten geben? Muss die bei allem einen Roman erzählen? Es juckt doch eh keinen, was die in ihren Ferien macht!« Kathrin lachte gespielt und warf ihre perfekt sitzende, blonde Mähne mit einer fließenden Bewegung zurück. Man. Sie ist echt perfekt. Kein Wunder, dass John so auf sie abfährt. Wie er sie ansieht...

Gedemütigt senkte ich den Kopf. Stunde, geh vorbei! Würde das denn nie ein Ende haben? Ich will diesen Anblick nicht mehr ertragen... Da schrie eine Stimme in den Raum und alle verstummten urplötzlich. John zuckte kaum merklich zusammen. »Hört doch einfach mal auf, Lola zu ärgern! Lasst sie doch endlich mal in Ruhe!«

Ich war geschockt. Es hatte sich tatsächlich jemand für mich eingesetzt. Krass.

»Halt die Klappe, Lorenz, du hast doch keine Ahnung.«

Lorenz? Dieser Feigling hatte mich wirklich verteidigt? Das war ja so nett von ihm. Ich lächelte. Das war das erste Mal, dass mich jemand beschützte.

»Kathrin, schau erst mal dich selbst an, bevor du dein Lästermaul aufreißt, das gilt auch für dich, Nancy!«, konterte Lorenz selbstbewusst und schaute zu mir herüber. Ich nickte mit einem breiten Lächeln und sah, wie Lorenz rot wurde und sich schnell umdrehte.

»Hey, Leute, habt ihr das gesehen? Lorenz ist rot geworden, weil Lola ihn angeschaut hat. Wie peinlich!«, schrie Kathrin und die ganze Klasse lachte.

Oh Gott… Ich wurde immer kleiner auf meinem Stuhl. Verlegen und bereit, jetzt in Grund und Boden zu versinken. Lorenz hingegen setzte sich immer noch mit Kathrin und Nancy auseinander. Woher nahm er nur auf einmal diesen Mut? Ich hatte mir ja schon gedacht, dass am letzten Schultag alle etwas anders sein würden. Aber mit so einer extremen Veränderung bei Lorenz, dem Feigling, hätte ich nicht gerechnet. Wie konnte der schüchternste Typ unserer Klasse mich vor all den coolen Leuten verteidigen? Ich versuchte, ihr Gezanke auszublenden und hoffte, dass Mr. Müller endlich mal eingreifen würde. Aber… Wieso war Lorenz rot geworden? Hatte es etwas mit seiner schüchternen Art zu tun? Oder … Nein, das konnte nicht sein. Bitte nicht! Stand er etwa auf mich? Na ganz toll. Ich verdrehte die Augen und vergrub mit einem entnervten Stöhnen das Gesicht in den Händen.

»Ruhe, Leute! Mir reicht's. Die Stunde ist eh gleich um. Ich verteile jetzt eure Zeugnisse, wenn ihr sie habt, könnt ihr den Klassenraum verlassen.« Mr. Müller stand auf und knallte jedem Schüler sein Zeugnis auf den Platz. Wie liebevoll.

»Also, Klassenbeste ist Marie, mit einem Durchschnitt von 1,6. Gut gemacht, Marie. Zweitbeste ist Lola.« Ich hörte, wie meine Mitschüler tuschelten und manche aus der Klasse »Streber« oder »Schleimer« reinriefen. Mir war das egal. Lieber Streber als Loser … Im Moment war ich nur froh, dass ich nun endlich mein gutes Zeugnis hatte, und da fiel es mir nicht schwer, die anderen auszublenden.

Mr. Müller verschaffte sich abermals Gehör: »Und die Schlechtesten sind Ben mit einem Durchschnitt von 3,4 und Kathrin mit einem Durchschnitt von 3,2.«

Ich sah, wie Kathrin anfangs entsetzt dreinblickte, sie hatte aber ihre Gesichtszüge gleich wieder unter Kontrolle, zeigte ihrem Zeugnis die kalte Schulter und flirtete weiter mit John. So eine …

»Danke, für eure Aufmerksamkeit und schöne Ferien. Erholt euch gut, denn nach den Ferien geht es auf die Prüfungen zu. Bis Bald«, schloss Mr. Müller ab und verließ wie alle anderen die Klasse.


Draußen vor der Schule wurden viele Schüler abgeholt, genau wie Jeff, Marie und ich. Marie war überglücklich, dass sie in Mathe eine Eins hatte, und ich war genauso stolz auf meine Einsen in Deutsch und Geschichte. Als mein Bruder und ich dann bei meiner Mutter im Auto saßen, prahlte Tommy – wie immer – mit seinem Zeugnis. So gut wie der kleine Paul war er zwar nicht, aber er war immerhin vom Durchschnitt her besser als ich. Schön für ihn. Obwohl ich nur einen Gesamtdurchschnitt von 1,9 hatte, war ich trotzdem stolz auf mich. Ich war schließlich in der zehnten Klasse und er in der fünften. Da war der Stoff doch kinderleicht. So konnte ich mich etwas trösten, dass mein kleiner Bruder besser war als ich.

Jetzt aber freute ich mich erst mal auf meine Ferien. Ich würde ganz sicher nicht die Tage zählen, bis ich wieder in die Schule konnte, aber ich war dennoch gespannt auf das nächste Halbjahr. Dann würden ja die Prüfungen anstehen. Insgeheim freute ich mich schon darauf.

Ich hoffte, dass ich im nächsten Halbjahr nicht mehr so viele Probleme haben, dass ich meine neuen Freunde behielt und meine alten für immer vergessen würde. Außerdem strebte ich das Abitur an, und da mein Zeugnis sehr gut aussah, hatte ich keine Bedenken, nicht angenommen zu werden. In den Ferien würde ich meine Bewerbung schreiben. Trotzdem war ich etwas nervös, denn ich hatte vor, mich bei einer hochkarätigen und beliebten Schule in Frankfurt zu bewerben. Da brauchte man neben guten Noten auch ganz schön viel Glück.

Was ich mit Lorenz machen sollte, das wusste ich noch nicht. Eigentlich wollte ich mich gar nicht mehr binden, verlieben... wie auch immer. Ich wollte einfach nur meine Schule gut durchziehen, gute Noten schreiben und am Ende der zehnten Klasse von mir sagen können: »Lola Hugents, du hast es geschafft! Du bist die beste der ganzen Klasse und hast dein Ziel erreicht.« Wenn ich einen festen Freund hätte, dann könnte ich mich nicht mehr auf mein Ziel konzentrieren, würde von der Bahn abweichen und die Kontrolle über mich selbst verlieren.

# KAPITEL 7
## MEIN GEBURTSTAG

Dienstag, 18.56 Uhr

Ich war so überglücklich. Endlich hatte mein Leben wieder einen Sinn. Ferien waren das Schönste auf der Welt, und wenn man dann auch noch Geburtstag hatte, dann hatte man den Jackpot geknackt. Ja, und genau das hatte ich. Ich hatte nämlich am nächsten Tag Geburtstag und würde süße sechzehn werden. Tommy behauptete immer, dass er mir geistig überlegen wäre, obwohl ich erstens viel mehr Lebenserfahrung hatte und zweitens schon viel mehr gelernt hatte als er. Das kapierte er aber nicht, oder besser gesagt, er wollte es nicht wahrhaben, dass ich die Große war und er der Kleine. Na ja, so war das Leben und so würde es auch immer sein. Er würde nichts daran ändern können, außer er kaufte sich einen Umhang, einen Zauberkasten, einen langen Bart und einen Zauberhut. Dann würde er zumindest schon mal so wie ein Zauberer aussehen und müsste nur noch einen passenden Trick finden, der mich jünger und ihn älter machte. Dann hätte er es geschafft. Auf einmal musste ich über meine eigenen Gedanken lachen, so laut, dass mich Tommy von seinem Zimmer aus bestimmt hörte. Mit sechzehn war ich schon fast erwachsen und er nicht. Ich könnte machen, was ich wollte und was mir gefiel. Auch wenn ich meinen kleinen Bruder über alles liebte, konnte ich mir eine gewisse Schadenfreude nicht verkneifen.

Aber ein winzig kleines Problem gab es da noch. Mit wem sollte ich denn nun meine neu gewonnene Freiheit teilen? Ich hatte zwar Jeff und Marie, aber mit ihnen konnte man sich nicht einfach so treffen oder mal bis spät in die Nacht tanzen gehen. Sie waren nur auf sehr gute schulische Glanzleistungen aus. Ich wettete, dass sie in den Ferien genauso hart büffeln würden wie während der Schulzeit. Ich war zwar auch ein Streber – wie man so schön sagte –, aber so extrem war ich noch lange nicht. Ich mochte Marie und auch Jeff, aber diesen extremen Ehrgeiz sollten sie mal ein wenig runterschrauben und einfach etwas mehr Spaß haben. Neulich hatte ich Marie angerufen und sie gefragt, ob sie nicht mal Lust hätte, mit mir ins Freibad zu gehen, denn es war ein sehr heißer Tag und ich brauchte unbedingt eine Abkühlung. Am Anfang lief noch alles gut. Sie hatte zugesagt und wir hatten uns sogar schon einen Treffpunkt ausgemacht, aber kurz davor – vielleicht eine Stunde vor der Verabredung – rief sie mich an und sagte, dass sie keine Zeit habe, da sie sich mit Jeff zum Lernen verabredet hatte. Ich wusste zwar, dass die beiden unzertrennlich und schon fast wie Bruder und Schwester waren, aber sie konnte mich doch nicht einfach hängen lassen, nur um in den Ferien mit ihrem heißgeliebten Jeff zu lernen! Also, das hatte mich schon richtig fertiggemacht. Im Großen und Ganzen waren die beiden aber ganz in Ordnung, wenn sie nicht gerade ihre ›Besserwisser-Phase‹ hatten, und trotz all ihrer Fehler und kleinen Macken war ich richtig froh, zwei Freunde gefunden zu haben, mit denen ich wenigstens die Schulzeit überleben würde. Was wollte ich denn mit unzählig vielen Freunden, wenn davon nicht ein einziger ein wahrer Freund war? Das Wichtigste war doch nicht, wie viele Freunde man hatte, sondern dass man sich untereinander verstand und zusammenhielt. Das war das Einzige, auf das es ankam, denn dann bräuchte man sich vor nichts zu fürchten.

»Happy Birthday to you! Happy Birthday to you! Happy Birthday, liebe Lola. Happy Birthday to you!« Meine ganze Familie stand vor meinem Bett und sang für mich. Dann verkündete meine Mutter: »Alles Gute zum sechzehnten Geburtstag, meine Süße!« Alle waren da: Meine Großmutter Fern, mein Großvater Gerd, meine Tante Lucy, mein Onkel Jeremy, meine Cousinen Lilly und Susann und natürlich meine Mutter und Tommy. Ich konnte es nicht fassen. Alle waren da, nur wegen mir, wegen meinem Geburtstag.

»Das ist so toll, dass ihr alle hier seid!«, freute ich mich und bemühte mich, nicht in Freudentränen auszubrechen.

»Wir wollten dir eine besondere Freude machen«, sprach meine Großmutter Fern. Sie war immer so lieb und ruhig, sie hatte immer einen Rat, und wenn ich bei ihr war, fühlte ich mich geborgen und sicher. Das Einzige, was ich bei ihr nicht ausstehen konnte, war ihr kleiner Tick, was ihr Aussehen anbelangte. Jeden Morgen brauchte sie Stunden, um sich fertig zu machen: Locken mussten in ihre grauen Haare eingedreht werden, und sie brauchte auch immer Ewigkeiten vor dem Kleiderschrank, suchte dort immer die allermodernsten und neuesten Sachen aus. Meine Großmutter hatte nämlich ein Auge für Mode und zog sich immer sehr trendy an, obwohl sie schon auf die siebzig zuging.

»Wir wussten, dass dir das viel bedeutet, wenn wir alle zu Besuch kommen. Man wird ja schließlich nur einmal sechzehn. Nicht wahr?«, scherzte Onkel Jeremy und zwinkerte mir zu. Wie immer war er sehr gut drauf, amüsant und hatte für jede Lage einen passenden Spruch auf Lager. Er war ein sehr großer, für sein Alter noch recht gutaussehender Mann und hatte – genau wie mein Großvater Gerd – einen kleinen Kugelbauch.

»Ja, da hast du absolut recht. Das ist so toll, dass ihr alle hier seid! Vor allem Lucy und Jeremy. Ihr habt doch so einen langen Weg bis zu uns«, sagte ich verwundert.

»Ach, das ist nicht weiter schlimm. Vier Stunden im Auto sind es wert, um meine kleine Nichte zu sehen und zu staunen, wie sie immer größer wird.«

»Danke, Lucy.« Meine Tante und mein Onkel waren wirklich die besten auf der Welt, und dass sie immer wieder einen so langen Weg auf sich nahmen, nur um mich zu sehen, verschlug mir jedes Mal die Sprache.

»Ja, und wer fragt uns? Wir saßen auch im Auto, in dem hat Luck sogar ständig gepupst! Das war Folter! Aber jetzt sind wir ja da, bei dir, Lola, da geht es uns gleich besser«, nörgelten meine beiden Cousinen Lilly und Susann und schmiegten sich an mich. Sie waren Zwillinge, deshalb sagten sie immer alles gleichzeitig. Beide sahen aus wie Barbiepuppen, denn jeden Tag zogen sie pinke Sachen an und rannten immer mit einer quietschpinken Handtasche rum. Außerdem hatten sie Tommy sehr gerne. Wahrscheinlich, da er in ihrem Alter war und sie früher immer viel Quatsch miteinander gemacht haben. Deshalb verstanden sie es auch nicht, dass Tommy ihnen in letzter Zeit eher aus dem Weg ging, statt mit ihnen zu spielen. Tommy dachte nämlich, er sei schon so erwachsen, da müsste er nicht mehr mit seinen Cousinen spielen. Ich glaubte aber auch, dass Tommy merkte, wie sehr die beiden für ihn schwärmten. Ich hatte es Lilly und Susann zwar schon oft erklärt, dass sie Tommy nicht heiraten konnten – geschweige denn durften –, aber sie hatten es dennoch vor.

»Das ist aber nicht nett von Luck. Da muss ich doch mal mit ihm reden, dass er meine kleinen Lieblingscousinen nicht einfach so vollnebeln kann. Keine Sorge, ich mach das schon. Aber wo ist Luck denn überhaupt?«, fragte ich an meine Cousinen gewandt, als ich ihren Bruder nirgends entdecken konnte.

»Er sitzt noch im Auto. Na ja, eigentlich liegt er darin. Er hat nämlich die ganze Fahrt über nur geschlafen – na ja, und gepupst«, erklärten meine Cousinen, »Wir zählen auf dich. Aber jetzt müssen wir erst mal wo hin.« Und sie verließen mein Zimmer. Sie waren schon zwei äußerst nette und vorallem aufgeweckte Mädchen. Luck hingegen war schon größer – dreizehn Jahre alt – und etwas verschwiegener. Lilly und Susann hauten ihn gerne mal in die Pfanne oder blamierten ihn, deshalb war er eher schüchtern und zurückhaltend gegenüber anderen. Mit seinen Schwestern hingegen war das ganz anders, da war er immer robust und boshaft. Das konnten viele nicht nachvollziehen, deswegen kam er oft zu mir und wollte mit mir reden, wahrscheinlich, weil ich die Einzige war, die ihn wirklich verstand. Das behauptete er zumindest immer. Trotzdem war er ein guter Junge, mit dem man auch Spaß haben konnte.

»Also, Lola, entschuldige, dass Lilly und Susann, na ja, immer so direkt sind …«, fing Onkel Jeremy an, doch ich winkte verständnisvoll ab. Da fuhr er nun etwas beruhigter fort: »Aber das bist du ja gewöhnt. Dann werden wir dich mal aufstehen lassen. Komm, Lucy, lass uns gehen. Bis gleich, Lola.«

»Ja, bis dann Lucy und Jeremy!«, rief ich ihnen noch hinterher und hörte anschließend gespannt auf die Worte meines weisen Großvaters. Er war wirklich außerordentlich schlau und hatte immer einen klugen Rat parat. »Lola, wir sind froh, dass wir dich mal wiedersehen. Unser letztes Treffen ist ja schon eine kleine Ewigkeit her. Ich hoffe, du hast einen schönen Tag.«

»Ja, den werde ich bestimmt haben, Großvater. Da bin ich mir sicher. Wie geht es eigentlich Jordy?« Jordy war der West Highland Terrier meiner Großeltern, den sie schon dreizehn Jahre besaßen. Jordy war noch äußerst fit für ihr Alter und ein Hund für alle Fälle. Als ich noch klein war, habe ich oft mit ihr im Garten meiner Großeltern herumgetollt. An so manchem Regentag, als ich mit ihr draußen spielen war, kamen wir beide völlig verdreckt wieder ins Haus und Jordy hinterließ überall ihr schmutziges Autogramm.

»Ach, Jordy geht es prächtig. Du kennst sie doch. Sie ist so stark wie ein Felsbrocken, kräftig und gesund. Wir denken, dass sie uns noch lange erhalten bleiben wird. Doch jetzt ist es aber wirklich Zeit, dass du dich mal fertigmachst. Du willst doch bestimmt deine Geschenke aufmachen, oder nicht?«

»Ja, natürlich, Großmutter. Bis gleich.«

»Bis gleich, Prinzessin.« Dann verschwanden auch meine Großeltern und es standen nur noch meine Mutter und Tommy im Raum.

»Mum? Tommy?«

»Ja, mein Schatz?«, fragte meine Mutter ruhig und liebevoll zurück.

»Ich danke euch, dass ihr das ermöglicht habt.«

»Was meinst du?«, fragte Tommy, der mal wieder völlig auf dem Schlauch stand. Meine Mutter stupste ihn vielsagend an. Da wusste er, was wir meinten. »Ach so, du meinst, dass wir das alles für dich organisiert haben.«

»Ja, kleiner Bruder, genau das meinte ich.« Ich verdrehte verspielt die Augen und Tommy warf mir einen leicht verärgerten Blick zu.

»Ach Schatz, das war gar kein Problem. Das machen wir doch gerne für dich.«

»Ich weiß, und das ist toll.« Ich stand auf und umarmte meine Mutter und Tommy gleichzeitig. Ich war so glücklich, dass sie das möglich gemacht hatten. Es kommt schließlich nicht jeden Tag vor, dass die gesamte Familie in deinem Zimmer steht und kilometerweit anreist, nur um dir am frühen Morgen ein Geburtstagsständchen zu trällern. Das war wirklich eine gelungene Überraschung und das rechnete ich meiner Mutter und natürlich auch Tommy sehr hoch an. Ich war einfach dankbar für diesen tollen Geburtstagsmorgen.

Einen schöneren Geburtstag kann man gar nicht haben. Es gibt nichts, was diesen Tag noch toppen kann, dachte ich quietschvergnügt, als ich die Treppen hinunterging, um meiner ganzen Familie beim Essen Gesellschaft zu leisten. Alle saßen mit großen Augen am Esstisch und Großvater Gerd hatte schon die Kuchengabel in der Hand, um ein Stück der riesigen Geburtstagstorte, die meine Mutter extra gemacht hatte, zu verspeisen.

»Was? Mum, das hättest du nicht tun sollen. Extra eine Torte zu backen, nur wegen meinem Geburtstag«, versicherte ich.

»Was heißt hier ›nur‹? Lola, der sechzehnte Geburtstag muss gefeiert werden und da scheue ich keine Kosten. Komm, setzt dich, Schatz«, forderte meine Mutter mich auf und ich setzte mich auf meinen Stammplatz, den meine Familie für mich freigehalten hatte.

»Hm … okay, wenn du das sagst, dann geht das in Ordnung.«

»Komm, Lola, lass uns anfangen. Du weißt, wie ich bin, wenn ich nichts zu essen bekomme«, witzelte Großvater Gerd.

»Oh ja, Lola, mach schnell, bevor Opa Gerd noch einen Anfall bekommt und am Ende vielleicht noch mich verspeist. Dann wird sein Bauch bestimmt noch kugelrunder.« Mein Onkel grinste verschmitzt zu Gerd, der nur amüsiert auflachte.

»Ja, Jeremy, ich mach ja schon. Ich glaube aber nicht, dass Großvater das tun würde, oder?«

»Wenn du dann besser schlafen kannst, sage ich lieber mal: Natürlich nicht.« Alle lachten.

»Okay? Das ist jetzt beunruhigend«, sagte ich und sank automatisch tiefer in meinen Stuhl. Mein Opa konnte schon ziemlich lustig sein, aber am aller liebsten nahm er sich selbst auf die Schippe. Sein gewaltiger Bauchumfang, seine runzlige Stirn und seine grauen Haare waren das, über was er sich immer am meisten lustig machte. Genauso wie Onkel Jeremy, der auch gerne mal den ein oder anderen Witz auf Kosten meines Großvater machte. Als ich einigermaßen bequem saß, schaute ich zu der köstlichen Honigtorte – ich liebe Honig – und den vielen Tellern, die nur darauf warteten, gefüllt zu werden.

»Hallo Lola«, flüsterte da plötzlich eine zurückhaltende Stimme und ich wusste sofort, wer sich da gerade zu Wort gemeldet hatte. Es war der kleine Junge mit den braunen, kurzen Haaren und den super süßen Knopfaugen.

»Hallo Luck, wie geht's dir denn? Hast du ausgeschlafen?«

»Mir geht's gut und ja, habe ich. Oh, und alles Gute zu deinem Geburtstag. Hier für dich.« Luck überreichte mir ein eingerolltes A4-Blatt und nickte mit dem Kopf, als ich ihn anschaute und es schließlich öffnete.

»Oh wow. Wie schön! Danke, Luck. Sind wir das alle zusammen?« Ich schaute begeistert auf sein detailliert gezeichnetes Gemälde – ein Familienportrait. Luck war nämlich ein äußerst begabter Zeichner, vor allem für sein Alter. Und doch saß er total eingeschüchtert auf seinem Stuhl und bangte und hoffte wahrscheinlich, dass mir sein selbstgemachtes Geschenk gefiel. »Ja, das sind Opa Gerd, Oma Fern, Mama, Papa, Tante Trudie, Cousin Tommy und du. Das habe ich extra für dich gemalt«, erklärte Luck und schaute mich dann weiter verlegen an. Ich war gerührt und umarmte meinen kleinen Cousin. Er mochte es gar nicht, wenn er im Mittelpunkt stand.

»Danke Luck, das ist wirklich ein tolles Geschenk. Aber wo sind Susann und Lilly?«

»Ähm … na ja, das ist meine Wunschfamilie. Da passen meine Schwestern irgendwie nicht hin.«

»Luck!« Lucy ermahnte ihn streng, und seine Schwestern schauten ihn finster an. Ein Glück saßen sie an der anderen Seite des Tisches, sonst wären sie bestimmt auf ihn losgegangen. Luck lächelte verlegen, als er hinzufügte: »Oh, und Lola?«

»Ja?«

»Lilly und Susann haben zu mir gesagt, dass du mir was sagen willst.«

»Oh, ach ja, sie haben sich bei mir beschwert, dass du die ganze Zeit im Auto gepupst hast und ich sollte dir sagen, dass das dich in Ordnung ist und dass du das nicht mehr machen sollst, okay?«

»Ja, Lola, es tut mir leid. Aber ich kann das nicht kontrollieren und schon gar nicht, wenn ich schlafe«, verriet Luck mir mit gesenkter Stimme und wurde dabei leicht rot.

»Das ist ja nicht so schlimm, aber hören wir jetzt mal auf, darüber zu reden. Es gibt schließlich jetzt leckere Torte. Guten Appetit, Luck«, sagte ich und zwinkerte ihm grinsend zu. Nun brachte auch er ein zögerndes Lächeln zustande.

»Ja, guten Appetit«, wünschte er und dann ergriffen alle ihre Gabeln, um die süße Torte gierig zu verspeisen.

»Alle mal herhören! Jetzt ist es Zeit, Lola ihre restlichen Geschenke zu überreichen. Wer will beginnen?«, sprach meine Mutter, als wir alle versammelt im Wohnzimmer saßen. Wenn wir mal alle zusammenkamen, war es zu so etwas wie einer Tradition geworden, dass nach dem Mittagessen alle dem Geburtstagskind die Geschenke überreichten.

»Wir möchten anfangen!«, meldeten sich zwei Piepsestimmen gleichzeitig.

»Lilly und Susann. Na klar, dann geht mal zu Lola«, antwortete meine Mutter und blühte förmlich auf in ihrer Rolle.

Meine beiden Cousinen kamen auf mich zu. In der Hand hatten sie jeweils eine kleine Schachtel, die mit goldenem Geschenkpapier und pinkfarbener Schleife versehen war – natürlich pink. »Hier für dich. Na los, mach schon auf!«

Ich bewunderte die beiden Schachteln und schaute auf die gespannten Gesichter meiner kleinen Cousinen. Sie sahen so aus, als ob sie sich ziemlich sicher wären, dass mir das Geschenk gefallen würde. Ich löste die Schleife, riss das Geschenkpapier auf und erblickte in der ersten

Schachtel einen Ohrring. Er sah aus wie eine Lotusblume und glänzte wie ein Diamant. Gekauft war er aber nicht, denn man konnte noch leicht den getrockneten Kleber erkennen, der an ihm festhing.

»Der ist aber schön. Hast du den selbst gemacht, Susann?«

»Natürlich. Es hat viel Arbeit gemacht, ihn so hinzubekommen. Gefällt er dir?«

»Ja sehr, er sieht aus wie von einer echten Schmuckdesignerin. Du hast wirklich Talent.«

»Hey, danke«, erwiderte Susann und war stolz auf ihr Werk. Dann sah sie – wie alle anderen auch – gespannt zu, wie ich die zweite Schachtel von Lilly öffnete, die sehr aufgeregt auf meine Reaktion wartete.

»Wow, noch ein Ohrring. Toll, auch eine Lotusblume. Sehr schön, einfach toll. Aber wieso ist der Ohrring von Susann kleiner als der von dir?«, fragte ich und schaute verdutz auf die beiden Ohrringe, die ich nun vor mein Gesicht hielt, um sie miteinander zu vergleichen.

»Ähm, na ja, weißt du, das war so gedacht: Da ich die ältere bin …«

Ich fiel ihr ins Wort. »Du bist doch gerade mal zwei Minuten älter?«

»Ja und? Älter ist älter! Also daher, dass ich die ältere bin und somit die größere, ist mein Ohrring größer als ihrer. Verstehst du?«, sagte Lilly langsam, als würde sie einem kleinen Kind etwas schon zum zehnten Mal erklären.

»Ah ja, ich verstehe. Künstlerische Freiheit. Das habt ihr toll gemacht. Ich danke euch.«

Die beiden kicherten, umarmten mich schließlich und tänzelten zurück auf ihren Platz neben Tommy. Dieser war nicht sonderlich begeistert, als sie wieder zu ihm stießen und ihn vergnügt am Arm packten, als würde er nur ihnen gehören. Ich konnte mir ein Kichern nicht verkneifen, riss mich dann aber zusammen, als meine Tante und mein Onkel auf mich zukamen, um mir ihr Geschenk zu überreichen. Sie schenkten mir einen Schminkkoffer und ein langes blaues, mit Glitzersteinchen verziertes Ballkleid.

»Ähm, danke. Aber ich schminke mich nicht mehr, und wozu brauch ich eigentlich das Ballkleid?« Ich schaute verdutzt drein.

»Na ja, wir dachten, für deinen Abschlussball, den hast du ja auch bald«, versuchte meine Tante eilig zu erklären.

»Ach so ja, danke. Aber ich weiß noch gar nichts von einem Abschlussball. Ich glaube, wir machen gar keinen. Tut mir leid.«

»Ach Schätzchen, das macht doch nichts. Dann ziehst du es eben bei einem anderen besonderen Anlass an, vielleicht bei deinem ersten Date.«

»Lucy!«

»Was denn? Das war doch ein gutes Beispiel«, sagte Lucy und war etwas verwundert über die Reaktion meiner Mutter.

»Ach, Mum, sei nicht so. Ich finde es toll. Auch den Schminkkoffer, den kann ich dann sicher auch nutzen … also, für besondere Anlässe. Danke, Lucy und danke auch dir, Jeremy.« Freudig umarmte ich meine Tante und meinen Onkel.

»Okay, jetzt sind Oma und Opa dran«, sagte meine Mutter.

»Hier, das ist für dich, mein Kind. Wir hoffen, dass es dir gefällt. Es ist nicht viel, aber es kommt von hier drinnen«, sagte mein Großvater und wies auf mein Herz. Ich starrte auf das blau verpackte Geschenk und dann in die Augen meiner Großeltern. Ich machte das Geschenk auf und sah ein Buch darin liegen. Auf der Vorderseite stand geschrieben: ›Fotoalbum‹.

»Danke Oma, danke Opa. Was ist darin?«

»Mach es auf, dann wirst du es sehen.«

Ich klappte das Album auf und sah – je mehr ich darin blätterte – mich in einer Zeit, in der ich noch jünger war. Auf einigen Bildern sah man mich mit Jordy spielen, auf anderen mich und meine Großeltern, dann wie ich im Garten einen Strauß Gänseblümchen pflückte oder Kirschen von Großvaters Kirschbaum aß. Außerdem gab es Bilder von meiner ganzen Familie, als wir alle abends zusammensaßen und in die Sterne schauten – und von ihm. Meinem Vater. Ich war gerührt, meinen Vater und uns alle zusammen auf einem Bild zu sehen, so gerührt, dass die verdrängten und traurigen Erinnerungen in den Monaten nach seinem Verschwinden wieder hochkamen und mich für diesen Moment totunglücklich machten. Mein Vater war ein so guter Mann gewesen, er hatte für uns gesorgt und hatte alles getan, damit es uns gut ging. Eines Tages kam er nicht mehr von seiner Arbeit zurück. Bis spät in die Nacht warteten wir damals auf ihn. Ich war gerade mal fünf Jahre alt und meine Mutter gerade mit Tommy schwanger. Wir wussten nicht, warum er nicht nach

Hause kam, bis unsere Mutter in der Zeitung von dem schrecklichen Autounfall las, bei dem er ums Leben gekommen war. Von diesem Zeitpunkt an hatten wir keine Zeit mehr, zu unseren Großeltern zu fahren oder zu Tante Lucy und Onkel Jeremy. Meine Mutter hielt diesen ganzen Druck nicht mehr aus und konnte außerdem nicht jeden Tag mit dem Auto hin- und herfahren, sie musste schließlich arbeiten. Früher hatten mich meine Eltern immer abwechselnd zu meinen Großeltern gefahren und auch wieder abgeholt. In der Zeit, als ich dann bei ihnen war, konnten sie ihre Arbeit verrichten oder schöne Stunden zu zweit verbringen, doch jetzt ging das nicht mehr. Meine Mutter musste arbeiten, manchmal bis spät in die Nacht hinein und sie musste sich um mich und Tommy kümmern. Als wir dann größer waren, mussten wir ja auch jeden Tag zur Schule. So konnte ich, nach dem Tod meines Vaters, nur noch ein oder zwei Mal im Jahr meine Großeltern besuchen und es hatte sich bis heute nichts daran geändert.

Damals hatte ich es als normal empfunden, jeden Tag zu meinen Großeltern zu gehen und zu spielen, und heute wünschte ich mir, dass ich diese unbeschwerte Zeit noch mal erleben könnte. Ich war gerührt und mir kullerte eine Träne über die Wange.

»Danke, Oma und Opa. Ich danke euch. Dieses Buch werde ich ganz besonders hüten. Ich liebe euch!«

»Wir dich auch, Lola, und wir hoffen, dass du diese Zeit nie vergessen wirst«, sagten meine Großeltern und drückten mich liebevoll. Währenddessen beobachtete ich meine Mutter, die genau wie ich angefangen hatte zu weinen, als sie das Album sah. Irgendwie hatte ich das Gefühl, dass sie es kannte und es ihr viel bedeutete. Auch mir bedeutete es nun viel und ich beschloss, es nie wieder loszulassen.

Am späten Abend war es Zeit, sich von allen zu verabschieden. Es war ein so schöner Geburtstag gewesen und ich war stolz, eine so tolle Familie zu haben. Ich dachte gar nicht mehr an John, Nancy, Kathrin oder an all die anderen. Wer waren die überhaupt? Warum hatte ich mir nur immer so viele Gedanken über die gemacht? Was brauchte ich denn eigentlich Freunde, wenn ich eine so tolle Familie hatte? Wer sagt denn, dass nicht all die lieben Menschen aus meiner Familie meine Freunde sein könnten? Wer schrieb mir das vor? Bei ihnen konnte ich mir wenigstens sicher sein, dass es wahre Freunde waren und sie mich mein Leben lang unterstützen würden.

»Über was denkst du nach?«, fragte eine Stimme, während ich vor der Haustür stand und vollkommen in Gedanken versunken war.

»Ähm, ich denke überhaupt nicht nach.«

»Klar, denkst du nach, ich sehe es doch. Komm schon, Lola, ich wohne schon seit elf Jahren mit dir unter einem Dach, da werde ich wohl wissen, ob du nachdenkst oder nicht«, konterte Tommy und fühlte sich ganz schlau.

»Ja, aber ... Ach, das ist doch jetzt auch nicht so wichtig. Schau, da sind Lilly und Susann. Geh zu ihnen! Ich bin mir sicher, sie freuen sich, wenn du dich verabschiedest.«

»Was? Nein! Ich geh nicht mehr zu denen. Die haben mich heute den ganzen Tag schon verfolgt. Stell dir vor, die haben mich sogar … geküsst! Iiihhh! Weißt du, wie ich heute gelitten habe?«, brauste Tommy auf.

»Ja und? Sie sind halt klein und verliebt in ihren Cousin. Trotzdem kommst du nicht drumrum, ihnen Tschüss zu sagen. Also los, bist du ein Mann oder ein Baby?«, prustete ich und schaute ihn spottend an.

»Natürlich ein Mann! Was denkst du denn?«, erwiderte Tommy selbstbewusst und ging auf Lilly und Susann zu, die ihm gleich um den Hals fielen. Ich musste lachen. Schon lustig, seinen sonst so lockeren und coolen Bruder so eingeschüchtert zu sehen. Lilly und Susann hatten es echt drauf, Jungs zu verängstigen. Amüsiert ging ich zu meinen Großeltern, die schon abfahrbereit vor ihrem sehr alten, aber dennoch gut gepflegten Trabi standen.

»Auf Wiedersehen, Oma und Opa, und vielen Dank für das tolle Geschenk.«

»Auf Wiedersehen, Lola, kein Problem. Es war schön, dich einmal wiedergesehen zu haben. In den Sommerferien kommst du uns und Jordy aber mal wieder besuchen«, verlangte mein Großvater Gerd.

»Na klar!«, sagte ich und umarmte meine Großeltern, bevor sie in ihr Auto stiegen, einmal kräftig hupten und winkend davonfuhren.

Auch von Tante Lucy und Onkel Jeremy verabschiedete ich mich, genauso wie von meinen Cousinen und meinem Cousin Luck.

Ich war irgendwie traurig, dass nun alle fort waren. Meiner Mutter erging es nicht anders. Ich legte meinen Arm um sie und redete ihr aufmunternd zu: »Keine Sorge, Mum, zu deinem Geburtstag kommen sie alle wieder.«

»Ja, das hoffe ich.«

Wir gingen wieder hinein und ich wollte nun nur noch in mein Zimmer gehen, um endlich zu schlafen. Meine Mutter aber hielt mich am Handgelenk fest, als ich die Treppen hoch gehen wollte. »Lola? Hast du nicht noch etwas vergessen?« Ich sah sie verständnislos an. »Hast du auch alle Geschenke weggeräumt?«, fügte sie also hinzu. Ich verstand immer noch nicht, was sie mir sagen wollte, aber ging ins Wohnzimmer, um die vielen Geschenke in mein Zimmer zu schleppen. Als ich endlich fertig war, bereit schlafen zu gehen, sah ich auf dem Wohnzimmertisch einen seltsamen Umschlag liegen, der mir vorher noch gar nicht aufgefallen war.

»Was ist das?«, fragte ich meine Mutter mit dem Umschlag in meiner Hand.

»Ein Geburtstagsgeschenk.«

»Aber ich habe doch schon alle Geschenke bekommen.«

»Ja, von unseren Gästen, aber von mir und Tommy hast du noch nichts bekommen«, erwiderte meine Mutter und nickte mir zu, was wohl als Aufforderung gemeint war, den Umschlag zu öffnen. Ich starrte ihn aber nur an, also sagte sie: »Nur zu, mach ihn auf! Oder denkst du, ich schenke dir nur einen Umschlag? Oh, und Lola … es gibt keine Rückerstattung.«

Ich schüttelte verwirrt den Kopf und machte den Umschlag auf. Ich war entsetzt und konnte meinen Augen nicht trauen. »Oh mein Gott! Du hast mir doch nicht wirklich Konzertkarten für A. C. gekauft? Oh Mum, das ist doch nicht dein Ernst! Es ist so toll, dass du dir das gemerkt hast. Ich war vielleicht zwölf oder dreizehn Jahre, als ich unbedingt auf sein Konzert gehen wollte. Ich war so verrückt nach ihm! Oh Mum, du bist die Beste! Danke! Danke! Danke!«, schrie ich hysterisch auf und warf mich meiner Mutter um den Hals.

»Natürlich merke ich mir, für wen mein kleines Mädchen einmal geschwärmt hat. Ich bin doch deine Mutter, ich weiß, dass das schon immer dein größter Traum war. Ich wollte dir einen ganz besonderen Wunsch erfüllen.«

»Danke, Mum! Ich war noch nie so glücklich! Wann ist das Konzert? Welche Uhrzeit? Und wer soll mich hinbringen?« Ich war aufgewühlt und konnte nur noch grinsen.

»Mach dir mal darüber keine Gedanken. Dein großer Tag ist der Samstag, bevor die Ferien zu Ende sind. Um 18.00 Uhr beginnt das Konzert. Keine Sorge, ich werde dich sicher hinbringen und abholen. Das wird dein Tag, mein Schatz!«

Ich konnte es nicht glauben. Meine Mutter hatte sich echt meinen Lieblingssänger gemerkt. Ich war so überglücklich. »Danke, Mum, du bist die allerbeste Mutter der ganzen Welt! Du hast meinen Geburtstag heute noch schöner gemacht! Danke! Ich hab dich so lieb!« Ich umarmte sie – sprang ihr regelrecht an den Hals.

»Keine Ursache. Ich dich auch. Aber verrat mir doch mal, wer ist der Sänger noch gleich? Was soll denn dieses A. C. bedeuten?«

»Ach, Mum, er heißt Andy Coper.«

»Andy Coper ... Andy Coper ...? Nein, da klingelt nichts. Ich glaube, du musst mir auf die Sprünge helfen.« Sie kicherte.

»Ach, Mum, denkt doch mal nach.«

»Lola, ich habe wirklich keine Ahnung.«

»Er ist groß, gut gebaut, hat tolle Augen und die coolste Frisur aller Zeiten. Ich hatte früher tausend Poster von ihm. Weißt du jetzt, für welchen Sänger du mir Karten gekauft hast?«

»Ach so, der …«

»Du hast keine Ahnung, von wem ich rede, oder?« Langsam wurde ich skeptisch.

»Na klar, weiß ich, wer das ist. Ich bin doch nicht vom Mond.« Sie lachte und verwuschelte meine Haare. »Geh jetzt schlafen. Ich liebe dich, und träum was Schönes.«

»Danke, Mum, für alles. Ich liebe dich auch. Gute Nacht.«

»Gute Nacht.«

Dann ging ich nach oben, machte mich bettfertig, legte mich in mein kuscheliges Bett und war im Moment bestimmt der glücklichste Mensch der Welt!

# KAPITEL 8
# A.C.

Mittwoch, 18.09 Uhr

Ich glaubte, ich würde vor Aufregung sterben! Dabei waren es immer noch drei Tage bis zum Konzert von A.C. Die Woche, die seit meinem Geburtstag vergangen war, hatte sich angefühlt wie eine Ewigkeit. Jeden Tag hatte ich mir Videos und Bilder von A.C. angeschaut, genauso wie damals, als ich so richtig in ihn vernarrt war. Ich wusste alles über ihn, jedes noch so kleine Detail. Ich wusste wahrscheinlich mehr über ihn, als er über sich selbst wusste. Das war schon richtig gruselig – eher verstörend. Damals war ich noch mit Kathrin befreundet, wir hatten uns immer um ihn gestritten. Wer ihn wohl mal heiraten würde und wer ihn wohl als Erstes zu Gesicht bekäme. Wir hielten das tatsächlich alles irgendwie für möglich, wären da nicht mehrere tausend Kilometer Entfernung, der enorme Altersunterschied und eine andere Sprache gewesen, die wir damals noch nicht verstanden.

Damals war das richtig schlimm für mich, meine erste große Liebe nur auf Bildern und in Videos zu sehen. Aber das war jetzt vorbei! Endlich würde ich meinen heißgeliebten Kindheitsschwarm treffen. Früher hatte ich mir immer ausgemalt, wie es wohl wäre, mit ihm zu leben: auf seiner Jacht über die Weltmeere fahren, in seiner Luxusvilla wohnen oder in seinem riesigen Tourbus einmal mitkutschieren. Ein Traum, der niemals in Erfüllung gehen wollte.

Als ich noch voll auf ihn stand, dachte ich, dass er sich – sobald er mich auf seinem Konzert sehen würde –, sofort in mich verlieben und mich dann natürlich auch heiraten würde. Jetzt wollte ich ihn nur noch sehen und einfach meinen Kindheitstraum verwirklichen. Ich fand ihn immer noch sehr attraktiv, obwohl er schon achtundzwanzig Jahre alt war. Zwischen uns hätte sich natürlich niemals etwas entwickeln können. Ich war zwölf Jahre alt gewesen und er vierundzwanzig. Wäre mir diese Erkenntnis früher gekommen, hätte ich wahrscheinlich mehrere Monate lang Liebeskummer gehabt. Heute war ich reifer, aber er gefiel mir immer noch sehr, auch wenn er früher natürlich besser ausgesehen hatte.

Genug geschwärmt. Hauptsache war doch, dass ich ihn am Samstag sehen würde, einen Traum verwirklichen konnte und nicht mehr an Kathrin denken musste. Trotzdem würde es mich interessieren, was sie wohl gerade so machte und wie sie reagieren würde, wenn sie erfuhr, dass ich Andy Coper traf – vielleicht traf sie sich ja gerade mit John und sie küssten sich. Ach, na ja, das konnte mir ja auch egal sein. Wenn was zwischen ihnen laufen sollte, dann würde ich es spätestens am Montag in der Schule erfahren.

Warte … Montag war ja schon wieder Schule! Na toll, dann würde ich sie ja alle wiedersehen und Lorenz auch …

Lorenz, bei dem ich das Gefühl hatte, dass er tierisch auf mich stand.

Egal, ich würde mich einfach auf das Wesentliche konzentrieren. Erst mal war am Samstag das Konzert und dann würde ich mich weiterhin in die Schule reinknien. So sehr, dass ich am Ende des Schuljahres die Prüfungen als Beste bestehen würde – ich wollte sogar besser sein als Marie. Das war mein Ziel. Ob ich es auch erreichte, würde sich noch zeigen.

Sobald ich meine träumerischen Gedanken beendet hatte, setzte ich mich wieder an das Schreiben meiner Abiturbewerbung.

»Mum! Hast du meine Tasche irgendwo gesehen? Mum! Wo ist meine Kamera? Mum?«

»Alles schon hier unten, Lola. Ganz ruhig, alles wird gut.«

»Was? Nein! Nichts ist gut. Wir kommen zu spät. Ich werde A. C. verpassen.«

»Nein, das wirst du nicht, und jetzt hör auf mit dem Gerede, komm runter und zieh dich endlich an!«

Ich merkte an ihrem immer schärfer werdenden Ton, dass sie langsam die Geduld verlor. Verständlich. Schließlich hatte ich eine gefühlte Stunde nach meiner Tasche gesucht, und selbst meine Kamera hatte ich jetzt noch nicht gefunden. Wahrscheinlich war ich einfach zu aufgeregt. Ich sollte mich entspannen und mich einfach auf A. C. freuen. Nur dann würde ich heute richtig viel Spaß haben.

Als ich ins Wohnzimmer kam, sah ich meine Mutter leicht genervt mit meiner Tasche, inklusive Kamera dastehen. Sie sah nicht gerade erfreut aus.

»Tut mir leid, Mum. Ich freue mich nur so, da vergesse ich alles um mich herum.«

»Ist schon gut.«

»Wo lag meine Tasche?«

»Da, wo du sie vor ein paar Minuten erst hingelegt hast. Nämlich auf den Küchentisch.« Sie verdrehte leicht die Augen.

»Oh, ach ja, da hatte ich sie also hingelegt. Und die Kamera?«, fragte ich völlig hibbelig.

»Na, die lag auf dem Sofa. Die quietschpinke Hülle ist ja eigentlich nicht zu übersehen«, meckerte meine Mutter und drückte mir meine braune Ledertasche in die Hand. Ich nahm sie an und musste über meine eigene Dummheit lachen. Wie konnte man nur seine Handtasche und seine Kamera verlegen und sie selbst nach Ewigkeiten nicht wiederfinden? So was konnte auch nur mir passieren. Typisch ich. Schließlich hatte ich ein Händchen dafür, Sachen einfach so zu verbummeln. Ich grinste meine Mutter an und sagte: »Danke, Mum, dass du mir wieder mal den Hintern gerettet hast.«

»Nichts zu danken. Das ist mein Job, dir alles hinterherzuräumen. Aber pass das nächste Mal bitte etwas besser auf deine Sachen auf, okay? Und merk dir vor allem, wo du sie hinlegst, verdammt!« Wieder verdrehte sie entnervt die Augen.

»Ja, das passiert mir nicht noch mal«, versicherte ich, obwohl ich wusste, dass dies nicht der Wahrheit entsprach. Meine Mutter klopfte mir erleichtert auf die Schulter und ging anschließend mit mir zum Auto, um endlich zu dem Konzert meiner Träume zu fahren.

Als wir am Gelände ankamen, hielt uns ein Mann mit Schnurrbart, einem dunkelblauen Anzug und einer Mütze mit dem Aufdruck ›Security‹ auf dem Weg zum Parkplatz an. Er war gut gebaut, seine Muskeln waren sogar durch seine Kleidung hindurch deutlich zu sehen. Einschüchternd stand er da, mit ernstem Blick und suchenden, wachsamen Augen, um keinem Unbefugten Eintritt zu gewähren. »Haben Sie Eintrittskarten?«, fragte er mit tiefer, eindringlicher Stimme.

Meine Mutter nickte etwas zu heftig – nicht nur mir jagte der Mann also etwas Angst ein.

»Ähm, natürlich. Es ist nur so, wir haben nur eine. Ich bringe meine Tochter nur zum Konzert.« Sie reichte ihm die Karten und der Mann beäugte sie genau. Als alles in Ordnung zu sein schien, gab er sie uns zurück.

»Gut. In Ordnung. Dann viel Vergnügen.« Meine Mutter nickte dem Mann zu und schaute mir verwirrt und unsicher ins Gesicht.

»Ist das üblich, dass jemand, noch bevor man auf den Parkplatz fährt, die Eintrittskarten sehen will?«, fragte sie mich, als sie die Scheibe wieder geschlossen hatte. Ich zuckte mit den Schultern und konzentrierte mich weiter auf die Menschenmassen, die wie ein einziges riesiges Wesen zu einem großen Haus strömten. Es waren alle Altersklassen dabei. Zehn- bis Dreißigjährige, sogar einige mittleren Alters. Der Platz vor dem großen Haus war gerammelt voll.

»Bist du sicher, dass du dir das antun willst, meine Kleine? Schließlich können da sonst was für Menschen dabei sein. Massenmörder oder Kindesentführer!«, quiekte sie hysterisch.

Ich fasste ihr beruhigend auf die Schultern und sah sie eindringlich an. »Mum, keine Sorge. Es passiert schon nichts. Was glaubst du denn, warum der Mann vor dem Parkplatz unsere Eintrittskarten sehen wollte? Bestimmt, damit niemand Unerlaubtes, wie zum Beispiel Massenmörder, hier reinkommen. Das nennt sich Sicherheitskontrolle. Keine Sorge, mir wird nichts passieren. Vielleicht ein paar blaue Flecke, weil mich irgendwer anrempelt, aber sonst nichts.«

Ich sah die Angst, die Sorge um mich in ihren Augen, doch schließlich schenkte sie mir ein zurückhaltendes Lächeln. Natürlich hatte ich auch etwas Angst, aber diese war überlagert von der enormen Freude, die von Sekunde zu Sekunde immer mehr meinen Körper durchströmte.

Als meine Mutter dann einen Parkplatz gefunden hatte, sagte sie zu mir: »Lola, ich wünsche dir viel Spaß. Ich weiß, dass das dein größter Kindheitstraum ist, aber bitte sei vorsichtig: Mach nichts Unüberlegtes und geh mit Niemandem mit. Genieße einfach das Konzert, und um Punkt 21.00 Uhr bin ich wieder hier und hole dich ab. Eigentlich wollte ich dir zwei Karten schenken ...«

»Was? Wieso zwei?«, fragte ich irritiert.

»Na ja, wegen Kathrin. Ihr wolltet schon immer zusammen auf das Konzert gehen, aber das hat sich ja nun erledigt.«

»Ja, Mum, da hast du vollkommen recht. Kathrin wäre echt die Letzte, mit der ich jetzt hier sein wollen würde. Und mach dir mal keine Sorgen, ich werde vorsichtig sein. Du kennst mich doch«, erklärte ich selbstzufrieden und grinste verschmitzt. »Niemals würde ich mit fremden Personen irgendwo hingehen. Glaub mir, es wird alles gut. Bis später dann.« Ich drückte sie noch einmal und konnte spüren, wie sie sich etwas beruhigte. Dann nahm ich meine Tasche und stieg aus dem Wagen. Als meine Mutter das Auto startete, winkte sie mir zum Abschied und fuhr davon. Ich winkte ihr gedankenverloren hinterher, bis sie nicht mehr zu sehen war.

Dann stand ich da. Allein, ohne jeglichen Schutz, vor einem riesigen Haus mit Tausenden von Menschen. Langsam beschlich mich nun auch die Angst, als ich auf das riesige Gebäude mit schwarzer Fassade, mehreren Stockwerken und großen Fenstern zuging, unzählige A. C.-Fans direkt davor. Das alles wirkte fast wie eine kleine Siedlung.

Als ich nun mitten in der Menschenmasse stand, sah ich drei weitere große, muskulöse Männer, wieder mit dunkelblauen Anzügen und einer Mütze mit dem Aufdruck ›Security‹, vor dem Eingang des Gebäudes stehen, die die Besucher in das monströse Bauwerk einließen. Die Massen wirkten wie eine riesige Ameisenarmee, die alle das Gleiche wollten – so schnell wie es ging auf ihren Platz und A. C. live erleben.

Als ich dann endlich vor den drei Männern stand und einer – der kleinste von ihnen – meine Eintrittskarte verlangte, wurde mir etwas mulmig. Nicht nur wegen den vielen Menschen, die alle auf meinen Füßen rumtrampelten und mir die Sicht versperrten, sondern auch wegen der Aufregung, endlich meinen Kindheitsschwarm live zu erleben.

»Okay, junges Fräulein. Sie gehen einfach geradeaus, in der zweiten Reihe finden Sie Ihren Platz 568A. Viel Spaß.«

Ich glaubte, nicht richtig gehört zu haben. »Ähm, warten Sie … Wieso sitze ich in der zweiten Reihe?« Der Mann zuckte nur mit den Schultern.

»Tja, da haben Sie wohl Glück gehabt. Und jetzt gehen Sie schon, Sie halten den Verkehr auf.«

Heute war wohl wirklich mein Glückstag! In der zweiten Reihe zu sitzen … konnte der Abend noch schöner werden? Ich grinste den Mann wie ein Honigkuchenpferd an und ging geradeaus.

»Oh mein Gott«, sagte ich mehr zu mir selbst, als ich die riesige Halle, in der sich schon Tausende Menschen tummelten, betrat. Es war alles so monströs. An jeder Ecke wartete eine andere Überraschung. Alles war beleuchtet wie in einer Zirkusarena. Die Menschen standen alle mit ihren Handys und riesigen Plakaten herum. Manche kreischten verrückte Sachen wie zum Beispiel »I love you Andy!« oder »Marry me!«. Andere saßen auf ihren Plätzen und warteten gespannt auf den Auftritt von Andy Coper, dem Teenie-Schwarm, der alle Mädchenherzen höher schlagen ließ.

Ich war ganz überwältigt, aber ein Problem gab es da noch: Wie um alles in der Welt sollte ich meinen Platz finden? Mehrere Ränge, mehrere Gänge und mehrere Stühle warteten nur darauf, dass sich jeder normale Mensch hier verirrte. Ja, der Security-Mann hatte mir zwar eine Platzbeschreibung gegeben, doch irgendwie hatte der Anblick, der sich mir bot, alles andere aus meinem Kopf verdrängt. Ich konnte mir denken, dass ich nach vorne zur Bühne gehen musste, denn schließlich saß ich ja in der zweiten Reihe und die ist – nach meinen Vorstellungen zumindest – ganz vorne. Als ich mich dann zum vorderen Teil der Halle durchgekämpft hatte, sah ich die riesige Bühne erst einmal in voller Größe und Pracht. Sie war vollgestellt mit Lautsprechern, Mikrofonständern und Musikinstrumenten. War die Bühne ganz allein für Andy, oder kamen da noch mehr? Ich war leicht verblüfft, als ich die extrem langen Gänge mit mehreren Sitzen betrachtete.

Zu meinem Glück kam ich unbeschadet bis zur zweiten Reihe und suchte meinen Platz. Je länger ich durch den schmalen Gang lief, desto mehr wurde ich getreten oder beschimpft von den anderen Menschen, die ich ausversehen anrempelte. Das tat mir natürlich leid, aber ich musste ja auch irgendwie an meinen Platz kommen, und wenn die Gänge so eng waren, konnte ich doch nichts dafür, oder? Manche Leute stellten einfach ihre Rucksäcke in den Gang und dachten nicht einmal daran, ihn mal kurz wegzunehmen, wenn ein anderer vorbei musste. Heutzutage waren die Menschen aber auch wie wilde Tiere. Alles nur noch Egoisten. Dann sah ich ihn, meinen Platz, fast genau in der Mitte der Reihe. Ich atmete erleichtert auf und musste gleich noch mal eine Beleidigung eines Mannes mit vielen Speckröllchen am Bauch einstecken, als ich ihm versehentlich auf die Füße trat. Ich brabbelte eine Entschuldigung und huschte auf meinen Platz. Mein Blick wanderte zurück zur Bühne und ich konnte von hier aus alles ganz genau betrachten. Die Bühne, den Vorhang, die Instrumente, die Scheinwerfer, einfach alles. Vor mir saß ein kleines, blondes Mädchen mit einem kurzen Pferdeschwanz. Sie war vielleicht dreizehn oder vierzehn und sehr klein für ihr Alter, deshalb konnte ich gut über sie hinwegsehen. Das machte den Abend noch schöner. Rechts neben mir saß ein etwas älteres Mädchen mit einem Jungen, wahrscheinlich ihr Freund, denn sie hielten die ganze Zeit Händchen. Der Junge war gut gebaut und hatte große, dunkle Augen, eigentlich ganz niedlich, doch das Mädchen war dick – sehr dick – und drängte mich deshalb etwas zur Seite. Aber das machte nichts. Solange nicht Kathrin oder Nancy neben mir saßen, konnte ich den Abend voll und ganz genießen. Auch wenn ich von einem übergewichtigen Teenager regelrecht eingequetscht wurde.

Kurz vor dem Konzert war mein linker Platz immer noch leer. Ein Platz mitten in der zweiten Reihe konnte aber doch nicht kurz vor Konzertbeginn leer sein? Da stimmte doch etwas nicht. Doch dann näherte sich ein Junge. Er war groß und schlank, vielleicht ein bisschen älter als ich. Er trug eine Sonnenbrille und hatte eine Kapuze tief ins Gesicht gezogen. Deshalb konnte ich ihn nicht erkennen. Selbst als er sich neben mich setzte, nahm er weder die Sonnenbrille noch die Kapuze ab. Hatte er vielleicht irgendetwas zu verbergen? Vielleicht eine Glatze oder Glupschaugen? Irgendwie machte mir der Kerl Angst, doch ich versuchte, ihn zu ignorieren und war weiterhin gespannt auf die Vorstellung. Alles andere war mir nun egal, ich wollte nur, dass es endlich losging.

Dann war es endlich so weit. Ein kleiner dicker Moderator mit Vollbart und Sonnenbrille kam auf die Bühne und schrie in die Menge: »Seid ihr bereit zu rocken?« Ich begann vor lauter Aufregung unruhig auf meinem Platz hin und her zu rutschen, konnte ihm aber nicht kreischend, wie tausend andere, auf seine Frage antworten…

»Seid ihr bereit, Party zu machen?«

Das dicke Mädchen neben mir begann laut zu kreischen, doch ich nahm den schrillen Schrei kaum mehr wahr…

»Seid ihr bereit, A. C. zu sehen? Seid ihr bereit?«

Alle kreischten – in der ganzen Halle herrschte von Anfang an eine Megastimmung.

»Dann begrüßt jetzt alle zusammen mit einem kräftigen Applaus – Andy Coper!«, rief der Moderator über die Menge hinweg und verschwand anschließend von der Bühne.

Meine Stimme überschlug sich, als ich gemeinsam mit tausenden anderen Stimmen im Chor seinen Namen rief – den Namen meines ewigen Kindheitsschwarms.

»Hallo Deutschland! Let's Go!«, schrie Andy in seinem süßen amerikanischen Akzent, winkte seinen Fans zu und begann, seinen ersten Titel zu singen: ›Are you ready‹, eines meiner Lieblingstitel von ihm. Ich sah, wie er sich auf der Bühne bewegte, wie er mit seinen Fans in der ersten

Reihe einklatschte und ich hörte, wie er sang. Wie ein Engel, einfach nur traumhaft. Andy war einfach der tollste Kerl auf der Welt, und das dachte ich nicht erst jetzt, sondern auch früher schon. Er hatte stets eine perfekt sitzende Frisur, schwarze Haare, die immer zu einem Seitenscheitel gegelt waren. Seine strahlend blauen Augen erinnerten mich an ein großes Meer, und sein perfekter Körper gab seinem ganzen Aussehen den perfekten Schliff. Es war so klar, dass er so viele Fans hatte, die ihn anhimmelten. Alle kreischten, und manche – ich natürlich auch – sangen jeden Titel mit. Es war einfach der schönste Moment in meinem bisherigen Leben. Früher, als ich zwölf war, hätte ich alles für diesen Moment gegeben. Ich hätte mich sogar um eine Eintrittskarte geprügelt. Alles hätte ich getan, um diesen Augenblick zu erleben – und nun saß ich hier wirklich.

Andy bewegte sich einfach super zur Musik. Für jeden seiner Songs hatte er eine andere Choreografie. Er hatte das perfekte Taktgefühl. Seine Bewegungen und das verschiedenfarbige Licht, das jede Sekunde auf ihn herabfiel, machten seinen Auftritt noch unvergesslicher. Dann, kurz vor Schluss, sprach er noch einen Satz auf Deutsch zu uns, zu seinen Fans.

»Ich dank euch für eurer Liebe und eurer Aufmerksamkeit. Ich liebe Deutschland!«

Alle begannen zu jubeln. Sein Deutsch war natürlich nicht perfekt, er hatte kleine Fehler in seinem Satz und man konnte deutlich den amerikanischen Akzent in seiner Stimme erkennen, aber es war trotzdem zuckersüß, dass er den Satz für sein Konzert in Deutschland einstudiert hatte.

Viel zu schnell waren die zwei Stunden Konzert vergangen und der Vorhang schloss sich. Die ganze Zeit hatte das dicke Mädchen neben mir geschrien. Erst jetzt bemerkte ich, dass ich etwas taub war. Obwohl ich deshalb nun etwas gereizt war, konnten die Freude und das Glück, welche ich im Moment empfand, nichts überschatten. Der Junge neben mir hatte das ganze Konzert über seine Sonnenbrille und Kapuze aufgehabt. Irgendwie total unhöflich. Na ja, es gab halt überall Idioten.

Als dann alle Menschen allmählich aufstanden, um zu gehen, kam noch einmal der Moderator auf die Bühne und alle setzten sich blitzschnell wieder auf ihre Plätze.

»Also Leute, das ganze Team und ich hoffen, dass es euch Spaß gemacht hat, A. C. live zu erleben! Und wir wollten noch extra für Deutschland einen drauf legen. Ganze zehn Besucher, deren Platznummer ich jetzt vorlese, dürfen auf die Bühne kommen und mit A. C. ein Foto machen! Für alle anderen gibt es Autograme am Ausgang. Danke für eure Aufmerksamkeit. Goodbye! « Anschließend begann er nacheinander die Platznummern vorzulesen. Ein Mädchen im rechten Teil der Halle begann laut aufzuquieken, als ihre Platznummern laut angesagt wurde. Ich wollte schon aufstehen und die Halle verlassen, da ertönte plötzlich durch das Mikrofon: »Nummer 568 A …« Ich blieb wie angewurzelt stehen. Moment. Hatte ich nicht Platz 568A? Ich überprüfte meine Konzertkarte. Meine Züge erhellten sich schlagartig. Tatsächlich. Ich durfte auf die Bühne! Oh mein Gott! Ja, ich hatte gewonnen! Auch andere Fans kreischten nun durch den ganzen Saal, als sie bemerkten, dass sie auch zu den Glücklichen gehörten, die A. C. kennenlernen durften. Als ich dann auf die Bühne ging, standen dort neun andere Fans, die alle ungeduldig auf Andy warteten. Ich hatte das große Glück und stand mit drei anderen Fans ganz vorne. Es waren zwei junge Damen und eine dickere Frau. Eine der beiden war groß und schlank, mit braunen Haaren und blonden Strähnen. Sie lächelte mich an, als ich versuchte, mich zu strecken, um zu sehen, ob Andy schon auf den Weg war. Die dickere Frau, starrte mich hingegen finster und genervt an und wollte wahrscheinlich die Erste sein, die Andy um den Hals fiel.

Und dann kam er endlich, Andy Coper, in einem hübschen blauen Smoking mit schwarzer Fliege begrüßte er die Fans, die auf der Bühne standen, um mit ihnen ein Foto zu machen. Neben ihm stand ein großer, muskulöser Mann mit breiten Schultern, dunkler Hautfarbe und einer Glatze, wahrscheinlich sein Bodyguard. Er trug einen Stuhl mit sich herum und stellte ihn vor uns ab, damit Andy sich setzen konnte. Andys Begleiter winkte uns alle nach hinten und sagte uns, dass wir uns in einer Reihe aufstellen sollten. Das taten wir auch – dabei starrten alle Andy und den robusten Bodyguard an. Die Fanreihe bestand nur aus Mädchen beziehungsweise Frauen, nicht ein Junge war darunter, und alle waren aufgeregt, einige kreischten immer noch. Ich hatte das Glück, gleich als Zweite dranzukommen. Vor mir stand die dicke Frau, die – wie ich vermutet hatte – auf Andy losrannte und ihn erst mal abknutschte. Zu seinem Glück kam Andys Bodyguard und entfernte die äußerst verrückte und aufdringliche Frau. Der Arme, er tat mir richtig leid. Aber es gab überall verrückte Fans. Trotzdem blieb Andy höflich und machte keine Anstalten, genervt davon zu gehen oder seine restlichen Fans – wie mich – im Stich zu lassen, nur weil die Frau ihm schon am Anfang so bedrängt hatte.

Dann war ich an der Reihe. Andy lächelte mich freundlich an und ich bat seinen Bodyguard mit meiner Kamera, die ich ihm überreichte, ein Foto zu machen. Als er mich dann in den Arm nahm, wurde mein Herz ganz leicht. So warm war es mir nicht einmal bei John geworden, als wir in der Eisdiele waren. Es war einfach irgendwie anders mit Andy, so magisch und so entspannend. Ich war richtig glücklich. Nachdem das Foto geschossen war und der breitschultrige Mann mir meine Kamera zurückgegeben hatte, sagte Andy etwas zu mir: »Your very pretty, good luck for your future.« Ich wurde rot und bedankte mich für das süße Kompliment. Zum Abschied gab er mir einen Handkuss und ein Autogramm und ich ging leichten Herzens und mit einem mollig warmen Gefühl im Bauch die Bühne herunter. Ach Andy…

Fast alle Leute waren schon aus der riesigen Halle heraus. Mit so wenigen Menschen sah diese nun richtig verlassen aus. Ich eilte die Treppen nach oben, um endlich zu meiner Mutter zu gehen und ihr alles detailliert zu berichten. Kaum draußen vor der Halle lief ich sofort in Richtung Parkplatz, da stieß mich plötzlich ein Junge um und meine nagelneue Ledertasche fiel auf den Boden.

»Kannst du nicht aufpassen? Da ist meine Kamera drin, und auf ihr ein Foto mit mir und Andy Coper.« Ich bückte mich genervt, um meine Sachen aufzuheben. Der Boden war dreckig. Voller Müll und einfach nur widerlich. Der Junge bückte sich ebenfalls und half mir, meine Sachen aufzuheben.

»Es tut mir leid, das wollte ich nicht. Hier.« Er übergab mir die Kamera und ich steckte sie hastig in meine Tasche. Als ich aufstehen wollte, stieß mich wieder ein Mann an. Diesmal ein ziemlich kräftiger und ich stolperte. Der Junge aber fing mich auf und im selben Moment fiel seine Sonnenbrille zu Boden und ich erkannte ihn …

»Moment mal, du bist doch der Junge, der neben mir saß. Na klar! Die Kapuze und die Sonnenbrille. Dich erkenne ich doch.« Unsere Blicke trafen sich. Seine grasgrünen Augen waren echt wunderschön. Er nahm seine Kapuze ab und stellte sich aufrecht. Seine Haare waren nach oben gegelt, er hatte etwas von einem Punk, aber trotz dieses schrägen Haarschnittes, war er irgendwie … süß.

»Ja, ich bin der Junge mit der Kapuze und der Sonnenbrille und du das Strebergirl mit den Pickeln.« Bitte was?

»Hallo? Geht's noch? Was kann ich denn dafür, dass ich Pickel habe? Du hast einen Punk! Das ist viel schlimmer!«, schrie ich ihn entsetzt an. Wie konnte er nur so gemein sein?

»Hm, na ja, nicht unbedingt. Und ich habe doch gar nichts gegen deine Pickel gesagt, also komm mal runter.« Er bückte sich, nahm seine Sonnenbrille und starrte mich an. Sein Blick fesselte mich, bohrte sich förmlich in mich hinein und ich hatte gar keine andere Wahl, als dazustehen und zurück zu gaffen.

»Können wir noch mal von vorne anfangen?«, fragte er schließlich ruhig und höflich.

»Hm, okay«, murmelte ich verlegen. Trotzdem hatte er etwas gegen meine Pickel gesagt.

»Cool. Also ich bin Edy, und du?« Eigentlich sollte ich nicht mit Fremden reden, geschweige denn meinen Namen nennen, aber Edy kam mir nun nicht wirklich gefährlich vor, darum sagte ich: »Ich heiße Lola.«

»Süßer Name, willst du noch mit zu mir kommen?« Er zeigte ein hinreißendes Lächeln. Sofort war ich skeptisch, seine plötzliche Frage ließ mich aufhorchen. Hatte er mich gerade wirklich gefragt, ob ich mit zu ihm kommen wollte? Was war denn mit dem los? Wir kannten uns doch gerade mal fünf Minuten. Ich wollte ihm den Rücken zudrehen, doch er packte mich am Arm und wiederholte seine Frage lauter. »Ich hatte dich was gefragt! Willst du mit zu mir kommen, Süße?«

Er drückte meinen Arm ziemlich fest. Jetzt wurde ich wütend und versuchte mich loszureißen. »Nein! Spinnst du? Lass mich los!«, kreischte ich hysterisch. Er aber hielt meinen Arm weiter fest und gab mir keine Chance, mich aus seinem eisernen Griff zu befreien. Ich schrie, versuchte ihn zu treten, boxte ihn mit meiner anderen Hand gegen seine Rippen, doch nichts half. Er wollte mich mit sich ziehen … wohin auch immer.

»Hilfe! Hilfe!«, schrie ich nun, doch niemand kam. Hörte mich denn keiner? Natürlich nicht. Es war ja fast keiner mehr hier.

»Halt doch mal die Klappe! Du sollst bloß mit zu mir!«, meinte er bissig und genervt.

Ich wehrte mich weiter mit allen Mitteln. »Ich will aber nicht! Lass mich los! Hilfe!« Endlich traf ich ihn – an einem Punkt, der jedem Jungen zum Verhängnis wurde. Er stieß einen schmerzerfüllten Laut aus, ließ mich ruckartig los und ich rannte davon. Kurze Zeit blieb er gequält stehen, bis er sich nach wenigen Sekunden wieder gefasst hatte und die Verfolgung aufnahm. Ich hatte Angst und rannte so schnell ich konnte. Mein Herz schlug wie wild, ich war voller Panik. Ich traute mich nicht, mich umzudrehen, sondern hastete einfach weiter. Schweiß lief mir die Schläfen hinunter und ich atmete unregelmäßig. Wie lange würde ich das noch durchhalten, bevor ich vor Erschöpfung zusammenbrach? Da stieß ich aus Versehen gegen einen breitschultrigen, großen Mann.

»Hey, warum so stürmisch, Kleine?« Er lachte. Als er die Angst in meinen vor Panik geweiteten Augen sah, verstummte er. Ich keuchte erschöpft.

»Der ... der da hinten ... der verfolgt mich. Bitte helfen Sie mir!«

Der Mann blickte zu Edy und bat mich zur Seite. Als Edy auf mich zu gerannt kam, packte er ihn und sagte: »Pass auf, Junge, lass das Mädchen in Ruhe oder du bekommst es mit mir zu tun. Verstanden?« Sein Blick streifte kurz mich, bevor er eingeschüchtert nickte und so schnell ihn seine Beine trugen davon rannte. In der ganzen Aufregung hatte ich gar nicht bemerkt, dass mein Retter ein Security-Mann war. Als ich ihn näher betrachtete, erkannte ich in ihm den Mann, der meine Mutter und mich eingewiesen und kontrolliert hatte, als wir auf den Parkplatz wollten. Ich war so erleichtert, dass ich seine kräftige

Gestalt umarmte. Meine Hände konnten ihn gar nicht richtig umfassen.

»Dankeschön, ich danke Ihnen«, schluchzte ich und Tränen der Erleichterung traten mir in die Augen.

»Nichts zu danken.«

Freundlich nickte er und ging dann seines Weges. Ich schaute ihm noch nach, bis er im Inneren des Konzertgebäudes verschwunden war. Schließlich machte ich mich auf den Weg zum Parkplatz. Schneller und darauf bedacht, keine Dummheiten mehr zu machen.

Als ich am Parkplatz ankam, standen schon fast keine Autos mehr darauf. Ich suchte das schwarze Auto meiner Mutter und fand es schließlich. Es war schon 22.00 Uhr und das Konzert war schon seit einer Stunde vorbei. Als ich sie durch die Scheiben des Autos hindurch ansah, ihre besorgten Blicke mich von oben bis unten betrachteten, fühlte ich mich schuldig. Es war klar, dass sie sich ernsthafte Sorgen gemacht hatte. Ich machte die Beifahrertür auf und stieg ein. Ich schaute sie an.

»Lola, was ist passiert?«, fragte sie aufgeregt und voller Sorge. Ich wollte das Geschehnis so schnell wie möglich vergessen, wollte eigentlich nicht darüber reden, doch ich war ihr natürlich eine Erklärung schuldig. Also erzählte ich ihr alles, wie der Junge beim Konzert neben mir saß, wie wir zusammenstießen und ... na ja, eben alles.

»Du hattest so recht«, schloss ich meinen Bericht, »man darf niemandem trauen. Es tut mir so leid.« Ich fiel meiner Mutter in die Arme und begann zu weinen. Ich fühlte mich schrecklich.

»Alles gut, Lola, es ist ja nichts passiert. Pass das nächste Mal besser auf. Ich liebe dich sehr. Komm, wir müssen jetzt nach Hause fahren. Tommy macht sich bestimmt schon Sorgen. Und jetzt erzähl mir doch mal von dem Konzert.«

Ich nickte behutsam und lächelte meine Mutter an, schließlich begann ich zu erzählen. Dieser Abend war wirklich außergewöhnlich. Seinen Kindheitsschwarm persönlich zu treffen, das wünschte sich doch wirklich jeder. Es war so ein tolles Erlebnis, das ich immer in Erinnerung behalten würde. Doch was mir heute passiert war – dass man so auf einen Menschen hereinfallen konnte und dann um sein Leben laufen musste –, wünschte ich niemandem, nicht einmal Kathrin. Man sollte wirklich immer auf der Hut sein, denn jeder Mensch, auch wenn er noch so nett schien, konnte immer ein schmutziges Geheimnis tief in seinem Inneren haben, und vor diesem Geheimnis sollte man immer auf der Hut sein.

# KAPITEL 9
## ZWEITES HALBJAHR BEGINNT

Montag, 7.46 Uhr

Guten Morgen alle zusammen, und willkommen in dem Halbjahr, in welchem sich entweder eure Leistungen, die ihr bis jetzt in der Schule erbracht habt, positiv oder negativ auf euer zukünftiges Leben auswirken werden. Aber erst einmal: Wer will von seinen Ferien berichten, die ihr hoffentlich nicht sinnlos vergeudet habt?« Niemand hob seine Hand, als Mr. Müller wie jedes Mal nach den Ferien uns so unheimlich überzeugend zu motivieren versuchte – uns also überhaupt nicht motivierte. Er redete uns immer wieder ein schlechtes Gewissen ein, um uns dadurch anzuspornen, mehr für die Schule zu tun. Diese Methode brachte natürlich nichts, aber das waren wir ja schon von ihm gewöhnt, schließlich war er seit der fünften Klasse unser Klassenlehrer. Wer es schon so lange mit Mr. Müller ausgehalten hatte, für den war eine kleine Stichelei rein gar nichts mehr.

»Also? Keine Freiwilligen? Niemand?« In der Klasse herrschte peinliche Stille und so langsam kam Mr. Müller ins Schwitzen. Wenn man genauer hinsah, konnte man die kleinen Schweißperlen auf seiner Stirn erkennen. Aber wahrscheinlich konnte nur ich das so genau sehen, denn er stand genau neben mir und aus dieser minimalen Entfernung konnte ich sogar sein übelriechendes, angeblich attraktiv-machendes Aftershave riechen. Er starrte mich an. Ich schätze, er hat bemerkt, dass ich ihn wegen seines kleinen Schweißausbruches angaffte. Ich wendete den Kopf ganz schnell nach vorne und schaute stur in Richtung Tafel. Dabei sah ich, wie Lorenz mich äußerst merkwürdig und verstörend anhimmelte, so als wäre ich Aphrodite persönlich. Beunruhigt und mit einem flauen Gefühl im Magen starrte ich auf den Füller in meinen Händen, den ich schon die ganze Zeit nervös darin gehalten hatte. So musste ich wenigstens nicht in Mr. Müllers Schweißgesicht oder in Lorenz' Traumtänzergesicht blicken. Ich spielte mit dem Schreibutensil in meinen Händen, ließ es zwischen meinen Fingern hindurchgleiten, rollte es auf der Tischplatte gelangweilt auf und ab.

Als ich dieser Beschäftigung nach kurzer Zeit leid war, schaute ich aus dem Fenster. Ich blickte hinaus und beobachtete, wie sich die Blätter der Bäume im leichten Wind bewegten. Ich schaute zu den Vögeln, die fröhlich zwitscherten oder im Flug vor einem hellblauen, wolkenlosen Himmel fangen spielten. Ich war wie in einer anderen Welt und fühlte mich völlig entspannt. Ich verlor mich für einen Augenblick selbst und achtete nicht mehr auf das Unterrichtsgeschehen. Bleierne Müdigkeit überfiel mich plötzlich und ich schloss, in diesem schönen Moment regelrecht gefangen, die Augen. Ich wäre wahrscheinlich eingeschlafen, hätte Mr. Müller sein Deutschbuch nicht auf den Lehrertisch geschlagen und begonnen zu schreien: »Gut, wenn ihr alle keinen Bock habt, über eure Ferien zu reden, dann machen wir eben Deutsch!«

Nun öffnete ich erschrocken die Augen und richtete mich augenblicklich auf. Meine Müdigkeit war wie weggeblasen. Was hatten die anderen denn getan, dass Mr. Müller so ausrastete? Ich hörte, wie alle laut stöhnten.

»Aber, Mr. Müller …«, beschwerte sich jemand.

»Ja, Anne?«, fragte Mr. Müller gereizt, doch längst nicht so laut wie zuvor.

»Äh, ich mein ja nur, vielleicht kann uns Dave etwas erzählen?«

»Und warum gerade Dave?«

»Na ja … Dave redet doch gerne. Ist es nicht so, Dave?« Anne blickte Dave hoffnungsvoll mit ihren großen, grauen und gerade weit geöffneten Augen an. In diesem Moment tat sie mir etwas leid. Alle starrten sie an und tuschelten. Sogar Rocky, Nancy und Kathrin, ihre Cliquen-Freundinnen, schienen sich gegen sie zu stellen, aber dabei wollte sie doch nur der Klasse helfen, sich vor Deutsch zu drücken. Es herrschte wieder einmal peinliche Stille und alle starrten abwechselnd auf Anne und Dave.

»Und? Was ist jetzt? Dave, willst du uns etwas erzählen?«, fragte Mr. Müller und richtete seine rote Krawatte, während er mit seinem langen Zeigestock auf Daves Tisch herumklopfte.

»Äh, na ja, ich könnte schon was erzählen.« Alle schauten nun zu Anne, die voller Nervosität gierig an ihren Fingernägeln herumknapperte. Ich beobachtete Kathrin, die hochnäsig auf ihrem Stuhl saß und total offensichtlich auf ihrem Handy herumtippte, obwohl wir Handys während des Unterrichts eigentlich nicht benutzen durften. Doch das interessierte sie nicht, sie wurde noch nie erwischt und machte sich darum auch keine Sorgen um die Konsequenzen. Außerdem kämmte sie im Unterricht ständig ihre dämlichen Haare. Konnte sie das nicht zu Hause machen? Wieso im Klassenzimmer? Sie konnte doch ins Bad gehen oder so. Ich glaubte wirklich, dass es keinen interessierte, wie sie ihre Haare kämmte und dabei auch noch ständig welche verlor … Boah! Wen wollte sie denn damit jetzt wieder beeindrucken? Ich fand so etwas echt erbärmlich, und es war auch widerlich, wenn lauter Haare von ihr auf dem Boden verstreut lagen. Ich wusste zwar nicht, ob es erlaubt war, den Klassenraum als Friseursaloon zu benutzen oder nicht, aber egal ob sie es nun durfte oder nicht, ich fand es trotzdem unangemessen. Doch Kathrin war noch gar nichts gegen die Schönheitsqueen Nancy. Sie kam nämlich jeden Tag so aufgebrezelt in die Schule, als ob sie zu einer Oskar-Verleihung gehen würde. Entweder kam sie in einem mit Schmucksteinen besetzten Kleid – das ihr viel zu eng war und somit ihre Kurven betonte und ihre Brüste regelrecht zusammenquetschte –, einer knallpinken Hotpants mit viel zu weit ausgeschnittenem grellrotem Top oder mit sonst irgendeinem sehr – und ich meine sehr – kurzen Rock oder Kleid. Heute war sie zum Beispiel in einem knallgrünen, glitzernden Kleid, mit grün lackierten Fingernägeln, hochgesteckten Haaren und viel zu viel Schminke in der Schule aufgekreuzt. Einfach nur übertrieben, obwohl es den Jungs unserer Klasse anscheinend gefiel, denn fast alle starrten sie mit weit geöffnetem

Mund an, sobald sie sich zu Wort meldete. Gefehlt hätte nur noch, dass sie alle anfingen zu sabbern.

Ich musste grinsen und fand es schon irgendwie traurig, dass man sich als sechzehnjähriges Mädchen so aufgetakelt preisgab. Es war lächerlich und ich würde mich an ihrer Stelle richtig schämen, aber so wie es den Anschein hatte, gefiel sie sich, denn sie gab ständig mit ihrem angeblich ›stylischem‹ Look an. Ich verstand nicht, was alle Typen so toll an ihr fanden, schließlich war sie kein gutaussehendes Model, sondern ein übertriebenes, wie ein Clown geschminktes Mädchen mit Fettringen am Bauch. Aber solange sie mich mit ihren ständigen Sticheleien in Ruhe ließ, konnte mir ihr Look – und auch sie selbst – aber auch egal sein. Mir gefiel jedenfalls mein ›Normal-Lock‹.

»... Ja, und dann sind wir wieder nach Hause gefahren, und auf der Autobahn war ein Unfall und wir standen für mehrere Stunden im Stau. Aber im Großen und Ganzen war dieser kleine Urlaub in Norwegen, und das kann ich nicht oft genug sagen, sehr schön und hat Spaß gemacht. Nicht wahr?«, beendete Dave seine Ausführungen, von denen ich nicht einmal die Hälfte mitbekommen hatte.

»Ja, Dave, das kannst du laut sagen«, stimmte Ron ihm zu.

»Genau, Dave, vor allem ... Ha, nein, das sage ich hier lieber nicht«, meinte Klot und sogleich begannen die Brüder laut loszulachen. Alle fragten sich, warum. Nur Mr. Müller schien gelangweilt.

Dann klingelte es zur Pause, meine Mitschüler und ich stürmten aus dem Klassenzimmer.

Jungs. Wieso gibt es eigentlich Jungs? Merkwürdige, andersdenkende, unreife Wesen, die sich aufspielen und jeden Tag in der Schule einen Machtkampf vorführen, wer von ihnen nun der stärkste, heißeste oder beliebteste ist. Einfach nur absurd. Ich will ja nicht sagen, dass eine Welt nur mit Mädchen besser wäre. Aber mal ehrlich: In der Schule waren sie doch wirklich überflüssig. Und dann gab es da auch noch ihre Logik – Jungslogik eben –, wie zum Beispiel, welches Mädchen das tollste war oder wie man sich am besten die Haare für die Schule stylte, damit man auch ja genügend Aufmerksamkeit bekam – sei es von den Mädchen oder den Kumpels.

Eigentlich ergab das doch überhaupt keinen Sinn! Mädchen waren Mädchen, und Haare waren Haare, manche waren besser, andere schlechter. Ich wurde einfach nie schlau daraus. Das lag wohl einfach daran, dass ich ein Mädchen war, welches sich mit solchen Dingen kaum auseinandersetzte, geschweige denn sich für solche Sachen interessierte … Also zumindest nicht mehr.

Ich stand allein, ohne einen Gesprächspartner, im Flur unserer Schule. Ich fühlte mich irgendwie einsam. Jeff und Marie hatte ich heute noch gar nicht gesehen. In der ersten Unterrichtstunde waren sie auch nicht anwesend gewesen, und in Mathe bei Mr. Wiedemann hatten sie auch gefehlt. Was war nur mit ihnen los, dass sie es nicht für nötig hielten, zum ersten Schultag zu kommen? Sie waren doch sonst so vernarrt in die Schule und sogar noch erpichter darauf, besser bei den Lehrern dazustehen, als alle anderen. Ich wusste ja nicht, ob das so gut bei der Lehrerschaft ankam, wenn man den ersten Schultag einfach so sausen ließ. Aber darüber zerbrach ich mir nicht lange den Kopf, sondern raffte mich schließlich auf und ging zu meinem Spind, um die für die nächste Stunde vorgesehenen Bücher zu holen. Als ich dann mit meinem Kopf im Spind steckte und meine Sachen zusammensuchte, sprach mich eine schüchterne Stimme an. »Ähm, hi Lola, wie geht's denn so? Was machst du gerade?« Ich hob ruckartig meinen Kopf und stieß mich an der Spindtür. Pochender Schmerz erfüllte mich dort, wo die Kante meine Stirn berührt hatte. Die Stimme wurde sofort hysterisch: »Oh nein, Lola, alles in Ordnung? Geht's dir gut? Soll ich dir einen Kühlbeutel holen? Brauchst du einen Arzt?«

Ich war genervt und Wut stieg in mir auf, da mein Kopf mörderisch brummte. Als ich mich dann endlich umdrehte, traute ich meinen Augen nicht. »Lorenz? Was, was machst du denn hier?«

Er starrte mich verwundert an und wiederholte seine Frage. »Ich wollte nur wissen, wie es dir geht und wie deine Ferien so waren. Oh, und ich wollte fragen, ob mit deinem Kopf alles in Ordnung ist …«

Ich starrte Lorenz verblüfft in seine großen, glasblauen Augen. Er war eigentlich richtig goldig – und das nicht nur, weil er goldbraune Haare hatte. Irgendwie war er richtig nett. »Äh, na ja, mir geht's gut und mein Kopf ist auch okay … und meine Ferien? Die waren echt toll.«

Er starrte mich immer noch so merkwürdig an und mir wurde langsam heiß, vielleicht wurde ich auch etwas rot dabei. »Oh, das ist ja toll. Wir hätten uns in den Ferien auch mal treffen können. Ich habe oft an dich gedacht.«

Okay? Langsam wurde es echt gruselig. War ich hier etwa im falschen Film? Was sollte das? War das eventuell eine äußerst merkwürdige Anmache, oder wollte er einfach nur freundlich sein – auf eine doch etwas komische Art und Weise? Hilfe! Konnte ihn mal jemand hier wegscheuchen? Glocke, warum läutest du nicht?

Ich zögerte lange und schaute zur Seite. Ich sah das bunte Flurtreiben und versuchte mich, nur noch darauf zu konzentrieren. In unserer Schule waren wirklich äußerst viele, sehr unterschiedliche Schüler. Da gab es große, kleine, dünne, dicke ...

»Ähm, Lola?«, fragte Lorenz und schaute mich interessiert an. Sein Gesicht kam irgendwie immer näher und langsam wurde die Lage verzwickt.

»Äh ... ja?«, fragte ich irritiert. Sein süßer Blick machte mich ganz wirr im Kopf.

»Willst du mir nicht mal antworten?«

Oh Mann, was sollte ich denn jetzt sagen? Ich schluckte dreimal kräftig und fing an zu reden. »Na ja, warum hätte ich mich denn mit dir treffen sollen? Ich mein ja nur ... wir hatten bisher nicht viel miteinander zu tun, weißt du?«

Ich sah, wie Lorenz' Mundwinkel nach unten gingen und wie er langsam und enttäuscht zu Boden blickte. »Oh, ja okay, verstehe.«

Irgendwie tat er mir leid und ich legte meine Hand auf seine Schulter. »Aber vielleicht können wir ja bald mal was zusammen unternehmen.«, meinte ich, klopfte ihm aufmunternd auf die Schulter und legte einen dramatischen Abgang hin.

Auf dem Weg zum nächsten Unterrichtsraum reflektierte ich noch einmal das Geschehene. Warum hatte ich ihm noch mal vorgeschlagen, dass wir uns treffen? Ich war doch froh, dass ich ihn los war ... oder war ich es doch nicht? Wollte ich mich vielleicht sogar mit ihm treffen, oder hatte ich das einfach nur gesagt, um dieser äußerst merkwürdigen Situation zu entfliehen? Verwirrend. Na ja, dennoch hoffte ich, dass ihn meine Worte aufgeheitert hatten, denn ich wollte wirklich niemanden verletzen. Ich mochte Lorenz, aber ich wollte jetzt einfach keinen Freund. Niemals! Jetzt nicht! Warum musste so etwas immer mir passieren? Wenn man einen Freund haben will, dann kommt einfach nicht der Richtige, und wenn man dann mal vernünftig sein und sich auf das Wesentliche konzentrieren möchte, kann man sich vor sabbernden Jungs nicht mehr retten. Irgendwie verstand ich die Logik der Jungs nicht. Wenn man abweisend war, war man interessant, und wenn man sich auftakelte bis zum Gehtnichtmehr, dann war man auch interessant? Mann, war das verwirrend ... Aber vielleicht stand er ja auch gar nicht auf mich und ich bildete mir das alles bloß ein. Er war vielleicht einfach nur nett.

Es klingelte. Schließlich erreichte ich den nächsten Unterrichtsraum. Immer noch keine Spur von Jeff oder Marie. Was das wohl zu bedeuten hatte? Nun, das würde ich wohl heute nicht mehr herausbekommen, aber trotzdem würde es mich brennend interessieren, wo sich die Oberstreber der Klasse wohl herumtrieben.

Endlich war ich in meinem Klassenzimmer, saß auf meinem geliebten Platz und wurde wie immer von meinen

Mitschülern ignoriert. Gut so. Kathrin hatte heute irgendwie einen schlechten Tag. Sie sagte nichts und starrte auch nicht wie sonst immer nur auf John. Irgendetwas war anders, oder kam es mir vielleicht nur so vor? Na ja, egal, jedenfalls saß ich auf meinem Platz, hatte mein Mathebuch vor mir und beteiligte mich fleißig am Unterricht. Mr. Wiedemann war als Lehrer gar nicht so übel. Er erklärte alles genau und ich verstand bei ihm auch alles, doch die anderen schienen das nicht so zu sehen. Jedes Mal, wenn er sich zur Tafel drehte und gerade eine schwierige Aufgabe anschrieb, zeigten sie mit den Fingern auf ihn und fingen an zu tuscheln. Es war wohl wegen seines Merlin-Bartes, der irgendwie länger geworden war. So bekam ich es zumindest ganz nebenbei mit. Aber egal.

Irgendwie konnte ich mich nun gar nicht mehr richtig konzentrieren. Meine Gedanken waren ganz woanders ...

»Lola? Lola? Lola!«, schrie Mr. Wiedemann.

»Ähm ... ja, was, wie, wo?«

»Hör auf mit deinen dummen Sprüchen und beantworte meine Frage!«, rief Mr. Wiedemann garstig und straffte seinen Bart.

»Ja, und die wäre?« Alle begannen zu lachen. Ich fühlte mich mies. Wieso konnte ich nicht aufpassen? Jetzt hatte ich den Salat. So etwas dürfte einer Streberin wie mir nicht passieren.

»Ach, diese Jugend heutzutage, keiner passt mehr auf im Unterricht. Also, zu meiner Zeit ...«

Oh Mann, jetzt ging das schon wieder los! Mr. Wiedemann redete einfach viel zu viel – über sich. Manchmal glaubte ich echt, ich wusste mehr über seine Jugend, als über meine eigene, denn wenn er einmal angefangen hatte zu reden, konnte er nicht mehr aufhören. So verschwendeten wir jedes Mal eine Menge Unterrichtszeit, und Mr. Wiedemann regte sich dann immer auf, wenn wir in seinen Mathetests überhaupt nichts wussten. Aber das war doch irgendwie logisch, wenn er die Hälfte des Unterrichts nur über sich selbst redete. Würde er eine Arbeit über seine Jugend schreiben lassen, dann hätte garantiert jeder von uns eine glatte Eins. Und als ob die Lage nicht schon schlimm genug wäre, klopfte es plötzlich an der Tür. Mr. Wiedemann verzog seine grauen wulstigen Augenbrauen zu einer grimmigen Miene und starrte zur Tür. Der Ärmste. Wer auch immer hinter der Tür stand, tat mir jetzt richtig leid.

»Herein!«, rief Mr. Wiedemann und konnte sich einen genervten Unterton in der Stimme nicht verkneifen. Die Tür wurde vorsichtig aufgeschoben.

»Lorenz? Wieso bist du zu spät?« Doch bevor dieser antworten konnte, schnauzte Mr. Wiedemann. »Ich will keine Ausreden hören!«

Was? Lorenz? Was machte der denn hier? Vor lauter Schreck hatte ich ganz vergessen, dass er auch in meiner Klasse war. Wie ging das denn? War er mir denn so unwichtig? Ich wurde rot, Schweißtropfen perlten von meiner Stirn. Ich vergrub meinen Kopf in meinen verschränkten Armen, sodass niemand mein Gesicht sehen konnte. Es war so peinlich. Kam er wegen mir zu spät? Hatte ich ihn so sehr verletzt, dass er etwas Zeit für sich brauchte, bevor er im Unterricht erscheinen konnte? Hatte ich seine Gefühle verletzt? Was hatte ich nur getan! Doch zu meiner Erleichterung sagte er: »Es tut mir leid, ich war noch bei Mr. Wurzel.«

»Ach so, in Ordnung. Dann setz dich bitte auf einen freien Platz.«

Ich atmete erleichtert auf. Aber was hatte er nur bei dem Direktor zu suchen gehabt? Hatte er etwas ausgefressen? Nein, nicht Lorenz, dazu war er viel zu ruhig und brav. Erst jetzt fiel mir auf, dass er in meine Richtung lief. Oh nein, ich drehte mich um und sah, dass hinter mir noch ein Platz frei war. Als er näher kam, sah er mich an, machte große Augen und seine Mundwinkel gingen immer weiter nach oben. Ich hatte Angst. Ich fühlte mich wie ein hilfloses Häschen, das auf der Wiese saß und jeden Moment von einem hungrigen Wolf verspeist werden konnte. Wie vermutet, setzte er sich genau hinter mich. Ich merkte, wie sich sein Blick in mich hineinbohrte und ich fühlte mich die ganze restliche Stunde von ihm beobachtet. Hoffentlich würde er mich nicht ansprechen oder mir einen Zettel schreiben oder irgendetwas anderes dergleichen tun.

»Also, Leute, wer kann mir sagen, was die Wurzel aus einundachtzig ist?« Blitzschnell schleuderte ich meine Hand in die Höhe, doch jemand war schneller.

»Ich, ich!«, rief es von hinten.

Waren wir hier im Kindergarten? Ich drehte mich um und sah, dass Lorenz seine Hand noch höher hielt als ich meine – na ja, er war ja auch größer als ich. Ich sah, wie der Ärmel seines T-Shirts langsam herunterrutschte und konnte von seinem muskulösen Arm nicht die Augen lassen. Hatte er trainiert oder war mir das einfach nur noch nie aufgefallen? Als er merkte, dass ich ihn beobachtete, lächelte er mir zu. Peinlich berührt drehte ich mich um.

»Ja, Mr. Badrowski?«

»Neun.« Kam es wie aus der Pistole geschossen.

»Richtig, sehr gut, einhundert Punkte!«, sagte Mr. Wiedemann sarkastisch und verdrehte die Augen. Er gab sich keine Mühe, das zu verbergen. Heute war er irgendwie nicht gut drauf.

»Aber das war ja auch nicht allzu schwer. Und jetzt jemand anderes. Anne? Was ist die Wurzel aus Neun?«

»Ähm … Bekomm ich einen Joker?«

Alle lachten.

»Du weißt aber auch gar nichts«, stichelte Kathrin. Sie schien wieder ganz die Alte zu sein.

»Komm schon, Anne, so schwer ist das doch nicht«, unterstützte sie John und starrte dabei Kathrin an.

Wenn ich daran dachte, dass ich mal in John verliebt war und er auch in mich, da wurde mir echt mulmig zumute. War ich überhaupt verliebt gewesen? Ich wusste ja nicht mal, was Liebe war … Ohne John wäre alles ganz anders gekommen. Ich wäre noch mit Kathrin befreundet, wir wären immer noch wie Pech und Schwefel, aber wenn man so darüber nachdachte, war es gut so, wie es war. Das Schicksal hatte es nun einmal so gewollt. Ich hatte immer noch Freunde. Zwar nur Jeff und Marie, aber wenigstens Freunde … die immer noch nicht aufgekreuzt waren! Vielleicht waren sie ja einfach erkältet und zu schwach, um in die Schule zu gehen. Oder vielleicht waren sie ja auch in Ägypten und züchteten Kamele.

Langsam machte ich mir ernsthafte Sorgen und war auch etwas beleidigt, dass sie mir nichts gesagt hatten.

Wieder schnellte Lorenz' Hand in die Luft. »Drei. Die Wurzel aus neun ist drei!«

Ich war erstaunt von Lorenz' Tatendrang. Versuchte er etwa, mich zu beeindrucken? Na ja, es war ja nicht wirklich viel dabei, die Wurzel aus neun zu ziehen. Na gut, vielleicht sollte ich auch nicht immer gleich alles, was Lorenz tat, auf mich beziehen. Vielleicht wollte er einfach nur gut mitarbeiten, schließlich war Mathe sein Lieblingsfach – laut meines Wissens.

Es klingelte zur Pause. Ich packte meine Sachen so schnell ich konnte und flüchtete aus dem Klassen-zimmer.

# KAPITEL 10
## BLIND VOR GLÜCK

Montag, 13.15 Uhr

Auf meinem Weg nach Hause grübelte ich immer noch vor mich hin. Ich hatte das ständige Gefühl, dass Lorenz mich überall hin verfolgen würde – ich sollte langsam echt mal aufhören, immerzu an ihn zu denken. Ich war so tief in meine Grübeleien versunken, dass ich fast eine alte Frau umgestoßen hätte. Als sie sich zu meiner Erleichterung wieder gefangen hatte, giftete sie mich an: »Was sollte das denn? Haben Sie keine Augen im Kopf? Das ist unerhört!« Ich wollte antworten, doch sie ließ mir keine Zeit. »Ach, die Jugend heutzutage hat einfach keinen Respekt mehr.« Mit diesen Worten verschwand sie watschelnd und an ihren Krücken gefesselt vom Schauplatz des Geschehens. Ich rief ihr noch mehrere Entschuldigungen hinterher, doch sie schien es nicht zu hören. Oder sie ignorierte mich, auf jeden Fall humpelte sie empört weiter.

Als ich zu Hause war, wollte ich nur noch eins: Ruhe. Ich warf mich auf den Sessel und schloss die Augen, kurze Zeit später hörte ich Schritte, die aus der Küche direkt auf mich zu kamen.

»Hallo Lola, es ist mir eine Freude, dich wiederzusehen und in dein schönes Gesicht zu blicken«, schleimte Paul und schaute mich aus seinen großen schlangengrünen Augen an.

»Ähm, ja danke, Paul. Ich freu mich auch, dich endlich mal wiederzusehen«, erwiderte ich mit einem sarkastischen Unterton in der Stimme, doch das schien er nicht zu bemerken. Er fiel mir um den Hals und sagte: »Danke, Lola!«

Ich schaute ihn verwirrt an und schob ihn sachte von mir weg. Da fiel mein Blick auf Taylor. Er gab sich die größte Mühe, mich keines Blickes zu würdigen. Was war denn mit dem los? Doch dann fiel mir ein, dass er angeblich knallhart mit mir Schluss gemacht hatte. Als er bemerkte, dass ich ihn anschaute, stolzierte er erhobenen Hauptes auf mich zu. Na toll. Sonst hatte mich Tommy bei derartigen Überfällen beschützt, doch jetzt war von meinem ach so tollen Bruder nichts zu sehen. Meine Mutter war ebenfalls nicht in der Nähe. Bestimmt war sie in der Küche, denn es roch stark nach verbranntem Hühnchen. Wahrscheinlich gab sie es bald auf und bestellte – wie neuerdings üblich – wieder etwas vom Chinesen. Niemand war also da, der mir hätte helfen können ... außer Paul, aber der zählte nicht wirklich. Was sollte der schon ausrichten?

Plötzlich stand Taylor direkt vor mir, ich sagte der Ruhe ein für alle Mal Lebewohl. Als ich ihn musterte, fiel mir auf, dass er noch mehr gewachsen war, denn er überragte mich jetzt schon um einige Zentimeter. Ich beschloss, freundlich zu sein, vielleicht würde er sich so schneller wieder entfernen.

»Hallo Taylor, wie geht's dir denn?«

»Schweig, Lola! Du weißt, es ist vorbei. Ich verstehe nicht, warum du es immer wieder versuchst. Wir können nicht mehr zusammen sein, es ist vorbei!«

Verblüfft und verärgert schaute ich in seine braunen Augen. Der Typ tickte anscheinend nicht mehr ganz richtig! Langsam musste ich ihm mal eine Lehre erteilen. Ich beschloss, ein wenig mit ihm zu spielen. Ja, das war falsch und ich fühlte mich total schlecht – natürlich nicht. Also, ich überlegte mir einen Plan. Ich wollte doch auch mal meinen Spaß. Kurzerhand war er bei mir. Jetzt konnte das Spiel beginnen!

»Also, Taylor, du hast recht. Ich kann es nicht verkraften, dich ständig zu sehen. Fast jeden Tag muss ich in dein wundervolles Gesicht blicken und mein Herz bricht ständig erneut, wenn mir wieder bewusst wird, dass wir nicht mehr zusammen sind. Ich habe dich immer geliebt …«, sagte ich übertrieben dramatisch und war selbst überrascht von meinen Schauspielkünsten. Vielleicht sollte ich nach der Schule doch ans Theater? Ich sah, wie Tommy schokoladenverschmiert aus der Küche kam und einen geschockten und zugleich verwirrten Gesichtsausdruck aufsetzte. Innerlich lachte ich, äußerlich war ich perfekt in meiner Rolle.

»Ach … ach wirklich?«, brabbelte Taylor erstaunt.

»Ähm, ich meine, natürlich. Ist doch klar …« Mein Plan ging voll auf. Es wurde immer besser und ich hatte gerade erst begonnen. Mann, ich konnte wirklich fies sein. »Ach

Schatz, wieso können wir nicht wieder zusammenkommen? Ich werde mich in keinen anderen mehr verlieben können als in dich.«

Tommy legte die Hand vor den Mund, damit ihm nicht vor Lachen Schokoladenstückchen herausfielen und lauschte weiter unserem Gespräch. Ich hörte, wie Paul etwas zu Tommy sagte: »Ach junge Liebe.« Tommy blickte Paul kopfschüttelnd an. Er verdrehte die Augen. Taylor schien es die Sprache verschlagen zu haben.

»Ich, ähm …«, sagte er stotternd. Ich beschloss, noch einen draufzusetzen, um ihm endlich mal seine überhebliche Art aus dem Kopf zu treiben.

»Wieso antwortest du mir nicht? Bitte, gib mir noch eine Chance.« Ich stellte mich auf Zehenspitzen, beugte mich nach vorne und küsste ihn leicht auf die Wange. Sein Gesicht lief rot an und er sah aus wie eine überreife Tomate. Geschockt sah mich Tommy an. Sogar Paul schien der normale und höfliche Ausdruck aus dem Gesicht gefallen zu sein. Jetzt hatte ich es ihm aber endgültig gegeben. Ich beschloss, meinen fiesen Plan aufzulösen, um ihm eine lehrreiche Pointe zu verleihen. Doch zu meinem großen Entsetzen umarmte mich Taylor liebevoll und küsste mich mehrmals auf die Wange.

»Ja, Lola, ja! Ich will wieder mit dir zusammen sein, mit dir viele Kinder bekommen und dich heiraten. Ja, ich will!«

Tommy konnte sein Lachen nun nicht mehr unterdrücken und Paul stimmte mit ein. Taylor schaute sie grimmig an und schrie: »Lacht nicht über meinen Schatz!«

»Über euch kann man nur lachen!«, kicherte Tommy, und Paul sagte zum ersten Mal in seinem Leben etwas Unhöfliches: »Das ist so peinlich!«

Taylor rastete komplett aus und sprintete mit erhobenen Fäusten auf die beiden zu. Ich hatte Panik. Ich wollte nicht, dass meine Mutter einen Herzinfarkt bekam, weil ein verrückt gewordener kleiner – na ja, eigentlich großer – Junge meinen kleinen Bruder zu Brei geschlagen hatte. Außerdem hatte ich keine Lust darauf, wegen so einem Obermacker wie Taylor Hausarrest zu bekommen. Ich ging also dazwischen, schauspielerte aber weiter. Irgendwie konnte ich es nicht lassen. »Taylor, Schatz, hör auf. Lass sie doch reden, sie sind doch nur neidisch.«

Tommy deutete an, sich zu übergeben. Paul konnte es irgendwie nicht glauben und griff ein: »Lola, das meinst du doch nicht ernst?«

»Halt die Klappe! Meine Zukünftige möchte nicht von dir belästigt werden!«

»Aber, Lola, du kannst doch nicht mit so was – nichts für ungut, Taylor – zusammen sein wollen. Da war ja John besser.«

Ich war entsetzt. Erstens: Woher wusste Tommy von John? Und zweitens: Wie konnte er nur so etwas sagen?

»Sei still, Tommy! Du bist nur neidisch«, wiederholte Taylor meine vorherigen Worte und legte seinen muskulösen Arm um mich. Für einen noch nicht einmal Vierzehnjährigen war er echt ziemlich … heiß. Oh Gott, warum dachte ich denn so was? Seine Geste jedenfalls erinnerte mich stark an Lorenz – vielleicht deshalb? Ich schüttelte Taylors Arm ab und schob mich in Gedanken vertieft von ihm weg.

»Lola, was ist denn los?« Ich quietschte auf und rannte in mein Zimmer. Was war nur los mit mir? Hinter mir hörte ich Taylor laut rufen: »Schatzi, was ist denn los mit dir? Seht ihr, ihr habt sie vergrault!« Ich hörte, wie Taylor hinter mir her sprintete, doch Tommy und Paul hielten ihn zurück. Gut so.

In meinem Zimmer angekommen, sperrte ich die Tür zu und warf mich auf mein Bett. Warum hatte ich nur so überreagiert? Lag es an Taylor und seiner plötzlicher Zuneigung? Nein. Es lag an etwas ganz anderem, an jemand anderem. Warum fiel es mir nur so schwer, keinen Gedanken mehr an ihn zu verschwenden?

Unten hörte ich noch die drei Jungs: »Taylor, Lola hat dich nur verarscht«, sagte Tommy unbeeindruckt.

»Halt die Klappe! Das stimmt nicht. Habt ihr zwei ihr nicht zugehört? Sie liebt nur mich und keinen anderen auf der Welt. Ich geh jetzt, das wird mir hier echt zu dumm!« Vorher rief er aber nochmals nach oben: »Mein Schatz, ich rufe dich an!« Ich musste lachen, denn Taylor hatte ja nicht mal meine Nummer. Warte. Ich hatte ja nicht mal ein Handy! Langsam sollte ich mir echt Gedanken machen.

Ich antwortete ihm nicht und wusste nun, dass mein Plan vollkommen nach hinten losgegangen war. Aber vielleicht vergaß er unsere ›Liebesgeschichte‹ ja wieder. Ach, ich sollte mir nichts vormachen. Schließlich wusste ich, wie vernarrt er in mich war – und wie ätzend er sein konnte.

Es war Mittwoch und gleich sollte es Abendbrot geben. Ich konnte es kaum erwarten, denn ich hatte riesigen Hunger. Gestern hat Taylor die ganze Zeit angerufen und ich hatte ihm klarmachen wollen, dass das alles nur ein Scherz, ein kleines Spielchen von mir gewesen war. Doch er wollte es nicht begreifen. Immer wenn ich versuchte, es ihm zu erklären, sagte er ständig, dass ich einfach nur erschöpft wäre von unserem heißen Treffen gestern – heißes Treffen? – und ich mich besser ausruhen sollte. Das war aber etwas schwierig, wenn er mich jede Millisekunde anrief. Irgendwann ignorierte ich dann seine Anrufe und blockte ihn auf sämtlichen Chatportalen. Doch er hatte es bis jetzt noch nicht kapiert.

Unten beim Abendessen erzählten alle von den Erlebnissen ihres Tages. Ich sagte nichts und dachte, wie zurzeit ständig, an Lorenz. Würde ich damit auch mal wieder aufhören? Ich hatte so viele Bilder von ihm im Kopf: seine muskulösen Arme, seinen trainierten Körper, seine tollen glasblauen Augen, seine wunderschönen goldbraunen Haare, sein … Ich musste damit aufhören! Mich irgendwie ablenken. Was würde denn aus meinem Notendurchschnitt werden, wenn ich weiter so tagträumte? Ich war doch nicht so wie Kathrin. Nein! Schule stand an erster Stelle.

»Lola, was hast du denn?«, fragte meine Mutter besorgt und starrte in mein nachdenkliches Gesicht. Als ob er meine Gedanken gelesen hätte, sagte Tommy: »Sie hat Liebeskummer«, und musste sich sein hinterhältiges Lachen verkneifen.

»Stimmt nicht.«

»Stimmt wohl. Ich weiß alles, Schwesterherz.«

»Stimmt nicht. Sei ruhig.«

»Nein. Das stimmt.«

»Nein.«

»Doch.«

»Nein.«

»Doch.«

»Jetzt reicht es! Was ist denn nur los mit euch?«, schrie meine Mutter, stand auf und das Geschirr klirrte, als sie mit der flachen Hand auf den Tisch schlug. »Tommy, hör auf, deine Schwester zu ärgern und ihre Geheimnisse auszuplaudern, und, Lola, du … hast eigentlich nichts falsch gemacht, aber hör trotzdem auf!«

»Aber, Mami.«

»Nichts ›Aber, Mami‹! Geh hoch in dein Zimmer und denke über dein Verhalten nach. Los, geh schon, Tommy.«

Ich dachte schon, Tommy gäbe sich geschlagen, doch er musste noch einen letzten Kommentar abgeben: »Lola und Taylor sitzen auf'm Baum, knutschen rum, man glaubt es kaum. Lola und Taylor, das Paar von heute!« Konnte der auch mal für eine Sekunde seine Klappe halten? Die peinliche Situation wurde von meiner Wut überschattet und ich musste mich beherrschen, ihm nicht an den Kragen zu gehen. Trotzdem schaute ich ihn aus zusammengekniffenen Augen an und mit einem Blick, der ihn eigentlich tot umfallen lassen müsste. Zu meiner Erleichterung wusste Tommy aber zumindest doch nichts von meinen verwirrenden Gedanken über Lorenz. Das war fast schon wieder ein Trost, obwohl er mich gerade so richtig lächerlich vor unserer Mutter gemacht hatte.

»Lola, ist das wahr? Bist du mit einem über zwei Jahre jüngeren Jungen zusammen? Hat Taylor deswegen die ganze Zeit angerufen? Bitte sag, dass das nicht stimmt.«

»Kein Kommentar, Mum, kein Kommentar.«

»Oh, okay? Sag ihm aber trotzdem bitte, dass er nicht mehr so oft anrufen soll. Das … das nervt. Geh jetzt, ich räum allein ab.«

Ich hatte extra so knapp wie möglich geantwortet, denn ich wollte einfach nur in mein Zimmer.

Dort angekommen, verriegelte ich die Tür und setzte mich vor meinen Computer. Ablenkung tat immer gut. Und Ablenkung brauchte ich dringend – von meiner fürsorglichen Mutter, meinem nervigen Bruder, von dem verstörenden Taylor und ihm … Ich fing an, meine Kontakte zu checken, da bemerkte ich etwas Komisches. Als ich auf John Ross stieß, der sich in seinem Profil ›Muffinman‹ nannte, checkte ich aus reiner Neugier seinen Status, dabei wurde ich stutzig. Dort stand: ›Single. Neu verliebt.‹

Neu verliebt? Single? Hatte er sich etwa verschrieben oder war das ein schlechter Scherz? Ich konnte es nicht fassen. Waren Kathrin und er etwa … Nein, das konnte nicht sein. Oder doch? Ich musste es einfach herausfinden. Also checkte ich auch Kathrins Status, da stand unter anderem: ›Single. Hat ja lang gedauert, endlich bin ich ihn los.‹

Ich war fassungslos. Kathrin, die sich in ihrem Profil als ›Pop Queen‹ bezeichnete, und John, alias ›Muffinman‹, hatten sich dann wohl getrennt. Und was sollte das mit Johns neuer Liebe? In wen war er denn jetzt wieder verknallt? Vielleicht in Rocky Erana oder in Nancy Ziegler oder vielleicht doch in Anne Wolf? Hatte der denn nie genug von den Weibern? Na ja, konnte mir auch egal sein. John war Geschichte und Kathrin auch. Wieso machte ich mich damit jetzt verrückt? Völlig sinnlos verschwendete Energie. Die sollte ich besser nutzen, um noch mehr zu lernen. Auf einmal riss mich ein schrilles »DING« aus meinen Gedanken. Ich schaute auf den Bildschirm und sah ein neu geöffnetes Nachrichtenfester. Wer um alles in der Welt war ›Bennyboy‹? Vielleicht ein Psychopath, wie der junge Mann, der mich beim A. C.-Konzert verfolgt hat? Vielleicht war es sogar er selbst? Aber wie hätte er mich finden sollen, er kannte ja nur meinen Vornamen. Ich las die Nachricht: ›Hey, wie geht's? Dein Foto sieht echt toll aus. Wie heißt du, und wie alt bist du? ☺‹

Ich wusste nicht, was ich schreiben sollte oder ob ich überhaupt antworten sollte. Nach kurzer Überlegung beschloss ich, mit ihm zu kommunizieren:

›Hi, wer bist du, und wie alt bist du?‹

›Ich heiße Ben und bin 25 Jahre alt. Und du?‹

›Ich heiße Lola und bin 16 Jahre alt.‹

›Ach so, hi Lola. ☺‹

›Hi Ben. Wie kommst du auf mich?‹

›Na ja, nachdem ich dein äußerst attraktives Foto gesehen habe, dachte ich, ich schreib das Honigkuchenpferd doch mal an. Übrigens, witziger Name. ☺‹

›Danke, Bennyboy. Der ist übrigens auch nicht schlecht. ☺‹

›*Lach* Danke. Du scheinst ja ein echt kluges Mädel zu sein. Hübsch und klug, die beste Mischung. ☺ ‹

›Danke. Aber du kennst mich doch überhaupt nicht?‹

›Ja, leider. ☹‹

›Ich habe noch gar kein Foto von dir gesehen …‹

›Warte, ich schicke dir mal eins, Loli.‹

Nur wenige Augenblicke später kam das Bild an. Ich fragte mich, ob es echt war, ob er das wirklich war, denn er sah erstaunlich gut aus. Er war ein muskulöser und großer Mann mit gepflegtem Dreitagebart, schwarzen Haaren und einer hochgegelten Frisur. In seine großen himmelblauen Augen konnte sich jedes Mädchen verlieren. Er war einfach ein Traum von einem Mann. Und soweit ich das bisher einschätzen konnte, hatte er dazu auch einen guten Charakter. Immer noch verblüfft von seinem Bild, konnte ich nicht anders, als ihn zu fragen:

›Ist das Foto denn echt?‹

›Aber natürlich, das habe ich gerade gemacht.‹

›Irgendwie kann ich das nicht glauben. Tschuldigung.‹

›Warum denn nicht?‹

›Na ja, du siehst aus wie ein Prinz.‹

›Ach wirklich? So toll hätte ich mich gar nicht eingestuft.‹

›Na ja, sei nicht so bescheiden. Es ist die Wahrheit.‹

›Ja, und ich sage dir auch die Wahrheit. Ich bin das wirklich! Wenn du mir nicht glaubst … vielleicht sollten wir uns dann mal irgendwann treffen? Dann siehst du deinen Prinzen mal in echt. ☺‹

›Keine schlechte Idee, Ben. Wann willst du mich denn entführen und auf dein Märchenschloss bringen, mein Prinz? ☺‹

›Vielleicht am Freitag? Wenn du da Zeit hast, mein Burgfräulein. ☺‹

›Klar. Dann sehen wir uns Freitag gegen 15.00 Uhr in Frankfurt am Bahnhof. Ich muss mich jetzt aber leider ausloggen. Wir schreiben morgen eine Arbeit in Mathe.‹

›Okay. Bis Freitag. Tschau.‹

War das gerade wirklich passiert? Er ist so hübsch, so nett, so traumhaft... Ich konnte es einfach nicht glauben. Ein älterer, attraktiver junger Mann wollte sich mit mir treffen. Mit mir! Voller Euphorie war es mir auf einmal egal, ob ich gegen meine Prioritäten verstieß, was die Schule betraf, denn wer wünschte sich nicht jemanden, der humorvoll, hinreißend und erfahren war? Klar musste ich aufpassen, dass ich nicht wieder auf so einen Psychopathen hereinfiel wie den vom Konzert – daraus hatte ich gelernt. Dennoch. Er war so perfekt! Ich sollte einfach aufhören, so pessimistisch zu denken. Auf dem Bild sah er doch ganz nett aus. Und er ist so... so heiß! Vorallem, weil er genauso aussieht, wie Andy Coper! Mein eigener Andy, nur noch tausendmal besser – im wahren Leben! Es ist als würde ein Traum wahr werden... Vielleicht fing jetzt endlich mal meine Glückssträhne an, und die ständigen Grübeleien über Lorenz hätten dann schließlich auch ein Ende. Er konnte doch nicht im Geringsten mit Ben mithalten! Ach Ben. Fantastischer, humorvoller, atemberaubender Ben...

Mit diesem neu gewonnenen Optimismus fing ich an, mich auf die Mathearbeit vorzubereiten. Vielleicht würde ich da ja genauso viel Glück haben.

# KAPITEL 11
## DIE TESTS

Donnerstag, 8.17 Uhr

Alle aufstehen, los, schnell, wir haben keine Zeit. Das geht alles von eurer Arbeitszeit ab. Mr. Badrowski, Sie setzen sich bitte nach vorne«, stresste Mr. Wiedemann und begann den Matheunterricht.

»Guten Morgen«, lallte die Klasse eintönig und gelangweilt. Lorenz eilte währenddessen hastig zu seinem vorgeschriebenen Platz direkt vor dem Lehrerpult.

Mr. Wiedemann reagierte gereizt: »Hinsetzen. Heute steht die Matheklausur an. Also Stifte raus, und wer seine Arbeit hat, kann beginnen.« Dann teilte er die Arbeiten aus. Ich hielt nervös den Füller in der Hand. Ich bekam meine Arbeit als Letzte. Natürlich war es Mr. Wiedemann nicht entgangen, dass ich mich – durch bekannte Geschehnisse – einer gewaltigen Transformation unterzogen hatte: von einer durchaus beliebten Schülerin mit wenig Interesse am Unterricht zum Oberstreber. Das passierte einem auch nicht alle Tage.

Mein gestriges Büffeln und Üben machte sich nun bezahlt – ich löste die Aufgaben wie im Flug. Bald schon hatte ich auch noch die letzte Aufgabe das zweite Mal überprüft und hatte jetzt genügend Zeit, mich in der Klasse umzuschauen. Mein Blick fiel sofort auf John. Er schien auch fertig zu sein, schaute mich erwartungsvoll an und zwinkerte mir zu. Wie unangenehm. Ich schaute verlegen weg und drehte mich zum Fenster. Der Regen prasselte darauf und machte die anderen Schüler der Klasse unruhig. Mir hingegen half das Plätschern dabei, meine Gedanken zu ordnen. Als ich mich wieder einigermaßen gesammelt hatte, schaute ich zu Kathrin. Sie schien keine Augen mehr für John zu haben und konzentrierte sich vollkommen auf die Mathearbeit. Vor lauter Anstrengung war sie schon ganz rot im Gesicht und sie zog konzentriert die Stirn in Falten. Schließlich wanderte mein Blick zu Lorenz. Er hatte trotz des kühlen Wetters draußen ein kurzes T-Shirt an und sah total gelangweilt aus. Mein heimliches Beobachten blieb nicht lange unbemerkt, denn als er seinen Kopf hob und zu mir zurück blickte, starrte er mich genauso erwartungsvoll an wie John. Mich störte es aber nicht mehr, denn ich hatte nur noch ihn im Kopf – Ben. Der Mann meiner Träume.

»Los, Ladys, beeilt euch! Wir machen Sport, meine Süßen«, sagte Anne und zog Kathrin und Nancy an ihren Armen zur Sporthalle.

»Ja, wir kommen schon, Schätzchen.«

»Ja, warte noch kurz, nicht so schnell, aua!«, schimpfte Nancy, als Anne ihr versehentlich auf den Fuß trat.

»Oh Nancy, Süße, tut mir leid.«

»Ist schon in Ordnung. Los komm, beeilen wir uns, da-mit wir noch an der Umkleide der Jungs vorbei-kommen, wenn sie sich gerade umziehen.«

»Oh ja, ich sag nur: Oberkörper, Ladys.« Die Tussen ki-cherten im Chor. Dann sagte Nancy:

»Lasst uns gehen!«, hakte sich mit Kathrin, Anne und der dazukommenden Rocky unter und schlenderte mit ih-rem Tussengefolge davon – wahrscheinlich sabbernd, weil sie bald an der Jungsumkleide vorbeikommen würden. In-nerlich musste ich grinsen. Keiner von denen wäre auch nur ansatzweise so attraktiv wie der ›Sexgott‹, mit dem ich mich diesen Freitag treffen würde. Sogleich kam mir aber ein anderer Gedanke, der meine Freude sofort zer-platzen ließ – Marie und Jeff.

Ich starrte betrübt in meinen Spind. Irgendwie war so ein Tag in der Schule nicht dasselbe ohne die beiden. Sie waren auch die letzten Tage nicht aufgetaucht. Ob sie sich vielleicht abgemeldet hatten und gar nicht mehr herkom-men würden? Ich beschloss, noch vor der Sportstunde zu Mr. Wurzel zu gehen und ihn zu fragen. Zehn Minuten hatte ich noch und außerdem war ich immer ein Ass im Umziehen. Die Tussen brauchten sowieso immer etliche Minuten länger. Da kam es auf meine Verspätung auch nicht an. Ich nahm meinen Ranzen und stieg die Treppen hinauf zu Mr. Wurzels Büro.

Oben angekommen – im dritten Stock – klopfte ich vor-sichtig und bedacht an die Tür.

»Herein!«, ertönte es von drinnen und ich öffnete sachte die schwere Eichentür.

»Ms. Hugents, was haben Sie angestellt?«

159

»Ich? Ich glaube nichts«, sagte ich und blickte mich um. Ich war noch nie in Mr. Wurzels Büro gewesen. Warum auch? Ich hatte noch nie etwas angestellt - selbst dann nicht, als ich noch mit Kathrin befreundet war. Das Büro war größer, als ich es mir vorgestellt hatte. Ich hatte immer geglaubt, es sei nicht größer als ein normaler Abstellraum unserer Schule. Doch es war bestimmt um die fünfzig Quadratmeter groß und ich war überwältigt. Neben der Tür, rechts und links, sah ich zwei riesige Bücherregale mit mehreren Dutzend von Lehrbüchern darin. Zwei weiterer Schränke – vermutlich Aktenschränke - aus Metall, mit einer Reihe von rechteckigen, ausziehbaren Fächern, standen jeweils neben einem der Bücherregale und waren wohl mit mehreren Schülerinformationen gefüllt – soweit ich das beurteilen konnte. Auf der linken Seite war ein großes Fenster, das leicht angekippt war und von dem aus man den Schulhof leicht überblicken konnte. Als ich geradeaus blickte, sah ich den ungeduldigen Direktor, der mich interessiert musterte. Er saß auf einem grauen Drehstuhl und drehte sich hin und her. Wie kindisch. Macht man so was in dem Alter noch? Anscheinend schon. Vor ihm stand ein großer Schreibtisch, auf dem mehrere Blätter verstreut lagen, die Stiftebox daneben und ein großer Spitzer – ein ganz typischer Arbeitsplatz. Einige Stifte lagen verstreut da und ich überlegte mir, dass er womöglich gerade viel um die Ohren hatte und mein Timing echt mies war. Vor dem Direktorpult stand ein normaler Stuhl, der wahrscheinlich für Besucher gedacht war. Ich ging nach vorne und setzte mich darauf, nachdem Mr. Wurzel mich höflich darum gebeten hatte. Neben dem

Schreibtisch sah ich eine große Vase mit verschiedenen Blumen darin. Sie blühten in voller Pracht und ich fand diese Form der Dekoration schön, um dem Raum ein Tüpfelchen Farbe zu verleihen.

In Gedanken vertieft sprach mich Mr. Wurzel an: »Alles in Ordnung mit Ihnen?«

»Ähm … Ja, es könnte nicht besser sein. Danke.«

»Was liegt Ihnen auf dem Herzen?«

Nach kurzer Überlegung sagte ich: »Ich hätte eine Frage an Sie.«

»Und die wäre, meine Liebe?«, bohrte Mr. Wurzel und schaute mich erwartungsvoll an. Er war außerordentlich freundlich.

»Ich wollte Sie fragen, ob Marie Rossi und Jeff Johnson noch an diese Schule gehen? Ich habe sie ewig nicht gesehen. Geht's ihnen denn gut?«

»Eigentlich dürfte ich Ihnen darüber keine Auskünfte erteilen, Ms. Hugents. Aber sie scheinen mir ziemlich besorgt, also werde ich eine Ausnahme machen.«

»Danke, das ist sehr nett von Ihnen, Mr. Wurzel.«

Er strahlte mich an und fuhr fort: »Den beiden geht es prächtig. Hat Ihnen Mr. Müller nichts davon erzählt?«

»Von was?«, fragte ich unsicher. Was ging hier vor? Was hatten mir Jeff und Marie verschwiegen? Ich beugte mich nach vorne, um jedes Wort genau zu verstehen.

»Na ja, dass Ms. Rossi und Mr. Johnson nun auf eine andere Schule in Amerika gehen. Sie haben sich beide beworben und sind erstaunlicher Weise gleich genommen wurden.« Bitte was?

Ich fühlte mich gekränkt, benommen und wie in Trance. Meine Mundwinkel gingen nach unten. Meine einzigen Freunde auf einer anderen Schule, in Amerika, und ohne dass ich etwas davon wusste? Wie sollte ich die restliche Schulzeit nur überleben? Nun hatte ich keinen mehr, mit dem ich reden konnte. Keinen mehr, zu dem ich in der Schule gehen konnte, wenn es mir mal nicht so gut ging. Keinen mehr, mit dem ich lernen konnte und der mir das Gefühl gab dazuzugehören.

»Ms. Hugents? Alles in Ordnung bei Ihnen?«, fragte Mr. Wurzel besorgt.

Ich konnte ihn nicht mehr anblicken und starrte stattdessen auf die Bilder über ihm. Darauf war er abgebildet mit zwei mir fremden Männer, die bestimmt schon so alt waren wie er. Wahrscheinlich seine Freunde, denn er und die beiden lächelten herzlich. Da wurde ich nur noch trauriger und mir kamen fast die Tränen. Doch ich riss mich zusammen, stand auf, bedankte mich höflich bei Mr. Wurzel, der mich besorgt anschaute und ging schließlich zur Tür.

Immer noch traurig blickte ich auf die Schuluhr. Ein gehetzter Ausdruck wischte den Kummer aus meinen Zügen. Der Sportunterricht hatte schon vor sieben Minuten angefangen und ich war noch nicht einmal umgezogen. Ich sprintete so schnell es ging hinunter in die Umkleide. ›Na ja, wenigsten habe ich die Erwärmung noch nicht ganz verpasst – hoffe ich zumindest –, und wenn doch, habe ich sie jetzt zumindest erledigt‹, dachte ich innerlich und atmete schwer vom vielen Treppensteigen.

In Rekordzeit zog ich mich um und hastete über einen langen Flur in die Turnhalle.

»Lola? Du bist zu spät! Wieso?«

»Tut mir leid, Mrs. White, ich war noch bei Mr. Wurzel.«

»Lola war bei Mr. Wurzel? Was hast du denn angestellt? Hast wohl in der Arbeit eine schlechte Note geschrieben und musst dich beim Direktor ausheulen? Ach, wie niedlich«, stichelte Kathrin und lachte zynisch mit den anderen.

»Könnt ihr es nicht einfach mal lassen? Echt, ihr seid voll peinlich!«

»Du bist peinlich, Lorenz. Ganz ehrlich!«, konterte Klot und klatschte mit seinen Brüdern ein.

»Komm, halt die Klappe!«, meinte Lorenz und schüttelte zornig mit dem Kopf, »Da kommt doch sowieso nur sinnloses Gerede heraus.«

Er sollte sich nicht so für mich einsetzen. Ich wollte ihn zurückhalten, doch ich atmete immer noch schwer. Klot schaute zuerst verwirrt nach dieser Äußerung, als hätte er nicht wirklich kapiert, dass Lorenz ihn gerade indirekt als dumm bezeichnet hatte. Vermutlich hatte er damit auch ganz Recht.

»Du hast doch überhaupt nichts zu melden. Du … du Lappen!« Klot ging auf Lorenz zu und hob die Fäuste.

»Yeah, Klot, zeig's ihm!«, rief Ron und feuerte seinen Bruder an.

»Zickenkrieg!«, sagte Dave und lachte als Einziger.

Kurz bevor Klot mit der Faust auf Lorenz' Gesicht einschlagen konnte, schrie Mrs. White in das Chaos: »Jungs,

Stopp! Hört auf! Auseinander, es reicht! Auseinander, auseinander!«

Alle verstummten und Klot senkte langsam die Fäuste. Lorenz schaute auf und schien glücklich darüber, dass Klot ihm nicht seine Nase gebrochen hatte.

»Tut mir leid, Mrs. White«, erklang es im Chor und die Jungs zogen sich zurück.

Seit wann war Lorenz denn so einer, der sich wegen irgendwelchem Kram kloppen musste?

Meinem ›Mr. Perfekt‹ alias Ben würde so etwas niemals einfallen - dafür war er viel zu kultiviert und toll…

Auch wenn es dabei um … um mich ging. Na super. Jetzt war ich auch noch daran schuld, dass Lorenz Ärger mit Klot und seinen Brüdern hatte. Es war zwar seine Sache, wenn er sich für mich einsetzte, aber trotzdem breitete sich sofort ein schweres Schuldgefühl in meiner Magengegend aus, das mir Übelkeit bereitete. Auf einmal hatte ich keine Lust mehr auf Bewegung jeglicher Art.

»Gut, da wir das nun geklärt haben, begrüßt Mr. Möcker. Er ist der neue Referendar an unserer Schule und macht mit euch heute die Sportstunde. Viel Spaß, ich darf mich verabschieden«, sagte Mrs. White und verschwand so schnell sie ihre flinken Beine trugen. Anscheinend konnte sie es nicht erwarten, endlich frei zu haben und uns los zu sein. Verständlich, bei der Agroklasse.

Erst jetzt bemerkte ich die muskulöse Gestalt, die nun vor uns stand, und mir ging der Schock durch Mark und Bein. Die nach oben gegelten, schwarzen Haare, die himmelblauen Augen und dieser Körper! Ben – mein Traumtyp! Nein, das konnte nicht sein. Es gab schließlich viele

Typen auf der Welt, die so aussahen, so gut. Ich hatte zwar noch keinen gesehen, aber es gab welche, bestimmt, daran glaubte ich ganz fest. Es gab viele Prinzen, oder? Oder nicht? Oh nein! Er schien mich auch noch nicht bemerkt zu haben, zum Glück. Ich versteckte mich hinter einem dicken Jungen, Louis war sein Name, glaubte ich.

»Was machst du da?«, flüsterte er mir zu.

»Ich? Ähm, mein Leben retten?«

»Was?«, fragte er perplex.

»Sei einfach still und dreh dich um.«

»Okay …« Er drehte sich um und ich hörte auf die Rede von Mr. Möcker. Wenn das wirklich wahr war, dass ich mit einem Referendar unserer Schule geflirtet hatte, war ich erledigt. Mehr als erledigt.

»Also, liebe Schüler und Schülerinnen. Ich bin Ben Möcker.«

›Oh nein, nicht gut‹, dachte ich, und versteckte mich weiter hinter dem dicken Louis.

»Und ich bin die Vertretung für Mrs. White. Wir werden für das restliche Schuljahr bis zu euren Prüfungen gemeinsam den Unterricht gestalten. Bei den Sportprüfungen werde ich voraussichtlich auch dabei sein.«

Ich war entsetzt und quiekte auf, da Louis mir auf den Fuß getreten war.

»Oh, es tut mir leid! Alles in Ordnung?« Sein Gesicht wurde rot.

»Spar dir das«, stieß ich etwas zu laut durch zusammengebissene Zähne hervor, Ben wurde so natürlich aufmerksam auf mich.

»Was ist denn da … los?« Er machte ein erschrockenes Gesicht, als er mich erblickte.

»Loli?« Er schüttelte den Kopf und zeigte auf mich. Das hatte er jetzt nicht wirklich gesagt? Himmel! »Du, komm mal her. Die anderen, zwanzig Runden einlaufen. Los, hopp!« Ich blickte nervös zu den anderen. Lorenz schaute mich fragend an, und auch John schaute zu mir herüber.

»Ich?«, fragte Louis, der immer noch vor mir stand.

»Nein, Junge. Sie da …« Er unterbrach sich mitten im Satz, denn ich hatte mich schon aus dem Staub gemacht und rannte brav meine Runden. Vielleicht würde er es ja aufgeben? Doch er wurde lauter: »Wo ist sie denn hin? Los, Junge, was stehst du denn noch hier rum? Renn dich ein!«, forderte Ben den dicken Louis auf und klatschte ungeduldig in die Hände. Dieser stolperte mit einem gehetzten Gesichtsausdruck davon. Ben blickte sich suchend um, bis er mich schließlich entdeckte. Ich rannte schneller, in der Hoffnung, dass er mich nicht einholen würde. Wie konnte ich nur für eine Sekunde denken, dass ich zwischen meinen Klassenkameraden sicher sein würde und ich schneller wäre, als ein angehender Sportlehrer, der noch dazu mega durchtrainiert war? Verzweifelt und vollkommen außer Atem beobachtete ich, wie er immer näher kam, bis er schließlich neben mir lief. Ich sah seine muskulösen Oberarme und seinen deutlichen Sixpack, als sein T-Shirt durch das schnelle Laufen herum wedelte. Ich versuchte, wieder schneller zu rennen, doch keine Chance, er war einfach zu gut. Dann bemerkte ich, dass Lorenz hinter mir und Ben rannte und überlegte, was ich nun tun sollte.

166

»Hi Loli, ich wusste nicht, dass du hier auf die Schule gehst. Ist das nicht toll? So können wir uns jetzt jeden Tag sehen. Du siehst in echt noch viel schöner aus.«

Ich blickte erschöpft nach hinten und sah Lorenz mit versteinertem Gesichtsausdruck. Er sah nicht glücklich aus. Dann schaute er sogar immer entsetzter und zischte schließlich an uns vorbei. Hatte ich irgendwas falsch gemacht? Eigentlich hatte doch Ben mich vollgelabert.

»Süße? Willst du nicht mal mit dem Bennyboy reden?«

Na toll, Hilfe! Lorenz? Rette mich! Irgendwer? Bitte. Ich konnte ihm nicht antworten, doch er bedrängte mich immer weiter. Zu meiner Überraschung half mir Kathrin aus dieser verzwickten und äußerst peinlichen Lage. Sie schrie durch die gesamte Halle:

»Mr. Möcker, ich bin fertig!« Ben starrte immer noch auf mich, doch Kathrin gab nicht auf. Sie schrie weiter: »Mr. Möcker! Ich habe mich verletzt! Mein Fuß … Au!« Ben schniefte und rannte dann zu ihr.

Danke, oh danke, ich wurde erlöst! Ich rannte so schnell ich konnte und beendete meine Runden erfolgreich. Als ich dann bei den anderen stand und sah, dass mich Ben wieder sehr interessiert musterte, hob ich meine Hand.

»Ja? Was ist denn, Süße?«, fragte er. Ich wurde rot, sah mich um und blickte in die Gesichter meiner über mich spottenden Mitschüler. Alle lachten, außer Lorenz und zu meinem Erstaunen auch John, beide hatten den gleichen erschütterten Gesichtsausdruck aufgesetzt. Was war denn mit John los? Warum lachte er nicht? Ich versuchte, meine Scham zu überspielen, trat selbstbewusst vor und sagte: »Ich gehe jetzt auf die Toilette.«

»Soll ich dich begleiten?«, fragte er kokett und hob in einer eindeutigen Geste verführerisch die Augenbrauen.

»Ähm, nein … ähm, danke«, erwiderte ich, verblüfft wegen dieser dreisten Anmache – und das vor allen. Die Lage wurde mir immer unangenehmer.

»Gut, aber beeil dich, Süße, wir müssen dann noch reden.«

»Ja, beeile dich, Süße, und komm nicht zu spät, damit wir dann noch rumknutschen können«, äffte Kathrin Mr. Möcker sarkastisch nach und lachte.

Ben antwortete todernst. »Ja, gute Idee, vielleicht machen wir das dann.« Garantiert nicht!

»Und wieso machen Sie es nicht mit mir?«, sprach Rocky und trat einen Schritt vor.

»Oh Mann, Rocky, du bist so peinlich!«, schrie John genervt und schüttelte nur mit dem Kopf. Rocky trat peinlich berührt zurück und umarmte Anne. Jetzt erst bemerkte ich, dass alle Mädchen Ben anstarrten, ihn ständig von Kopf bis Fuß musterten. Irgendwie waren sie alle beeindruckt von ihm, oder irrte ich mich? Auf jeden Fall war ich das nicht mehr. War ich es überhaupt je gewesen? Nein, nein, ich denke nicht. Nicht auf das Gelächter meiner Mitschüler und auf die Bemerkung von Ben achtend, sprintete ich zur Toilette und hoffte darauf, dass er in der Zwischenzeit verschwinden würde - doch das würde nur ein Traum bleiben.


Ich saß mit verschränkten Armen auf der Toilette und mir kullerten Tränen über die Wangen. Wieso musste so etwas immer mir passieren? Ich hasste mein Leben! Ich hörte das Fußgetrappel aus der Turnhalle über mir und überdachte meine nächsten Schritte. Hatte ich überhaupt einen Plan?

Da klopfte es plötzlich an der Tür.

»Lola? Ist alles in Ordnung bei dir? Bist du da drin?« Ich erkannte Johns Stimme. Was wollte der denn jetzt? Konnte man nicht mal für fünf Minuten alleine und verzweifelt auf der Toilette rumheulen? Warum musste es immer solche Menschen geben, die einen unmittelbar auf den Geist gingen?

»Was willst du?«, erwiderte ich genervt und schniefte.

»Ist jetzt alles in Ordnung, oder nicht?«, sagte er erstaunlich mitfühlend, trotz meines abweisenden Tons.

»Nein, nicht wirklich, aber was interessiert dich das schon? Hat dich Mr. Möcker geschickt? Wenn ja, dann kannst du gleich wieder gehen.«

»Nein. Ich habe mich rausgeschlichen.«

Warum das denn? Neugierig öffnete ich die Tür und sagte: »Rausgeschlichen? Meinetwegen?« Ich musterte ihn kritisch. War das ein schlechter Witz?

»Ja, deinetwegen. Ich kann auch wieder gehen, wenn du möchtest.«

Ich schaute in seine braunen Augen. Ehrlichkeit stand darin und ich konnte mich etwas beruhigen. »Nein, bleib ruhig da. Es ist schön, dass du hier bist und nicht Mr. Möcker.« Und das war mein totaler Ernst.

»Was hast du gegen ihn?«

»Ach, na ja, nicht so wichtig.«

»Ach, komm schon, mir kannst du echt alles sagen.«

Das glaubte ich eher weniger. Also erwiderte ich: »Aber du und ich, wir sind nicht gerade wie Pech und Schwefel, oder sehe ich das falsch?«

»Nein, aber ich mache mir Sorgen um dich.«

Was? Ich wusste nicht, was ich sagen sollte und stellte die Frage, die mir am ehesten einfiel: »Stimmt das mit dir und Kathrin?«

»Was meinst du?«

Ich schaute auf meine Füße, um nicht in diese schönen Welpenaugen blicken zu müssen. »Na ja, das mit deinem Status? Habt ihr euch getrennt? Du und Kathrin?«

»Wieso interessiert dich das? Warum schaust du auf meinen Status?«

Ich spürte, wie ich vor Scham rot wurde. »Ähm, aus reiner Neugier? Aus Versehen? Also sag schon, was ist passiert zwischen euch?«

»Es stimmt, wir sind getrennt. Ich habe Schluss gemacht.«

Wie bitte? »Du? Ich dachte, Kathrin hat Schluss gemacht«, fragte ich verwirrt und starrte ihn weiterhin an. Irgendwie kam er nun unbehaglich näher.

»Ich liebe eine andere.« Sagte er und umfasste meine Hände, dann setzte er ein charmantes Lächeln auf »Dich.«

# KAPITEL 12
## VERZWICKTE LAGE

Donnerstag, 10.14 Uhr

Schweißtropfen liefen über meine Stirn. Mir stockte der Atem. Das Blut in meinen Adern begann zu pulsieren. Mir wurde unangenehm warm, und ein mulmiges Gefühl breitete sich in meinem Magen aus. »Was? Wie meinst du das?«, fragte ich und hoffte, dass ich mich verhört hatte. Ich war völlig von der Rolle.

»So, wie ich es sage. Dass ich mich wieder in dich verliebt habe oder dass ich nie aufgehört habe damit. Ich habe dir doch versprochen, dass ich auf dich warten werde«, sagte er mit einem unwiderstehlichen Lächeln. Warum musste er nur so gut aussehen? Er hatte mir ja wirklich versprochen, dass er auf mich warten würde, aber nachdem er mit Kathrin zusammen gewesen war, dachte ich, dass dieses Versprechen nun hinfällig war. Aber da hatte ich mich wohl geirrt. Tja, Jungs und ihre Logik eben.

Er schien total gelassen und sich seiner Sache sehr sicher zu sein. Ich hingegen fühlte mich hilflos, von ihm total überrumpelt. Ich wusste nicht, was ich sagen sollte und senkte einfach nur den Kopf. Natürlich ließ er nicht locker.

»Und Lola? Du kannst dir ja jetzt bestimmt denken, was ich möchte? Ich möchte wirklich nicht aufdringlich sein …« Wieder dieses Lächeln. Ich wusste genau, was jetzt kommen würde. Nein, das dürfte ich nicht zulassen! Neuen Mutes und meine Fassung zurückgewonnen, überlegte ich, wie ich verhindern konnte, was ich befürchtete. Langsam hob ich den Kopf und schaute ihm direkt in die Augen. Sie funkelten gierig. Meine Knie wurden weich, doch ich versuchte, mir nichts anmerken zu lassen.

»Dann sei es bitte auch nicht.« Mit diesen Worten, die anscheinend ihre Wirkung zeigten, ging ich, ohne ihn eines weiteren Blickes zu würdigen, den Flur entlang. Während ich die Toiletten verließ und die Umkleide ansteuerte, läutete die Schulglocke.

Als ich gerade dabei war, meine Unterrichtssachen für die nächste Stunde vorzubereiten, kam John in den Raum. Trotz meiner vorherigen Abfuhr schien er sehr selbstsicher, als er gelassenen Schrittes auf mich zukam. Ich wandte mich ab. Ich hatte einfach keine Lust mehr, mich mit diesen Dingen – also ganz allgemein mit Jungs – auseinanderzusetzen und konzentrierte mich darauf, den Unterricht erfolgreich zu gestalten. Er war zwar hinreißend, mit seinem verschmitzten Lächeln, seiner coolen, gelassenen Art, der perfekt sitzenden Frisur und den süßen Welpenaugen … Warte. Warum dachte ich so etwas überhaupt? Ich war angewidert von ihm. Ich fand ihn nicht anziehend. Oder doch? Oh Mann …

Schließlich ging er auf seinen Platz, schaute mich nun aber von dort durchdringend an. Ich fühlte mich, als wolle er mich röntgen, um zu sehen, was in mir vorging. Doch ich versuchte, kalt zu bleiben und ließ meine Mimik ausdruckslos. Stattdessen nahm ich meinen Geschichtshefter und steckte meine Nase ins Jahr 1945 und dachte intensiv darüber nach …

Damals hatten die Mädels in der Schule bestimmt nicht so viele Jungsprobleme. Natürlich nicht, da war ja auch gerade der Krieg zu Ende und man hatte Besseres zu tun, als sich über Jungs Gedanken zu machen. Ich will damit aber nicht sagen, dass ich zu der Zeit gerne gelebt hätte, das wäre ja lächerlich. Aber ich hätte gerne in einer Zeit gelebt, als es zwischen Jungs und Mädchen noch einfach gewesen war und nicht aus jeder kleinen Gefühlsduselei ein Drama gemacht wurde. Das perfekte Beispiel dafür? Ich. Wieso konnten mich die Jungs nicht einfach in Ruhe lassen? Und wieso musste ich mir sofort Gefühle für einen Jungen einreden, sobald dieser einigermaßen gut aussah oder sich für mich zu interessieren schien? War ich denn so oberflächlich und verzweifelt?

So in Gedanken versunken merkte ich gar nicht, wie Mrs. Fein vor meinem Platz stand, ihren faltigen, grauäugigen Blick in mich hineinbohrte und ihren Zeigestock, den sie immer in der Hand hatte, auf meinen Tisch knallen ließ. Sie war schmächtig, alt und sehr schnell reizbar – und ich meine, sehr schnell –, vor allen wenn man sie auf ihre Größe ansprach. Sie war mindestens zwei Köpfe kleiner als ich und sah aus wie ein halber Zwerg.

»So, Klasse, heute wiederholen wir den Zweiten Weltkrieg. Kann mir jemand sagen, wann dieser sein Ende fand?«

Blitzschnell schoss meine Hand nach oben, aber Dave war schneller. Doch wie immer hatte er nichts zu dem Thema beizutragen: »Mrs. Fein, Sie sehen heute echt bezaubernd aus. Haben Sie abgenommen, Sie scheinen zumindest einige Zentimeter größer als breit zu sein.«

Mrs. Fein stieg die Zornesröte ins Gesicht und sie verzog ihre Mundwinkel zu einer schrecklichen Grimasse. »Raus hier, Dave! Raus, und ich möchte dich hier nicht mehr sehen!«

»Cool, dann fällt der Geschichtsunterricht für mich wohl heute aus«, meinte Dave lachend und setzte ein herausforderndes Grinsen auf. Nicht schon wieder. Ständig musste Dave Mrs. Fein provozieren, und anschließend hatte sie dann den gesamten Unterricht über schlechte Laune. Dieses Mal ließ sie sich jedoch nicht aus der Fassung bringen und grinste stattdessen heimtückisch zurück. »Nimm außerdem dein Federkästchen und mindestens zehn Blätter Papier mit. Du wirst mir nämlich jetzt, draußen auf dem Flur, einen Aufsatz über den Zweiten Weltkrieg schreiben mit mindestens eintausend Wörtern, da du ja heute leider den Unterricht verpasst.«

Dave quiekte entsetzt auf. »Aber warum?«, fragte er erschüttert.

»Ach, das ist dir wohl noch nicht genug? Dann beziehst du den Ersten Weltkrieg auch noch mit ein und darfst entsprechend eintausend Wörter mehr schreiben. Ist das nicht cool?« Ihre Stimme strotzte vor Sarkasmus. »Zusätzlich wirst du uns in der nächsten Stunde, also morgen, deinen Vortrag über den Ersten und Zweiten Weltkrieg präsentieren.«

Daves Augen weiteten sich ins Unermessliche. »Was, schon morgen? Wie soll ich das denn bitte schaffen?«

Mrs. Fein setzte noch einen drauf. »Ach, hatte ich das nicht erwähnt? Du bleibst heute so lange in der Schule, bis du alles fertig hast, und es ist mir egal, ob du noch um Mitternacht hier sitzt. Ich werde diesen Vorfall später bei Mr. Wurzel melden.«

Durfte sie das überhaupt? Ich meine, das war schon eine extrem harte Strafe. Aber wenn man so drüber nachdachte, wie oft Dave sie schon wegen ihrer Größe gehänselt hatte, war es auch irgendwie gerechtfertigt. Er hatte einfach keinen Respekt.

»Bekomm ich wenigstens eine Bank zum Schreiben?«, fragte Dave völlig entnervt und mit einem hoffnungsvollen, gespielten Grinsen.

Mrs. Fein dachte einen Moment nach. »Klar ...« Dave freute sich, aber Mrs. Fein schien noch nicht fertig zu sein. »Geh hinunter zum Hausmeister und leihe dir Bretter, Nägel und einen Hammer. Vielleicht gibt dir Mr. Meyer ja auch noch eine gute Techniknote auf dein gebasteltes Werk, und jetzt raus, bevor du noch mehr Zeit verschwendest!«

Dave senkte den Kopf, nahm sein Federkästchen und einen Block, drehte sich zu seinen Brüdern um und flüsterte ihnen zu: »Das werde ich niemals machen. Ich werde meine Zeit nicht fürs Lernen verschwenden und schon gar nicht für dieses Miststück.«

Als ob Mrs. Fein jedes einzelne Wort verstanden hätte, grinste sie nur noch breiter und sagte voller Abscheu: »Falls du deine Aufgaben nicht bis morgen fertig hast, werde ich dir eine Sechs wegen nicht erbrachter Leistung in Geschichte eintragen. Mr. Meyer lässt sicher auch mit sich reden, und falls du noch weiter diskutieren willst, wird aus der kleinen Sechs eine große. Jetzt raus mit dir!«

Sichtlich geschockt und stark mitgenommen stolperte Dave aus dem Zimmer und ließ die Tür hinter sich ins Schloss fallen. Mrs. Fein starrte auf die Stelle, an der Dave gerade noch gesessen hatte, wandte sich aber bald ab und fuhr erleichtert und so, als wäre nichts gewesen, mit dem Unterricht fort.

Nach dem äußerst merkwürdigen Schauspiel, welches sich im Geschichtsunterricht zugetragen hatte, ging ich zu meinem Spind. Es war still, der Flur war wie leergefegt und nur noch einzelne Schüler liefen gehetzt umher. John hatte mich den gesamten Geschichtsunterricht beobachtet, und auch Lorenz schien seinen Blick nicht von mir abwenden zu können. Doch die Sache mit John verwirrte mich schon am meisten. Wieso hatte er mich vorher die ganze Zeit ignoriert, wenn er doch immer in mich verliebt gewesen war? Wieso war er ständig so abweisend gewesen, hatte mich beleidigt? Wieso war er mit Kathrin zusammen gewesen? Etwa aus Mitleid oder aus Trauer, dass er mich nicht mehr haben konnte? Oder war er einfach nur verzweifelt? Und warum erklärte er nicht, warum er gerade jetzt mit Kathrin Schluss gemacht hatte? Hatte er etwa die Sache mit Lorenz mitbekommen? Fürchtete er darum, mich zu verlieren? Möglich wäre es schon, aber logisch nicht gerade. In Gedanken versunken, merkte ich nicht, wie jemand auf mich zutrat. Plötzlich stand John vor mir.

»Lola? Können wir reden, unter vier Augen?«

»Unter … vier Augen? Wieso … können wir das nicht hier machen? Hier … ist doch gar keiner«, sagte ich stotternd und meine Beine zitterten. Warum brachte er mich nur so aus der Fassung?

»Ja, schon, aber man kann sich hier nie sicher sein.«

Ich wusste genau, wie meine Antwort lauten sollte. Doch als ich in die großen, braunen Augen blickte, sah ich Verzweiflung darin aufblitzen. Oder war es Verlangen? Schließlich folgte ich ihm unauffällig. In Gedanken hoffte ich, dass Lorenz mich nicht sehen würde. Ich wusste zwar nicht warum, aber der Gedanke daran bereitete mir ein unbehagliches Gefühl. Oder was würde ich tun, wenn Mr. Möcker plötzlich auftauchen würde? Ich lief schneller hinter John her, um genau diese Begegnungen zu verhindern.

Als er stehen blieb, befanden wir uns direkt vor einer Besenkammer. Er zog mich plötzlich und ungefragt hinein.

Es war so eng und stickig. Das Licht flackerte, die Glühbirne war anscheinend lang nicht mehr gewechselt worden. Ich konnte Johns Atem spüren, nahm seinen Geruch wahr. Er roch … gut. Sogar ziemlich gut. Merkwürdigerweise fühlte ich mich in seiner Nähe recht wohl. Dann durchstreifte mein Blick den kleinen Raum. Viel gab es nicht zu sehen: In den Ecken konnte ich Spinnennetze und eine Vielzahl an Besen erkennen. Ich fragte mich, wie lange diese Besenkammer nicht mehr benutzt worden war, denn unser Hausmeister war sehr penibel und hasste es eigentlich, wenn etwas unaufgeräumt war. Vielleicht war das hier ja eine geheime Kammer? Eine versiffte Kammer des Schreckens? Widerlich. Dennoch versuchte ich, meine Aufmerksamkeit voll und ganz John zu widmen.

»Wieso hast du mich vorhin einfach so stehen lassen? Warum hast du mir nicht geantwortet? Was war los?«

Ich schluckte. Sein ernster Ton verunsicherte mich. »Ich konnte nicht. Versteh mich doch. Ähm … ich gehe jetzt.«

Ich wollte aus der Besenkammer stürmen, doch er zerrte mich an meinen Armen zurück. »Ja, ich verstehe dich, aber ich weiß, dass du noch etwas für mich empfindest. Ich weiß es.« Er kam immer näher. Ich fühlte mich zwar bedrängt, hatte aber auch das Gefühl, dass er jedes Wort vollkommen ernst meinte. Trotz dieser verzwickten Lage war er irgendwie entspannt, völlig von sich überzeugt. Ungewollt war ich beeindruckt davon. Vielleicht war er wirklich verliebt in mich, war es immer noch.

»John, ich weiß es nicht.«

»Doch, du weißt es ganz genau, du willst es bloß nicht zugeben. Hast du denn gar kein bisschen an mich gedacht, als ich mit Kathrin zusammen war?«

Langsam wurde mir mulmig zumute. Doch ich verstand, was er mir sagen wollte. Erst jetzt fiel mir auf, dass ich ständig über ihn nachgedacht hatte. Die vielen Spekulationen über ihn und Kathrin und das Checken seines Status. Vielleicht hatte er Recht. Vielleicht war ich noch in ihn verknallt. Doch ich wusste es selbst nicht genau, ich war einfach total verwirrt. Außerdem wollte ich ihm keine sinnlosen Hoffnungen machen und beließ es bei meiner

Antwort: »John, ich weiß es wirklich nicht. Das kommt alles so plötzlich.«

»Ja, aber ich muss dir einfach alles erzählen. Vorhin bin ich nicht dazu gekommen, dich zu fragen, aber jetzt möchte ich es noch einmal probieren ...«

Sein Gesicht war nur noch wenige Zentimeter von meinem entfernt. Mein Herz pochte. Ich wollte nicht, dass es so weit kam. Wie sollte ich nur aus dieser verzwickten Lage wieder herauskommen? Sollte ich ihm eine verpassen? Nein, das könnte ich nicht.

Vielleicht tat ich einfach so, als hätte ich seine Anspielung nicht verstanden. Ein Witz würde die Lage eventuell entschärfen ... Blödsinn. Ich musste mich ihm stellen. Es gab kein Zurück.

»Hättest du Lust ...«

Sagte man so was neuerdings, wenn man ein Mädchen erobern wollte?

»Meine Freun...«

Auf einmal klingelte es. Das war meine Chance! Ich schnappte mir meinen abgestellten Ranzen und riss die Tür auf. John schaute ziemlich verdattert drein, dann versuchte er, meinen Arm zu packen. Doch er hatte nicht schnell genug reagiert. Ganz leicht konnte ich mich aus dem Raum winden. Zum Glück. Ich sprintete los, so schnell ich konnte. Ich dachte erst, John würde sofort die Verfolgung aufnehmen, doch zu meinem Erstaunen schien er stehen geblieben zu sein. Erst jetzt bemerkte ich, wieso: Lorenz stand nur wenige Meter von der Besenkammer entfernt. Hatte er uns dort hineingehen sehen? Als er mich an sich vorbeirennen sah, riss er geschockt die

Augen auf. John schien aus seiner Starre erlöst und rannte mit schnellen Schritten hinter mir her.

Endlich zu Hause. Meine Beine schmerzten schon vom vielen Rennen und ich wollte einfach nur noch in mein gemütliches Zimmer, um mich zu erholen. John hatte mich die ganze Zeit verfolgt. Von der Schule bis zur letzten Ecke vor meinem Haus. Erst dort konnte ich ihn abschütteln. Dieser Gesichtsausdruck von Lorenz ging mir einfach nicht mehr aus dem Kopf. Selbst als ich in meinem Zimmer war und mich auf mein Bett geschmissen hatte, litt ich unter schlechtem Gewissen. Eigentlich konnte ich ja nichts dafür. Ich hatte nichts falsch gemacht. Aber wie sollte ich das Lorenz nur erklären? War ich ihm überhaupt eine Erklärung schuldig? Er würde mir das alles doch sowieso nicht glauben. Vielleicht war er auch einfach nur erschrocken, als ich direkt auf ihn zu gelaufen war und dann einfach an ihm vorbeigerannt bin. Das könnte doch gut möglich sein? Aber mal ganz im Ernst. Ein Junge und ein Mädchen, allein in einer Besenkammer – wer würde da nicht auf dumme Gedanken kommen?

Ich nahm meinen Ranzen, packte meine Sachen aus und versuchte, mich zu beruhigen. Doch es wurde nur immer schlimmer. Ich konnte mich nicht auf die Vielzahl meiner Hausaufgaben konzentrieren. Meine Gedanken drehten sich nur um John und Lorenz und mir schien es aussichtslos, irgendetwas an meiner jetzigen Situation zu ändern. Ich war auf einem ziemlichen Tiefpunkt. Schließlich warf ich meine Sachen zu Boden und stützte meinen Kopf auf meinen Händen ab. Eine Träne kullerte mir über die

Wange und bald wurden es immer mehr. Ich konnte mich einfach nicht mehr zusammenreißen und ließ meinen Gefühlen freien Lauf. Zu viel war heute geschehen.

Auf einmal klopfte es an meiner Tür. Erschrocken blickte ich auf und wischte mir hastig übers Gesicht. Knarrend ging die Tür auf. »Lola, mein Schatz, was ist denn los? Warum warst du nicht beim Essen? Weinst du etwa?« Ich schaute in die besorgten Augen meiner Mutter. Sie hatte wie jeden Tag ihre alten Stubenklamotten an, und ihr blaues T-Shirt schien noch mehr Kochflecken zu haben als zuvor. Ihre Pantoffeln waren zerfetzt, als ob ein aggressives Eichhörnchen sich einen Kampf mit ihnen geliefert hätte. In der Hand hielt sie ein Tablett mit einem Teller voller Fischstäbchen, Erbsen und Kartoffelbrei, mein Lieblingsessen. Es sah richtig gut aus, der verführerische Duft stieg mir in die Nase und mir lief das Wasser im Mund zusammen.

»Was? Nein, ich weine nicht. Mir geht's wirklich super, danke.« Selbst ich merkte, dass diese Lüge richtig schlecht war und mir schon wieder Tränen über die Wangen rollten.

»Schätzchen, mir kannst du nichts vormachen. Na komm, iss erst mal was und dann kannst du mir alles erzählen.«

Ich nahm ihr den Teller mit dem köstlichen Essen ab und begann, ihr von meinen Erlebnissen zu berichten: »Weißt du, es ist einfach alles so kompliziert …« Ich nahm einen Bissen. Es war wirklich lecker und sofort stieg neue Kraft in mir auf.

»In meiner Klasse gibt es zwei Jungs …« Meine Mutter fiel mir sofort ins Wort.

»Ach, es geht um Jungs? Na, dann kann ich deine Trauer verstehen.« Meine Mutter grinste mich an, aber ich konnte nicht nachvollziehen, wieso.

»Und was ist daran so lustig?«

»Nichts, ich denke nur gerade an meine Zeit, als ich solche Probleme hatte und meine Mutter bei mir auf dem Bett saß und mir zuhörte. Erzähl nur weiter.«

»Okay … Na ja, also, die beiden Jungs … der eine Junge ist total in mich verknallt …«

»Und du auch in ihn?«

Mir stockte der Atem, meine Herzfrequenz erhöhte sich. »Ja … Nein … Vielleicht? Ich weiß es doch auch nicht. Aber eins weiß ich sicher: Total egal sind mir beide Jungs nicht. Und genau das ist das Problem.«

»Hm, was soll ich dazu sagen?« Meine Mutter setzte eine nachdenkliche Miene auf. »Ich kann nur das sagen, was auch meine Mutter immer zu sagen pflegte: Hör auf dein Herz, das wird dir sagen, wer von beiden der Richtige ist oder ob überhaupt einer der beiden zu dir passt.« Meine Mutter nahm das leere Tablett und küsste mich auf die Stirn. »Ach ja, und iss immer schön auf, sonst wird das Wetter schlecht«, fügte sie noch mit einem Blick auf meinem übervollen Teller hinzu. Ich musste lachen. Es fühlte sich so gut an.

»Danke, Mum. Du hast mir sehr geholfen. Jetzt fühle ich mich viel besser.«

»Das ist mein Job«, erklärte meine Mutter und lachte. Sie stand auf und wollte gerade das Zimmer verlassen.

Ich wollte nicht, dass sie schon ging und stellte eine beiläufige Frage, die mir gerade in den Sinn kam. »Und wie läuft's bei dir so? Du hast schon lange nichts mehr über dich erzählt, geschweige denn über unsere finanzielle Lage.« Sie drehte sich zu mir um und ihre Miene verdüsterte sich. Sofort bereute ich die Frage.

»Na ja, mein Schatz, ich möchte dich natürlich nicht damit belasten, ist doch klar. Aber gut sieht es momentan nicht aus.«

Ich war betrübt. Wieso hatte sie mir nichts davon erzählt? »Wie meinst du das, Mum?«

Langsam kam sie wieder auf mich zu und setzte sich neben mich. »Das Geld wird langsam knapp und ich weiß nicht, wie ich noch mehr verdienen soll.«

Ich wollte die Lage etwas entschärfen und erwiderte grinsend: »Dann such dir doch einen reichen Mann.«

Nun sah sie richtig verzweifelt aus und Trauer zeichnete ihre Züge. »Lola, wie oft muss ich dir das noch sagen: Nach dem, was mit Don passiert ist, möchte ich keine Beziehung mehr, versteh doch.«

»Mum, Don war ein kriminelles Schwein und er hat uns alle hinters Licht geführt. Ich meinte nur, dass …«

»Ach, jetzt hör auf, Lola!« Ihre Stimme wurde lauter und bekam sogar so was Hysterisches. »Es ist alles gut. Wirklich. So, und jetzt mach gefälligst deine Hausaufgaben. Dein Notendurchschnitt muss ja nicht wegen Liebeskummer oder unserer finanziellen Lage leiden. Und was die beiden Jungs angeht, das wird sich schon irgendwie regeln.« Ohne ein weiteres Wort zu sagen, verließ sie den Raum und ich konnte nichts weiter hinzufügen.

Irgendwie verstand ich sie ja, aber sie musste Don einfach mal hinter sich lassen und sich eine neue Liebe suchen. Am besten jemanden, der einen guten Job hatte, denn dann könnten wir unserer finanziellen Krise entkommen, endlich wieder ein erfülltes und glückliches Leben führen. Das war nämlich das Einzige, was ich mir für meine Mutter wünschte: sie endlich wieder mal so richtig fröhlich zu sehen.

# KAPITEL 13
## VERLIEBT

Freitag, 9.01 Uhr

Sport. Schon wieder. Mein absolutes Hassfach – zumindest seitdem es Ben unterrichtete. Heute hatten wir sogar drei Stunden Sport, da Mrs. Fein krank war und der Geschichtsunterricht somit ausfiel. Ein Glück für Dave, so musste er wenigstens seinen Vortrag nicht halten. Dennoch hätte ich zu gern gesehen, wie er sich vor der ganzen Klasse blamierte. Aber so wie ich ihn kannte, hätte er nur wieder eine Menge Witze gerissen, um sein Publikum angemessen zu unterhalten. Ich war schon längst umgezogen und wartete vor der Turnhallentür, immer darauf bedacht, nicht allzu sehr aufzufallen. Schließlich wollte ich nicht schon wieder eine dumme Anmache von Mr. Möcker erleben. Natürlich hatte ich im Notfall immer noch einen Plan B: den dicken Louis als perfekten Schutzschild vor dämlichen Anmachen zu nutzen.

Die Stunde hätte längst anfangen sollen, aber keiner war zu sehen. Langsam wurde mir mulmig. Hatten wir etwa Vertretung, ohne dass ich davon wusste? Da kam aber John um die Ecke, steckte in seinen Sportklamotten und mir fiel ein Stein vom Herzen. Zwar mussten wir jetzt zusammen warten, doch wenigstens wusste ich nun, dass der Unterricht doch wie geplant stattfand. Es war ein komisches Gefühl, ihn jetzt so entspannt auf mich zukommen zu sehen, wenn man bedachte, dass er mich erst gestern verfolgt hatte. Eigentlich wollte ich ihn nicht sehen. Wollte ihn nie mehr sehen. Irgendwie war er doch voll psycho. Trotzdem war es auch irgendwie süß, dass er mir bis zu meinem Haus hinterhergeeilt war, nur um mir eine Frage zu stellen – wenn auch auf eine sehr verstörende Art und Weise. So würde er mich garantiert nicht rumkriegen. Würde er das denn unter anderen Umständen schaffen? Verloren in meinen Gedanken hatte ich gar nicht bemerkt, dass er auf mich einredete: »Ähm, Lola, hallo? Ich habe dich was gefragt«, sagte er leicht irritiert, aber dennoch mit einem gewaltigen Selbstbewusstsein. Dass er sich nicht dämlich vorkam! Erst gestern hatte er sich doch total zum Affen gemacht, als er mich verfolgt hatte! Bestimmt hatten ihn auch andere gesehen, wie er hinter mir her gehetzt war. Lächerlich!

»Tschuldige, was hast du gefragt?« Konzentrier dich, Lola. Genug mit den Grübeleien …

»Wie es dir geht, wollte ich wissen.«

»Oh. Ähm … Ja, ganz gut.« Ich versuchte, so freundlich wie möglich zu wirken. »Und dir?«

»Ach, ich mach halt mein Ding, so bliblablub.«

Bliblablub, sein Ernst?

»Und was machst du hier schon so früh?«, fragte er jetzt weiter.

Wieder dieses charmante, verführerische Lächeln. Meine Knie wurden weich und ich fand ihn schon wieder so … anziehend. Wie machte er das nur? Vielleicht war Selbstbewusstsein doch sexy? Ich versuchte, einen klaren Gedanken zu fassen und antwortete: »Wieso früh? Ich bin pünktlich wie immer. Warum ist denn noch keiner da? Eigentlich wäre schon längst Unterricht.«

»Hast du das nicht mitgekriegt?«, fragte er verdutzt. Ich zuckte fragend mit den Schultern. »Auf der Schulwebsite stand, dass wir zehn Minuten später kommen können, da Mr. Möcker einen dringenden Termin hat und es deshalb leider nicht eher schafft.«

Deshalb war also noch keiner da. Wieso hatte ich nicht die Schulwebsite gecheckt? Mist. »Ach so, na ja, besser zu früh als zu spät, würde ich mal sagen«, scherzte ich und ärgerte mich innerlich weiter über meine eigene Dummheit. »Und warum bist du dann schon so früh da?«

Er blickte etwas unsicher zu Boden und grinste mich dann verlegen an. Trotzdem … er sah so gut aus. Konzentrier dich, Lola!

»Weil ich ganz genau wusste, dass du wieder überpünktlich da bist. Natürlich konnte ich nicht ahnen, dass du nicht weißt, dass wir später kommen können, also war auch etwas Glück dabei. Aber auf alle Fälle wollte ich mit dir sprechen.«

Das war so klar. Natürlich würde er nicht aufgeben. Aber war nicht alles gesagt? Hatte ich ihm nicht deutlich genug klargemacht, dass ich im Moment nicht wusste, was ich von ihm halten sollte? Hatte meine gestrige Fluchtaktion nicht Bände gesprochen? Ich musste es ihm jetzt ein für alle Mal beibringen. »John, du weißt genau, wie meine Meinung ist. Ich …«

»Du weißt es nicht. Ich weiß. Aber darüber wollte ich nicht sprechen. Ich wollte mich entschuldigen bei dir.«

Erstaunt blickte ich auf. Damit hatte ich nun wirklich nicht gerechnet. »Entschuldigen? Aber warum und wofür?«

»Na ja, dafür, dass ich dich so bedrängt habe, und ich habe nachgedacht. Ich weiß jetzt, dass es nicht richtig war und wie du dich fühlst. Ich liebe dich, aber eine Beziehung kann erst mal warten, zumindest bis du wieder einen klaren Kopf hast. Aber können wir wenigstens wieder Freunde sein?«

Ich wusste nicht, was ich hätte sagen sollen. Meinte er das wirklich ernst? Oder war das nur wieder eine neue Taktik? Den lieben, netten, einfühlsamen Typen zu spielen. Ich blickte ihn misstrauisch, doch zugleich erleichtert an. Irgendwie war es schön, dass er mal zur Abwechslung nicht mit mir flirtete. Also erwiderte ich locker: »Klar. Natürlich können wir wieder Freunde sein.«

Er setzte wieder dieses Lächeln auf und seine braunen Augen strahlten vor Freude. »Das ist ja toll!« Überglücklich packte er mich und zog mich an sich, um mich innig zu umarmen. Ich spürte seine Wärme, und ohne es zu wollen, war ich ... glücklich. Ich genoss seine Nähe, und wie es schien, genoss er auch die meine. Plötzlich war er nicht mehr dieser verrückte Psycho – nicht mehr der John von gestern. Es war, als stände eine ganz andere Person vor mir. Es fühlte sich so neu, so richtig und selbstverständlich an. Doch konnte diese Umarmung wirklich unsere Freundschaft besiegeln? War da nicht mehr? Als John plötzlich aufschrie und mich abrupt losließ, zerplatze der schöne Moment wie eine Seifenblase.

»Hey Alter! Was geht?« Ich schaute auf und erblickte Lorenz, der wie angewurzelt stehen geblieben war und erstaunt in unsere Richtung blickte. Er hatte gesehen, wie ich John umarmte. Dachte er jetzt etwa, wir seien zusammen? Entsetzt drehte ich mich von ihm weg.

»Na ja, John, das Übliche eben, bliblablub.«

Trotz meines Entsetzens musste ich grinsen, als ich bemerkte, was für eine Ähnlichkeit die beiden miteinander hatten. Aber seit wann waren die beiden eigentlich so dicke miteinander? Ich blickte verwirrt zwischen ihnen hin und her. Auf einmal merkte ich, wie John meinen Rücken streichelte, während er sagte: »Wir haben uns gerade etwas unterhalten.«

»Aha. Und worüber?«

Er klang nicht sehr begeistert.

»Na ja, Lola und ich, wir haben uns vertragen.«

Ich schaute immer noch peinlich berührt zu Boden, doch langsam blickte ich auf. »Hey Lorenz«, sagte ich fast schüchtern.

»Hi Lola … Was machst du denn schon so früh hier?« Er versuchte gelassen zu wirken und verschränkte die Arme.

»Muss das jetzt wirklich jeder fragen?«, stöhnte ich genervt. Verwirrt schaute John mich an, Lorenz' Fassade begann allmählich zu bröckeln. Er sah zunehmend gekränkt aus. Nein, bitte nicht traurig sein! Ich wollte etwas Aufmunterndes sagen, doch Lorenz kam mir zuvor und wandte sich an John. »Ist doch schön, Alter. Ich freu mich für dich.«

War das jetzt sein Ernst? Erst verbittert dreinschauen und dann einen auf Mr. Verständnisvoll machen? Oder wollte er einfach nur seine Enttäuschung überspielen? Langsam kam er auf uns zu und klopfte John auf die Schulter. Dabei sah er unentwegt mich an. Da sah ich es in seinem Blick. Er war ganz und gar nicht damit einverstanden, dass John mich umarmte, mich streichelte und wir uns wieder vertragen hatten. Er war sichtlich gekränkt, auch wenn er gekonnt versuchte, es hinter dieser aufgesetzten Freude zu verbergen. Schließlich stellte er sich wie abwesend vor die Tür. Als hätte er es erahnt, öffnete sich diese nun ruckartig und heraus schaute Mr. Möcker.

»Mr. Möcker? Was machen Sie denn da drin?«

»Die Frage müsste wohl eher lauten: Warum seid ihr noch nicht hier drin? Alle warten auf euch.« Dann fiel sein Blick auf mich. »Oh, Loli. Haben dich die Jungs aufgehalten? Na, jetzt ist der Bennyboy ja da, um dir zu helfen.«

Na super. Wieso konnte er nicht einfach mal seine Klappe halten? Ich wollte so schnell wie möglich hier weg, ganz weit weg. Das war so peinlich.

»Loli?«, fragte mich John irritiert.

»Bennyboy?«, fragte Lorenz ebenso verwirrt.

Ich wollte ihnen antworten, doch Ben kam mir zuvor: »Das kann euch doch wohl egal sein! Lasst jetzt gefälligst Loli in Ruhe und lauft euch zehn Runden ein. Wird's bald!« Mit hängenden Köpfen gingen die beiden durch die Tür. Ich sah, wie Lorenz sich noch einmal umdrehte und das ungleiche Paar, das vor ihm stand, anblickte. Ich lächelte ihn an, doch er wandte sich ab und trottete genervt hinter John in die Turnhalle. Am liebsten wäre ich ihnen gefolgt, aber Ben hielt mich zurück. Er packte mich mit seinen kräftigen Händen bei den Schultern und drehte mich zu sich um. Sein Gesicht kam unbehaglich näher.

»Meine Süße, warum hast du dich nicht mehr gemeldet? Ich habe dich tausendmal angeschrieben, doch du hast nicht reagiert.«

Spinnt der? Er war mein Lehrer und ich seine Schülerin, da konnte er doch hier nicht so einen Schwachsinn abziehen! Loli? Bennyboy? Langsam wurde ich wütend und ich hatte es satt, immer das brave Schulmädchen zu spielen. Nun platzte mir endgültig der Kragen und ich schrie ihn an: »Ich habe dich geblockt! Kapierst du es nicht? Du nervst mich, und ich will nichts von dir! Also, lass mich in Ruhe, sonst sag ich alles Mr. Wurzel und dann bist du dran!«

Entsetzt schaute er mich an und nahm seine Arme von meinen Schultern. »Jetzt beruhige dich doch. Du bist einfach nur total verwirrt. Alles wird gut.«

Er wollte mich umarmen, doch ich konnte seine Berührungen nicht länger ertragen, geschweige denn in sein Gesicht sehen.

»Ich bin hellwach, also lass mich jetzt in Ruhe! Such dir gleichaltrige Freunde!« Ich wollte einen dramatischen Abgang machen, doch Ben packte mich am Arm, riss mich ruckartig an sich, sodass unsere Gesichter nur noch wenige Zentimeter voneinander entfernt waren. Ich war so wütend.

»Komm schon, Süße, mir machst du nichts vor. Ich kenne eine Medizin, die dich wieder aufmuntern wird.« Sein Gesicht kam jetzt immer näher und er spitze die Lippen, um mich zu küssen. Aber ich wollte doch meinen ersten Kuss nicht von einem verrückten Referendar bekommen, der viel älter war als ich und nicht mehr alle Tassen im Schrank hatte. Ich wusste keinen Ausweg mehr und seine feuchten Lippen rasten auf mich zu. Wütend schrie ich auf und schlug ihn einmal kräftig ins Gesicht. Der Knall war nicht zu überhören – ich fühlte mich großartig. Er schreckte zurück und fasste sich an seine schmerzende Wange.

»Lola! Was sollte das denn?«, brüllte er mich an. Zum ersten Mal sagte er meinen richtigen Namen.

Ich schrie zurück: »Das soll dir eine Lehre sein, und wenn du mich noch einmal anfasst, kannst du den Beruf als Lehrer knicken. Viel Spaß dann im Knast!«

Er trat mehrere Schritte zurück und fasste sich wieder. »Es tut mir leid, Süße ... äh, ich meine, Lola. Ich werde es nicht mehr tun. Du hast Recht, ich hätte es nicht so übertreiben dürfen. Bitte, verrat mich nicht.« Er wurde immer leiser und langsam tat er mir leid. Doch ich ließ mich nicht von meinem Mitgefühl lenken und blieb kalt, nickte stumm, schob ihn zur Seite und betrat die Turnhalle.

»Lola?«, rief er mir noch hinterher. »Tu mir bitte einen Gefallen. Lass dich nicht von Lorenz und John ablenken.«

Ich drehte mich um und schaute ihn verwirrt an. Doch er beließ es bei diesen Worten und ging an mir vorbei in die Turnhalle.

Ich saß vor dem Fernseher und schaute gerade meine Lieblingssendung. Endlich hatte ich mal wieder Ruhe und einen Samstag ganz für mich. Keine Verpflichtungen, keine Jungs, die mich ständig bedrängten. Doch das sollte sich bald ändern.

»Hey Tommy, wir sind jetzt da!«, schrie eine kindlich hohe Stimme um die Ecke.

»Ist gut, Paul. Ich komme gleich runter«, antwortete mein kleiner Bruder. ›Schon war's aus mit der Ruhe‹, dachte ich mir, schaltete den Fernseher aus und ging langsam ins Wohnzimmer.

Dort standen wieder einmal Tommys beste Freunde. Der außerordentlich höfliche Paul, der auch schon andere Seiten von sich gezeigt hatte, und mein ›zukünftiger Ehemann‹, Taylor, der bestimmt jede Nacht von mir träumte. Als er mich erblickte, machte er große Augen, sprintete auf mich zu und umarmte mich herzlich. Das war irgendwie peinlich, denn ich sah, wie Paul sich ein Grinsen verkneifen musste.

»Mäuschen, wie geht's dir denn? Warum hast du dich nicht gemeldet? Es ist ja eine Ewigkeit her, dass wir uns das letzte Mal geküsst haben. Komm, lass es uns nachholen.«

Küssen? Träum weiter. Die Bemerkung von ihm erinnerte mich stark an Ben, den Verrückten, dem ich gestern eine verpasst hatte. Ich überlegte, ob ich diese Strategie auch bei Taylor anwenden sollte, doch entschied mich letztendlich dagegen, um ihn nicht zu verletzen und sagte stattdessen: »Solange ist es nun auch wieder nicht her,

Taylor. Bestimmt erst fünf Tage, also brauchen wir nichts nachzuholen.«

»Um genau zu sein: fünf Tage, zwölf Stunden, vierunddreißig Minuten und zwei Sekunden, meine Liebe. Für mich ist das eine Ewigkeit.«

So ein Spinner.

»Ich wusste gar nicht, dass du so weit zählen, geschweige denn rechnen kannst«, hörte ich eine Stimme von der Treppe aus rufen.

»Ach, du hast doch gar keine Ahnung, Tommy. Du warst doch noch nie verliebt«, antwortete Taylor hochnäsig und legte seinen Arm um mich.

Ich schob ihn langsam von mir weg und sah die Treppe hinauf. Mein Bruder sah enttäuscht zu Boden. In seinem Gesicht spiegelte sich Kummer wider. So hatte ich ihn noch nie gesehen. Was war denn nur los? Hatte ich mir die Trauer in seinen Augen nur eingebildet?

Ich versuchte, mehr Abstand zwischen mir und Taylor zu schaffen.

»Taylor, das ist gemein von dir! Natürlich war er schon verliebt und er hatte auch bestimmt schon eine Freundin. Stimmt doch, oder?«, meinte Paul hoffnungsvoll und blickte fragend zu Tommy empor. Doch das machte die Situation nur noch schlimmer. Tommys Mundwinkel hingen immer mehr nach unten, und langsam befürchtete ich sogar, dass er gleich in Tränen ausbrechen würde. Da wandte er sich ohne ein weiteres Wort ab und sauste in sein Zimmer. Ich wollte ihm folgen, doch Taylor hielt mich fest. »Lass ihn doch, er ist doch nur neidisch, mein Schatz.«

194

Okay, es war eindeutig Zeit, endlich ein Machtwort zu sprechen. Ich riss mich los und kreischte: »Lass mich in Ruhe! Wir. Sind. Kein. Paar! Und ich mach das, was ich will. Ich geh jetzt zu meinem Bruder, und du kannst nach Hause gehen!«

Geschockt blickte er mich an und nahm folgsam seinen karierten Rucksack auf.

»Muss ich auch gehen?«, fragte Paul zuckersüß.

Ich überlegte einen Augenblick und sagte dann: »Du kannst ihn zur Tür begleiten und dann noch etwas hier bleiben. Setz dich vor den Fernseher, aber fass ansonsten ja nichts an!«

»Aber natürlich. Ich werde nichts beschmutzen. Versprochen.«

Der und seine Höflichkeit. Ich rollte mit den Augen und schaute Taylor noch einmal grimmig an.

»Komm schon, Taylor. Lola möchte, dass du gehst. Ich werde dich nun zur Tür begleiten. Wir sehen uns am Montag. Tüdelü!«

Taylor schüttelte noch einmal gekränkt und erbost darüber, dass ein Fünftklässler ihn aus dem Haus schmiss – obwohl es nicht mal sein eigenes war – den Kopf. Ich beobachtete, wie Paul winkte und Taylor in seine schwarze Jacke gehüllt unser Grundstück verließ. Stolz auf mich selbst – und natürlich auf Paul, der sich nun aufs Sofa setzte und geduldig wartete –, warf ich Paul noch einmal einen warnenden Blick zu und ging ins Zimmer meines Bruders.

Hier war es unaufgeräumt wie immer. Schränke waren mit Klamotten vollgestopft, dreckige Kleidung und

Spielzeug lagen auf dem Boden verstreut und das Bett war mit Süßigkeitenpapier zugemüllt. Insgeheim fragte ich mich, woher er nur diesen ganzen Süßkram hatte, denn unsere Mutter erlaubte uns eigentlich nie so viel Süßes. Auch wunderte ich mich, wie Tommy bei seiner Ernährung immer noch so dünn wie eine Bohnenstange sein konnte. Wenn ich auch nur ein Stück Schokolade aß, hatte ich das Gefühl, gleich mehrere Kilos zugenommen zu haben.

Mein Bruder lag auf seinem Bett, hatte das Gesicht in seinen Händen vergraben und schien mich noch nicht bemerkt zu haben. Weinte er etwa? Aber warum? Nur wegen Taylors geistloser Bemerkung? Langsam machte ich die Tür zu, darauf bedacht, nicht allzu großen Lärm zu machen. Dennoch wurde ich von Tommy bemerkt und er wandte sich mit tränenden Augen mir zu. »Was willst du, Lola? Geh weg!« Er wischte sich über die Augen und wandte sich von mir ab.

»Ich möchte doch nur wissen, was mit dir los ist! Du weißt, dass ich immer für dich da bin. Das war schon immer so. Also, sag mir, was los ist«, beruhigte ich ihn mit sanfter Stimme, sah ihn liebevoll an und setzte mich zu ihm.

Endlich wandte er sich mir zu und setzte sich aufrecht hin. »Du? Du warst nie für mich da, als du Kathrin noch hattest! Ich war dir doch total egal!«

Enorme Schuldgefühle stiegen in mir auf, als mir klar wurde, wie sehr ich meinen Bruder in den vergangenen Jahren wirklich gekränkt hatte. »Tommy, das tut mir leid. Auch große Schwestern machen Fehler.«

»Ja, ja, ja …« Er wollte sich wieder rumdrehen, doch ich hielt ihn sanft bei den Schultern. »Du kannst es mir wirklich erzählen. Ich hatte vielleicht die ganzen Jahre über nie ein offenes Ohr für dich. Das tut mir sehr leid. Ehrlich. Doch jetzt bin ich hier. Das zählt doch, oder nicht?« Ich hoffte, dass er mich verstehen würde und auch er nun mit der Zeit, als Kathrin noch meine beste Freundin war, abschließen könnte.

»Okay … Entschuldigung angenommen.« Ein leichtes Grinsen konnte er sich nicht verkneifen, als ich ihn erleichtert darüber, dass er mir verziehen hatte, auf die Wange küsste. Ein wenig angeekelt gab er sich aber dennoch und wischte sich schnell über die Wange. »Ich erzähl's dir aber trotzdem nicht, du verstehst das doch sowieso nicht. Du hast doch nie Probleme.«

Nie Probleme? Ach, wie lustig mein kleiner Bruder doch war. Wenn der wüsste, was in meinem Leben alles so schieflief. »Das stimmt doch gar nicht, jeder hat Probleme und man kann sie am besten lösen, wenn man darüber redet.« Das entsprach sogar der Wahrheit. »Erzähl einfach, was los ist. Ich versuche, dir zu helfen.«

Er schien neuen Mut gefasst zu haben und begann zu erzählen: »Als Taylor gesagt hat, dass ich noch nie verliebt war, hatte er Unrecht …«

Oh!

»Unrecht? Und wieso hast du ihm das nicht einfach gesagt?«

»Weil …«

»Weil?«

»Na ja, da ist dieses Mädchen …«, fuhr er fort und ich musste grinsen. »Und na ja … das Mädchen mag ich ganz dolle.«

Ach wie süß, junge Liebe. Ich war entzückt von Tommys Gefühlen, und ich musste an das Gespräch mit meiner Mutter denken. »Und was ist nun das Problem, Tommy?«

Geschockt und mit aufgerissenen Augen blickte er mich an. »Was das Problem ist? Ich bin verknallt! In ein Mädchen! Was soll man da denn machen? Ich war noch nie verknallt. Was soll ich denn nur tun?« Er schmiss sich wieder auf sein Bett und warf sein Gesicht aufs Kissen.

Ich richtete ihn auf und sagte: »Tommy! Reiß dich zusammen! Es ist nur ein Mädchen, kein Monster oder irgendetwas anderes, was dir wehtun könnte.« Na gut, das Letzte war ein bisschen gelogen. Mädchen können einen verletzen. Wieder musste ich an Ben denken und innerlich höhnisch grinsen. Doch äußerlich hatte ich eine amüsierte Maske aufgesetzt, die meine Gedanken vor meinem kleinen Bruder verbarg.

»Du hast gut reden«, sagte Tommy und starrte mich verletzt an.

Die Maske schmolz dahin. Auf einmal tat er mir richtig leid. »Du darfst einfach keine Angst vor ihr haben. Wer weiß, vielleicht mag sie dich ja auch und hat genauso viel Angst wie du. Trau dich einfach und sprich sie an. Sei nett zu ihr und mach ihr Komplimente. Aber schleim ja nicht rum so wie Taylor.«

Ein Lächeln schlich sich auf sein Gesicht. »Also liebst du Taylor gar nicht?«

»Wo denkst du hin? Natürlich nicht! Ich habe ihn gerade rausgeschmissen.«

Verwirrt schaute er zu mir auf. »Echt? Cool. Manchmal ist er schon komisch. Doch als Freund ist er super, man kann sich echt auf ihn verlassen.«

»Das sah vorhin aber nicht so aus«, meinte ich und legte meinen Arm um ihn.

»Na ja, wie gesagt, er ist halt manchmal komisch.«

»Vertraust du also deiner großen Schwester und sprichst das Mädchen an?«

»Ich denke schon. Danke, Lola. Vielleicht bekomme ich Ronja ja dann doch noch. Du bist die beste Schwester der Welt!«

Gerührt packte ich ihn und nahm ihn in die Arme. Er knuddelte mich liebevoll zurück und ich hatte das Gefühl, ihm wieder richtig nahe zu sein.

»Natürlich wirst du sie umhauen. Ronja wird von deinem Charme begeistert sein«, sagte ich aufmunternd, stand auf, klopfte ihm noch mal auf die Schulter und ging zur Tür.

»Lola?«

Ich drehte mich um. »Ja Tommy?«

»Was hast du eigentlich für Probleme?«

Oh mein Gott. Wollte er das wirklich wissen? Wenn ich ihm das erzählte, dann wären wir ja in dreißig Jahren noch nicht fertig. Ich überlegte mir eine gute Ausrede und sagte schließlich: »Mein lieber kleiner Bruder, das erfährst du erst, wenn du älter bist.«

Verwirrt starrte er mich an und ich verließ, mit einem Schmunzeln über den Gesichtsausdruck meines Bruders, das Zimmer.


Geduldig wartete ich auf meinem Lieblingssessel am Sonntagabend im Wohnzimmer. Er war blau kariert und extrem bequem. Die zwei lila Kissen waren flauschig und ich kuschelte mich gerne hinein. Mir gegenüber lag Tommy auf der Couch und hatte die Augen geschlossen. Er schien friedlich eingenickt zu sein und ich wollte ihn nicht wecken. Ich konnte ihn auch ganz gut verstehen, mir war auch danach, ein kleines Schläfchen zu halten. Wir warteten schon seit über einer halben Stunde auf unsere Mutter, die schon längst von der Arbeit hätte zu-rück sein müssen. War etwas passiert? Auf einmal hörte ich ein merkwürdiges Grunzen.

»Tommy? Bist du das?«, fragte ich ihn und stand aus meinem Sessel auf, um zu Tommy herüber zu gehen. »Hallo?« Ich kam näher an sein Gesicht und bemerkte, dass er schnarchte. Mann, der schien ja kaputt zu sein, dachte ich und ließ mich wieder in meinen Sessel fallen. Ich nahm das Telefon, um meine Mutter anzurufen. Ich hatte es schon ein paar Mal versucht, doch auch jetzt ging sie nicht ran – langsam war ich genervt. Ich schaute wieder hinüber zu Tommy, doch der grunzte immer noch friedlich auf unserer braunen Couch, gefangen in seiner Traumwelt. Ob er von Ronja träumte? Komischer Gedanke, dass mein kleiner Bruder schon von der Liebe träumen könnte. Eigentlich ganz niedlich. Plötzlich schnellte die Tür auf.

»Hallo! Da bin ich!«, rief meine Mutter überglücklich, als sie das Wohnzimmer betrat und ihre graue Jacke auszog. Tommy, der Ärmste, wachte erschrocken auf und fiel von der Couch. »Aua!«, schimpfte er und rieb sich den Kopf. »Mach doch nicht so einen Lärm, Lola!«

»Wieso ich? Mum ist gerade nach Hause gekommen.« Verschlafen und mit zusammengekniffenen Augen glotzte er mich an. »Mami?« Suchend blickte er sich im Wohnzimmer um, und als er unsere Mutter erblickte, war seine Benommenheit wie weggeblassen und er fiel ihr um den Hals.

»Ach, Tommylein, das tut mir leid, dass ich dich aufgeweckt habe,« entschuldigte sie sich ehrlich betroffen und strich ihm die Haare glatt, die durch seinen Abstecher in die Traumwelt ganz zerzaust waren.

»Wir warten schon eine Ewigkeit!«, mischte ich mich ein. »Ist was passiert? Hat es auf Arbeit so lange gedauert?«

»Ach, Kinder, wisst ihr, eure Mum braucht auch mal ein bisschen Privatsphäre«, sagte sie grinsend und Tommy erwiderte: »Hey, das hat Lola auch zu mir gesagt. Verrückt.« Und er machte ein nachdenkliches Gesicht. Ich schaute ihn an, schüttelte nur mit dem Kopf und verdrehte die Augen.

»Na ja, jetzt setzt euch doch erst mal hin, wir haben viel zu besprechen«, erklärte meine Mutter und setzte sich auf die Couch zu Tommy. Fragend blickten wir sie an und hörten ihr weiter gespannt zu. »In einer Woche sind ja

Osterferien. Ich habe mir überlegt, dass wir vielleicht in den Urlaub fahren könnten. Vielleicht für vier Tage? Ins Ausland fahren wäre zwar nicht möglich, aber hier in der Umgebung lässt sich bestimmt auch was Schönes finden.«

Blitzschnell erhob sich Tommy von der Couch und rannte in sein Zimmer.

»Was genau macht er jetzt?«, wollte meine Mutter verwirrt wissen.

»Ähm, keine Ahnung«, sagte ich wahrheitsgemäß und erblickte dann auch schon Tommy, der die Treppen hinuntersauste.

»Hier! Hier, Mami! Ich habe etwas gefunden! Das wollte ich schon immer mal machen!«, rief er entzückt und übergab unserer Mutter einen bunten Flyer.

Sie staunte nicht schlecht und inspizierte ihn genau. »Hm, keine schlechte Idee. Was sagst du dazu, Lola?«

Ich wusste gar nicht, um was es ging und war etwas genervt, denn keiner sagte mir, was los war. Doch als sie mir den Flyer in die Hand drückte, war ich genauso überrascht wie meine Mutter. Meine Mundwinkel schossen nach oben.

»Und was sagst du dazu?«, hakte Tommy nach und ich antwortete fröhlich: »Super Idee. Da wär ich auf jeden Fall dabei. So was wollte ich auch schon immer mal machen.«

»Welches Mädchen will das nicht?«, lachte Tommy und klopfte mir auf die Schulter. »Ich kenne halt meine Schwester und weiß, was Mädchen wollen.« Stolz richtete er sich auf und war glücklich darüber, etwas Passendes gefunden zu haben.

»Dann ist es also einstimmig entschieden?«, fragte unsere Mutter noch einmal nach. Tommy und ich nickten gleichzeitig mit dem Kopf. »Gut. Dann geht jetzt mal schnell ins Bett, morgen ist wieder Schule. Ihr habt ja nur noch eine Woche vor euch.«

»Ja, Mum, da hast du recht. Außerdem bin ich sowieso total müde«, gähnte Tommy und verschwand in seinem Zimmer.

Ich ging zu meiner Mutter und umarmte sie. »Gute Nacht, Mum.«

»Nacht, Lola, und schlaf schön.« Ich lächelte sie freundlich an und ging dann wie Tommy in mein Zimmer.

Verträumt lag ich in meinem Bett und starrte an die Decke. Ich dachte über unseren geplanten Urlaub nach und war schon ganz aufgeregt. Hoffentlich würde es dort genauso toll sein, wie ich dachte, denn das hatte ich mir schon so lange erträumt …

Und schon schweiften meine Gedanken zum morgigen Tag ab. Ganz toll. Morgen musste ich John und Lorenz wiedersehen. ›Juchhu‹, dachte ich sarkastisch. John war ja nun wieder mein Freund. Ich hatte keinen Grund mehr, ihm aus dem Weg zu gehen. Mit Marie und Jeff hatte ich mich auch schon längst wieder abgefunden – vielleicht waren sie mir doch nicht so wichtig, wie ich zuerst gedacht hatte. Und ich hatte zumindest jetzt wieder jemanden, der mir während der Pausen Gesellschaft leistete. Hoffentlich würde er mich nicht mehr bedrängen. Und wenn doch? Was würde ich dann machen? Was wäre, wenn er nur mit mir befreundet war, damit er sich an mich ranmachen konnte? Das wäre doch keine Freundschaft. Konnten wir überhaupt Freunde sein? Aus seiner Sicht war das bestimmt schwer, aber er hatte ja gesagt, dass es für ihn in Ordnung wäre, wenn wir nur Freunde blieben. Oder? Hoffentlich würde das klappen.

Wenn ich daran dachte, wie ich mich gefühlt hatte, als wir uns umarmt haben. Waren das Gefühle der Freundschaft? Sicher. Bestimmt. Es durfte einfach nichts anderes sein …

Und was sollte ich nun mit Lorenz machen? Na ja, noch hat er mir nicht gesagt, dass er auf mich steht. Vielleicht war er ja einfach nur freundlich, wollte neue Freunde gewinnen und war deshalb so nett zu mir. Oder empfand er das Gleiche wie John? Oh Mann, was sollte ich dann nur machen?

Fakt war: Ich würde auf keinen Fall einen von ihnen verletzen, weil ich wusste, wie schlimm es war, von den Menschen, die man gern hatte und die einen viel bedeuteten, enttäuscht zu werden.

# KAPITEL 14
## FREUNDSCHAFT ODER LIEBE

Montag, 09.47 Uhr

*V*or mir stand Lorenz, er hatte die Arme verschränkt und eine grimmige Miene aufgesetzt. Ich wollte auf ihn zugehen, doch er ließ seine Hand nach vorne schnellen und stieß sie in mein Gesicht. Verwirrt rieb ich mir meine schmerzende Nase und blickte ihn traurig an. Womit hatte ich das verdient?

*»Lola! Wie kannst du mir nur so etwas antun?«*

*»Ich weiß nicht, wovon du sprichst?«, sagte ich verzweifelt. »Ich habe dir nichts getan!«*

*»Du hast schon viel zu viel getan, ich will dich nie wiedersehen! Geh doch zu deinem John, aber lass mich in Frieden!«*

*»Ich … ähm …«, stotterte ich.*

*»Ach, hör bloß auf zu stottern! Ich weiß doch, dass du und John wieder zusammen seid! Lass mich in Ruhe, du falsche Schlange!«*

*»Das hast du falsch verstanden! Wirklich! Wir sind nur Freunde!«*

*Er drehte sich noch einmal zu mir um und sagte spöttisch: »Ha! Nur Freunde? Dass ich nicht lache! Mir kannst du nichts mehr vormachen … Lola Hugents, Lola Hugents …«*

»Ms. Hugents!«, donnerte eine Stimme und riss mich aus meinem Albtraum. »Ich kann mir vorstellen, dass Sie erschöpft sind, aber träumen können Sie daheim in Ihrem Bett und nicht hier in meinem interessanten Matheunterricht! Reißen Sie sich zusammen, es ist ja nur noch eine Woche zu überstehen! Also …« Mr. Wiedemann ordnete seine Gedanken und redete weiter. »… wie schon gesagt, sind Ihre Mathearbeiten schlecht ausgefallen. Es gab, wie schon so oft, nur eine Eins und die ist, überraschenderweise, von unserer Traumtänzerin Ms. Hugents! Sehr gut gemacht!« Er ging auf mich zu und legte mir meine Klassenarbeit auf den Tisch. Da er sich auch noch ein Stück hinunterbeugte, bedeckte sein langer Bart sie vollkommen und ich konnte geradeso die rot geschriebene Eins erkennen. Ein Grinsen schlich sich auf mein Gesicht, doch es verflog schnell wieder, als ich in das ärgerliche Gesicht des Mannes vor mir blickte.

»Die anderen hingegen waren, sagen wir mal, nicht gerade das Gelbe vom Ei – und das ist noch nett ausgedrückt. Ausgenommen sind John, Lorenz und Ben. Gut gemacht, jeder hat eine Zwei. Mr. Badrowski, Sie waren sogar nur einen Punkt an der Eins vorbei, tut mir sehr leid. Trotzdem eine herausragende Leistung. Mr. Ross und Mr. Städter, wie gesagt, Sie waren auch nicht schlecht. Und der Rest der Klasse – lernunfähige Mathe-Loser.« Mr. Wiedemann konnte schon sehr direkt sein. Vor allem, wenn jemand seine Mathearbeiten verhaute. »Kathrin, Anne und Nancy, ihr seid noch mal mit einer Drei minus davongekommen. Von den anderen möchte ich gar nicht erst sprechen. Nehmt eure Arbeiten und geht mir aus den Augen.«

Es klingelte. Alle stürmten aus dem Zimmer, manche schneller, andere langsamer. Ich freute mich über meine gute Note, doch wurde die Freude von meinem Traum überschattet; das war echt zu viel für mich gewesen. Als ich auf dem Weg zu meinem Spind über den Flur trottete, dachte ich darüber nach. Wieso schlich sich Lorenz auf einmal in meine Träume? Warum konnte ich nicht einfach in Ruhe lernen – weg von John, von Lorenz und Mr. Möcker? Aber den hatte ich ja schon aus dem Weg geräumt. Warum konnte ich es nicht auch bei Lorenz und John? Waren sie mir doch wichtiger, als ich es mir selbst eingestehen wollte? Ach, so ein Blödsinn! Ich …

»Ahhhh!« Plötzlich wurde ich abrupt abgebremst und fiel rückwärts, direkt auf den Hintern. Na toll. Das war wieder so klar, dass ich von irgendeinem Vollidioten unserer Schule umgerannt wurde! Dieser …

»Lola, was machst du denn? Ist alles in Ordnung mit dir?«

Sofort erkannte ich seine Stimme. »Ja, ich denke schon.« Er streckte mir seine Hand entgegen. »Danke, John, aber ich brauche keine Hilfe.« Meine Wut, die noch vor kurzer Zeit in mir gebrodelt hatte und zum Aufkochen bereit war, erlosch sofort, als ich in sein besorgtes Gesicht blickte. Ich rappelte mich auf, versuchte weiterzugehen, doch auf einmal schwankte ich und verlor das Gleichgewicht. Was war denn jetzt los? Wahrscheinlich wäre ich hingefallen, wenn John mich nicht heldenhaft aufgefangen hätte.

»Natürlich brauchst du Hilfe, Lola. Komm, ich bring dich zur Krankenstation.« Nein!

»Unsinn, mit mir ist alles in Ordnung. Und außerdem, wärst du nicht in mich reingerannt, wäre das alles nicht passiert!« Jetzt wurde ich doch wieder wütend, Jungs mussten sich auch immer in den Weg stellen! Er wirkte belustigt.

»Nein, Lola, die Einzige, die hier in jemanden reinrennt, bist du.«

»Wie bitte?«, empört schüttelte ich den Kopf und schaute ihn genervt an. Er hingegen lächelte verschmitzt.

»Ja, Lola, du verlierst in deiner Tagträumerei jeglichen Sinn für Orientierung. Mag sein, dass das, worüber du grübelst, wichtig ist, doch das ist noch lange kein Grund, im Unterricht einzupennen und in den Pausen wie ein Zombie durch die Gänge zu laufen. Pass das nächste Mal einfach auf, wo du hinläufst.«

Na ja, vermutlich hatte er recht. Vielleicht dachte ich wirklich zu viel nach. Ich sollte mich lieber auf das Wesentliche konzentrieren: keine Schüler im Gang verletzten. Einen Schulverweis wegen Körperverletzung sollte ich wirklich nicht riskieren. Obwohl, eigentlich wäre das ja lächerlich.

»Ja, du hast recht, John«, sagte ich dennoch. »Tut mir leid.«

»Kein Problem. Wir sind Freunde und ich mache mir Sorgen um dich.«

»Das ist süß von dir, John.«

208

Er lachte. »Nein, du bist süß.«

Fast hätte ich genervt ausgeatmet. Schon wieder eine Anmache? Ich dachte, wir wären jetzt Freunde? Dennoch konnte ich nicht verhindern, dass ich rot anlief. Wie peinlich.

»Oh. Ich wollte dich nicht in Verlegenheit bringen.«

Da war es wieder, dieses Lächeln. Ich räusperte mich, um meine Verlegenheit zu überspielen. John kratzte sich am Hinterkopf. »Ähm, ja … ähm, wollen wir jetzt gehen?«

»Wohin?«

»Dasselbe wollte ich dich gerade fragen.«

Wir prusteten los.


Die Schule zog sich heute endlos lang. Irgendwie war ich die ganze Zeit erschöpft. Meine Knie wollten bei jedem meiner Schritte nachgeben. Und nach den fünf Metern, die ich zum Mülleimer laufen musste, drehte es sich in meinem Kopf. Die ganze Zeit dachte ich nur nach. Mein Kopf tat höllisch weh und wenn ich darüber nachdachte, wie viel ich nachdachte, dachte ich nur noch mehr nach und die Kopfschmerzen verschlimmerten sich. Dass ich heute früh bei Mr. Wiedemann eingeschlafen war, war überhaupt nicht typisch für mich. Eigentlich war ich immer putzmunter, egal wie früh ich aufstand. Doch irgendwie war heute alles anders.

Als die letzte Unterrichtsstunde mit Mr. Meyer zu Ende war, trottete ich in Richtung meines Spinds. Waren die Schulbücher schon immer so schwer? Mann, mir ging es gar nicht gut. Ich fasste mir an die Stirn. Sie war ganz warm. Warum zitterten meine Beine so? Wie in Trance schlich ich über den Flur und merkte nicht, wie sich jemand neben mich geschlichen hatte. Ein Finger tippte auf meine Schulter.

»Hey Lola. Wie fandst du den Unterricht? Eigentlich habe ich keine Lust, weiter an meinem Projekt zu bauen. Mr. Meyer hat einfach viel zu hohe Ansprüche. Vor allem bei uns Jungs. Ihr habt es da viel einfacher. Wie siehst du das?«

Total überfordert von seinem Gerede, nickte ich einfach nur. Ich hatte schon wieder vergessen, was er gesagt hatte.

»Ähm … Lola?«, fragte er skeptisch.

»Was, Lorenz?« Es war total süß, wie er verzweifelt versuchte, mit mir ins Gespräch zu kommen. Doch irgendwie war mir momentan einfach nicht nach Reden zumute.

»Hast du mir überhaupt zugehört?« Seine glasblauen Augen funkelten gekränkt.

»Ja, eigentlich schon.« Wir waren mittlerweile bei den Spinden angekommen.

»Eigentlich?«

»Heute ist einfach nicht mein Tag. Tut mir leid, Lorenz.« Ich machte meinen Spind auf und legte die gefühlt dreißig Kilo schweren Bücher hinein.

»Ich merk schon. Ist alles okay?«

»Na ja.« Ich musste mich abstützen, um mich noch auf den Beinen zu halten. Was war denn nur los? Heute früh ging es mir doch noch einigermaßen gut, als ich mich mit John amüsierte …

»Hey Lola!«, schrie eine bekannte Stimme.

»Kathrin, was willst du?« Lorenz schien genervt.

»Ach nichts. Habe ich euch bei etwas gestört?«

Nancy und ihre Tussenfreundinnen kicherten spöttisch im Hintergrund.

»Kathrin, verschwinde doch einfach!«, schrie Lorenz.

Ich merkte, wie meine Augenlider schwer wurden. Konnte ich jetzt endlich nach Hause gehen?

»Ach Lorenz, halt doch die Klappe! Warum sagt Lola denn nichts? Hallo?« Sie wedelte mit der Hand vor meinem Gesicht. »Nur Verrückte hier. Die ist doch krank!«

»Ja, Kathrin, das ist sie. Und jetzt verpiss dich!« John. Nicht der auch noch.

»Was willst du denn jetzt?«, zickte Kathrin weiter.

Könnt ihr euch nicht mal alle verziehen? Meine Beine zitterten.

»Ich will, dass du verschwindest!« Er wandte sich mir zu.

»Lola, alles okay? Soll ich dich zur Schwester bringen? Ich glaube, sie ist noch da.« Er streichelte sanft über meinen Rücken. Der Blick von Lorenz gefiel mir gar nicht. Meine Hände wurden taub und ich löste sie von der Spindtür. Entkräftet versuchte ich, John zu antworten: »Ähm … nein, alles gut. Ich will einfach nur nach Hause.«

»Och, muss die kleine Lola zu ihrer Mami? Oder soll ich lieber Loli sagen wie Mr. Möcker?« Warum war sie eigentlich immer noch hier? Ich wollte etwas auf ihre dummen Kommentare erwidern, doch mein Hals fühlte sich ganz trocken an und ich brachte kein Wort heraus.

»Halt doch einfach mal die Schnauze!«

»Lorenz ... halt die Luft an, ich mach das schon«, erklärte John.

»Was? Ich kann Lola genauso gut verteidigen wie du, du Schleimer!«

»Schleimer? Wer ist denn als Erstes zu Lola gerannt?«, spottete John.

»Ich. Na und? Kann dir doch egal sein! Alles war super, bis du aufgetaucht bist!«

Warum streiten die sich jetzt? Ich dachte sie wären die besten Kumpels? Ihre schrillen und lauten Ausrufe schmerzten in meinen Ohren.

»Lorenz, jetzt komm mal runter. Ohne mich würde Kathrin immer noch hier stehen.«

»Ich steh noch hier!«, mischte Kathrin sich ein. Nancy, Rocky und Anne waren irgendwie verschwunden.

»Halts Maul, Kathrin!«, sagten beide im Chor.

War es normal, wenn man in den Zehenspitzen kein Gefühl mehr hatte?

»Ihr seid mir zu behindert. Ich gehe, aus freien Stücken! Viel Spaß mit der Armseligen da!« Sie zeigte mit ihren angeklebten pinkfarbenen Fingernägeln auf mich, als wäre ich eine widerliche Kakerlake.

»Zum Glück ist die weg. So, Lola, soll ich dich nach Hause bringen?«, fragte Lorenz besorgt und fasste mich bei der Hand. Oder war es der Arm? Ich spürte nichts mehr.

»Ich ...«

»Ich bringe sie nach Hause!«, fiel John mir ins Wort, packte mich ruckartig und zog mich zu sich heran. Ich taumelte.

»John, du bist so ein …«, fluchte Lorenz.

Ich musste eingreifen. Sie sollten sich nicht streiten, nicht um mich. Voller Tatendrang machte ich einen Schritt nach vorne und riss mich von John los.

»Lola …«

Ich wollte weg. Wenn ich schon kein Wort herausbrachte, musste ich wenigstens aus dieser verzwickten Lage entkommen. Mein gesamter Körper schmerzte.

»Komm her. Ich bring dich nach Hause!«

Keine Ahnung, wer das gesagt hatte. Irgendetwas piepte in meinem Ohr. Der Ton wurde immer schriller. Langsam hörte ich gar nichts mehr.

»Komm … Hause … Lola … Klappe … Bitte … Hallo …«

Meine Knie gaben nach, plötzlich sah ich nur noch Schwarz vor Augen. Bevor ich auf den Boden aufschlug, hatte mich schon die Ohnmacht überwältigt.


Ich vernahm nur schwach, was hinter mir gesprochen wurde. »Mrs. Hugents, dass ihre Tochter wieder hier ist und auch noch wegen den gleichen Problemen, bereitet mir ernsthafte Sorgen. Leidet sie unter Stress oder unter Depressionen?«

»Natürlich nicht! Was für eine Frage, Doktor Phönix. Ihr geht es gut, so viel ich weiß.« Ein Aufschluchzen.

»Vielleicht, Mrs. Hugents. Sprechen Sie einfach mit ihr, wenn sie wieder zu Kräften gekommen ist.«

»Natürlich Doktor, ich werde es versuchen.«

Langsam öffnete ich die Augen und erblickte mein altes Krankenzimmer. Es hatte sich nichts verändert, obwohl seit meinem letzten Besuch hier – wegen des Schwächeanfalls im Sportunterricht –, schon einige Zeit vergangen war. Ich sah meine Mutter auf dem Stuhl neben meinem Bett sitzen, wie sie verzweifelt die Hände auf dem Schoß rang. Tränen standen auf ihren Wangen, die im grellen Licht der Lampen auf ihrer Haut zu glitzern schienen. Als sie bemerkte, dass ich sie ansah, sprach sie: »Lola? Mein Schatz, ist alles in Ordnung? Wie geht's dir?«

Ich musste erst meine Gedanken sortieren, bevor ich antwortete: »Schon besser, danke. Was ist passiert? Wie spät ist es?«

»Alles ist gut, mein Schatz. Du hattest wieder einen Schwächeanfall, wie damals im Sportunterricht. Es ist 2.05 Uhr nachts.«

»Es ist schon Dienstag? Was ist mit der Schule? Du hast Tommy ganz allein zu Hause gelassen?«

Verwirrt blickte sie mich an. »Wie kannst du jetzt an die Schule denken, wo es dir so schlecht geht? Und Tommy? Der wartet draußen zusammen mit zwei jungen Männern.«

Was meinte sie denn damit? Wer wartet schon nachts auf mich? Da schlafen doch alle! »Was denn für junge Männer?«

»Ich weiß es nicht. Ich kenne sie nicht, glaube ich zumindest, bei dem einen bin ich mir nicht ganz sicher. Anscheinend sind sie aus deiner Klasse, sie haben dich auf die Krankenstation deiner Schule geschafft und dann sind sie mit hierhergekommen. Ihnen hast du es also zu verdanken, dass nichts Schlimmeres passiert ist. Sie haben sich große Sorgen gemacht und haben die ganze Zeit hier verbracht, bis jetzt.« Ein Lächeln umspielte ihre Lippen, obwohl ihr noch Tränen in den Augen standen.

Das konnte nicht wahr sein. Ich träumte noch. War ich tot? »Ach, Mum, das sind doch keine jungen Männer. Das sind einfach nur Jungs. Kannst du sie reinholen, und Tommy auch?«

»Aber natürlich, mein Schatz«, meinte meine Mutter und verließ das Krankenzimmer. Kurz darauf stürzte Tommy durch die Tür und dann direkt zu mir. »Hey Lola. Wie geht's dir? Stell dir mal vor, ich musste jetzt ewig neben diesen zwei Volltrotteln da draußen sitzen, die die ganze Zeit kein besseres Gesprächsthema hatten als dich. ›Oh, denkst du, Lola geht es gut?‹ – ›Oh Gott, ich hoffe, sie stirbt nicht!‹ – ›Oh nein, ich habe ja so eine Angst um sie!‹«, imitierte er die beiden mit verstellter Stimme. »Bla, bla, bla … Weißt du, wie das genervt hat? Aber jetzt bist du ja wieder wach …« Er drückte mich so fest er konnte. Der Arme, irgendwie konnte ich mir das gut vorstellen, dass die beiden ihn ganz schön fertiggemacht haben. Auch ich drückte ihn kurz an mich, nur um ihn dann bei den Schultern zu packen und ihm direkt in die Augen zu sehen. »Wer war es denn?«

»Der eine heißt John, so ein blonder Trottel, der die ganze Zeit nur darüber geredet hat, wie toll er ist und was er für ein Held ist, weil er dich gerettet hat. Würg! Ich glaub, das war der Typ, der dir mal die Hausaufgaben vorbeigebracht hat oder so. Und der andere war eher ruhig. Der sah aus wie ein Lamm. Blaue Augen und so. Der hat

215

aber auch nur über dich geredet und hat sich mit dem anderen gestritten. Ständig!«, berichtete Tommy und mimte, als würde er sich neben das Bett übergeben.

Ich kicherte. »Ach Tommy…«

»Soll ich die Trottel reinholen? Ich glaube, sie sind ganze heiß darauf, dich zu sehen und dich zu nerven. Wie auch mich.« Er rollte übertrieben mit den Augen.

Ich hingegen war auf einmal ziemlich nervös, dass John, Lorenz und ich uns gleich wieder im selben Raum befinden würden. Hoffentlich würden sie sich nicht gleich wieder zoffen.

»Schick sie mir ruhig rein. Ich komm schon klar, kleiner Bruder.«

»Hey! Ich bin groß!«, meckerte Tommy, stand aber schließlich auf. »Ich hol sie mal.«

»Danke, kleiner … großer Bruder.«

Er grinste mich an und verließ das Zimmer.

Lorenz und John waren wirklich draußen vor meinem Zimmer. Sie hatten die ganze Zeit gewartet. Wie aufmerksam von ihnen. Mein Herz klopfte wie wild und mein Puls raste, als sich die beiden gleichzeitig durch die schmale Zimmertür zwängten. Auf einmal war meine Vorfreude auf sie wie weggeblasen, ihre konkurrierenden Blicke verdarben alles. Sie führten sich auf wie zwei Vollidioten. Dann stritten sie sich auch noch um die Kante meines Bettes.

»Also, Badrowski, ich würde sagen, ich sitze bei Lola auf dem Bett. Schließlich bin ich ihr Retter.«

»Alter, mir gebührt diese Ehre. Nicht dir! Und außerdem haben wir sie beide zur Schwester gebracht!«, konterte Lorenz und stieß John zur Seite.

»Okay, dann sitz ich eben auf der anderen Seite. Der besseren.«

»Hallo? Ich sitz auf der besseren Seite! Geht's noch?«

»Nein, ich!«

»Ich!«

»Ich!«

Entnervt und noch leicht benommen griff ich ein: »Jungs! Es reicht! Fangt nicht schon wieder an. Bitte.« Wieder drehte sich alles in meinem Kopf, doch ich sah sehr wohl, wie sich die beiden verbittert und wütend anstarrten. Was war nur los mit ihnen? Dann aber galt ihre volle Aufmerksamkeit mir, denn ich sagte: »Ich wollte euch danken. Dafür, dass ihr mir geholfen und euch um mich gekümmert habt. Ihr seid echt die besten Freunde auf der Welt.« Ich hatte nicht umsonst ›Freunde‹ gesagt. Sie sollten wissen, dass keiner von ihnen besser war und dass ich mit keinen von ihnen zusammen sein wollte.

»Das war doch nicht der Rede wert«, versicherten sie wie aus einem Munde.

»Das habe ich gerne für dich getan, Lola. Wir sind doch … Freunde.« Mit diesem Lächeln, das ich so an ihm mochte, nahm John meine Hand. »Ich werde immer für dich da sein.«

»Ich auch!«, mischte sich Lorenz ein, doch um weiteren Streit zu vermeiden, riss er sich zusammen und fügte ruhig hinzu: »Ich meine, du kannst dich auf mich verlassen, Lola.« Auch er nahm nun meine noch freie Hand und lächelte mich freundlich an. Seine blauen Augen strahlten und ein mulmiges Gefühl breitete sich in meinem Magen aus. Es war einfach schön, wenn sie sich nicht stritten und einfach nur für mich da waren.

»Soll ich dir die Schulsachen von gestern vorbeibringen?«, fragte Lorenz und musste sich dafür einen genervten Blick von John gefallen lassen.

»Eh, Alter! Ich werde ihr die Sachen vorbeibringen!«, sagte John, um Lorenz zu provozieren.

Zu früh gefreut, dachte ich, während ich die zwei Streithähne vor mir nacheinander anblickte. Doch zu meinem Erstaunen ging Lorenz nicht auf Johns Stichelei ein und gab nach. »Dann mach du das. Ich möchte nicht, dass Lola sich noch mehr aufregt.« Er legte meine Hand sachte auf die Decke und verließ schweigend den Raum. Ich rief ihm noch ein »Danke« und ein »Auf Wiedersehen« hinterher, doch er erwiderte es nicht. Erst jetzt bemerkte ich, wie vernünftig und sensibel er eigentlich war. Das gefiel mir. Wieso musste er so plötzlich gehen? Irgendwie war immer eine gelassene Stimmung im Raum, wenn Lorenz in der Nähe war. Johns Aktion hingegen war mega kindisch gewesen.

»Okay, Lola, ich bringe dir heute die Sachen vorbei. Bis dann!«

Ohne dass ich ein Wort erwidert konnte, verließ er anscheinend überglücklich das Zimmer. War ihm nur wichtig gewesen, dass er Lorenz übertrumpft hatte? Oder wollte er wirklich für mich da sein und hatte sich Sorgen gemacht?

Erschöpft vom vielen Reden, Diskutieren und Nachdenken ließ ich mich auf meine weichen Kissen zurückfallen und schloss die Augen.


Ich war schon seit mehreren Stunden daheim. Genauer gesagt waren es drei. Ich wartete geduldig und mit einem unangenehmen Kribbeln im Bauch auf John. Nicht, weil ich mich nach ihm sehnte, sondern weil ich einfach wieder Ordnung in mein Leben bringen wollte, und das ging nur, wenn ich meine Schulsachen endlich bekam. Schule war nun mal das Wichtigste, mit Ausnahme meiner Familie. John hatte sich im Krankenhaus Lorenz gegenüber unmöglich benommen. Dachte er wirklich, ich würde ihm nach diesem Vorfall endlich eine zweite Chance geben? Hatte ich ihm nicht deutlich genug klargemacht, dass ich nichts mehr von ihm wollte? Anscheinend nicht .... Es klingelte. Ich ging zur Tür, öffnete und sah in Johns Gesicht.

»Hey Lola. Geht es dir wieder besser? Ich freue mich, dich zu sehen.« Er hatte einen Strauß roter Rosen in der Hand und sein charmantestes Lächeln aufgesetzt. Er übergab mir die Blumen, und ich staunte nicht schlecht, als ich bemerkte, dass er sogar einen Anzug angezogen hatte. War das nicht etwas übertrieben? Er sollte mir doch nur meine Hausaufgaben vorbeibringen und mich nicht zu einer Gala ausführen.

»Ähm … John, danke, aber war das denn unbedingt nötig?«, sagte ich mit einem verwirrten Blick auf seinen schicken Anzug. Er war weiß mit einer lilafarbenen Fliege und anscheinend noch nie benutzt, er sah zumindest nagelneu aus.

»Kann ich reinkommen?«, fragte er und ich ließ ihn eintreten. In seiner Hand hatte er Schulsachen. Deutsch und Physik.

»Meine Hefter«, erklärte er. »Du musst nur das abschreiben, was du nicht hast, und im Physikhefter, dem blauen, sind noch die Arbeitsblätter.«

Ich schaute auf das Material. Zum Glück musste ich nur wenig nachholen, das erleichterte mich ungemein. Aber ich ahnte schon, dass er nicht wegen den Schulsachen zu mir gekommen war.

»Ja, danke ... und John?«

»Ja?«

»Wieso bist du jetzt wirklich hier?« Fragend blickte er mich an.

»Wie meinst du das?«

»Na, das ist so wenig Material, dass ich nachholen muss ... das hättest du mir auch in der Schule geben können. Warum hast du es nicht getan?«

Verlegen blickte er zur Seite. »Darf ich mich setzen?«

Verwirrt über seine Reaktion, ging ich vor ihm ins Wohnzimmer, nickte in Richtung der Couch und setzte mich selbst ihm gegenüber in meinen Lieblingssessel.

»Na ja, also ich bin nicht wirklich nur deshalb hier.«

Ach. Das dachte ich mir doch. Wieso hatte ich ihn eigentlich reingelassen? Er hätte mir das Material auch vor der Tür geben können. Mist. Nun war es zu spät, also hörte ich ihm weiter schweigend zu.

»Ich bin nur gekommen … um … mit dir etwas Zeit zu verbringen …«

»Wir sehen uns doch jeden Tag in der Schule! Und in den Pausen sind wir doch ständig zusammen. Außerdem … schau mal auf deine Uhr. Es ist halb sechs. Ich muss bald ins Bett!«

Fragend blickte er mich an. »So früh?«

»Na ja, ich brauche halt eine gewisse Zeit …« Ich schüttelte den Kopf. »Eigentlich geht dich das doch überhaupt nichts an! Nun zu meiner Frage. Warum hast du mir die Sachen nicht in der Schule gegeben, John?«

»Wegen Lorenz.« Eiskalt blickte er mir in die Augen.

»Was … was hat das denn mit Lorenz zu tun?«

»Merkst du das nicht? Er steht auf dich!«

Was sollte das denn? Dachte er etwa, ich hatte es mittlerweile nicht auch kapiert, dass Lorenz nicht nur nett zu mir sein wollte? Ich versuchte, es mir zwar auszureden, es irgendwie zu ignorieren, aber trotzdem war ich nicht vollkommen blöd.

»Ich bilde mir meine Meinung über andere Leute lieber selber. Danke, John«, sagte ich ebenso kalt. »Aber das ist doch nicht der einzige Grund, oder?«

Wieder blickte er verlegen zu Boden. Das sah echt knuffig aus, denn seine braunen Augen bekamen dann immer diesen süßen Welpenausdruck. Ach, er gefiel mir schon. Seine braunen Augen, seine blonden Haare und erst diese Muskeln … Warte? Was dachte ich denn hier! ›Stopp, Lola! Hör auf, so etwas zu denken! Hör auf!‹

»Ähm, Lola, alles okay mit dir?«

Ich brauchte Zeit, um mich zu beruhigen. Als ich mich gefasst hatte, sagte ich: »Mir geht es gut. Aber beantworte bitte meine Frage, John.«

Er schien schwer eine passende Antwort zu finden, denn er dachte ziemlich lange nach. Seine Mimik wechselte dabei zwischen diesem Lächeln und einem unsicheren Ausdruck, als könnte er sich nicht entscheiden, was besser zu dieser Situation passte.

»Na ja, an dem Freitag vor dem letzten Schultag ... da ist ja der ...« Er zögerte.

»Ja?«, versuchte ich nachzuhelfen.

»... na der Osterball.«

Oh nein.

»Und was hat das mit mir zu tun?«, tat ich unwissend.

»Ich war ja noch nicht fertig, sei nicht immer so ungeduldig.«

Verlegen blickte ich an die Wand. Das ließ ihn kurz schmunzeln.

»Tut mir leid«, sagte ich.

»Also, wie ich schon sagte, der Osterball. Hättest du Lust, mein Date zu sein?«

Wie süß. Er hatte mich wirklich gefragt, obwohl er genau wusste, dass ich Nein sagen würde. Ich konnte nicht mit ihm dorthin gehen, das wusste er genau. Aber er war ja eigentlich nur ein Freund. Es war ja auch nur ein harmloses Date. Das konnte man doch auch als Freunde ... Oder?

»John, ich weiß gar nicht, was ich sagen soll. Du weißt doch, dass ich nichts ...«

»Ja, ich weiß, dass du nichts von mir willst …«, beendete er meinen Satz. »Aber gegen ein Date ist doch nichts einzuwenden?«

Wieder dieses Lächeln. Meine Knie wurden weich und ich war froh, dass ich auf meinem Lieblingssessel saß. Ich ahnte, dass er schon wieder einen neuen Plan ausgeheckt hatte, um mich für sich zu gewinnen, und immer noch war ich misstrauisch.

»Ich weiß nicht so recht. Woher soll ich wissen, dass du nicht auf etwas anderes hinauswillst, oder dass du Lorenz nicht nur eins auswischen willst.«

»Was kümmert dich denn Lorenz?«

Ja, genau, was kümmerte er mich eigentlich? Und warum hatte ich gerade an ihn gedacht, wo John doch direkt vor mir saß?

»Ähm … na ja … er ist auch mein Freund. Ein guter Freund, genauso wie du.« Puh, gut gerettet …

»Aber ihr habt doch gar nichts miteinander zu tun.«

»Und trotzdem hat er mit dir gemeinsam im Krankenhaus gewartet, und das ist Grund genug für mich, ihn meinen Freund zu nennen. Außerdem kenne ich ihn viel länger als dich, John. Er geht seit der Fünften mit mir in dieselbe Klasse. Du erst seit der Zehnten.«

Gedemütigt blickte er zu Boden. Meine Worte hatten anscheinend ihre Wirkung gezeigt. »Tut mir leid, Lola. Ich hätte nicht so weit gehen dürfen. Du hast recht.« Er stand auf. »Bis morgen.« Ein merkwürdiger Unterton hatte sich in seine Stimme geschlichen. War das Trauer? Oder etwas anderes? Er hatte sich so eine Mühe gemacht, mit dem Schulzeug, den Rosen und vor allem dem wunderschönen

Anzug. Obwohl das alles nicht nötig gewesen wäre. Dennoch … es war mega süß. Da musste ich einfach schwach werden. Ich atmete tief durch und sagte mit ruhiger Stimme: »John, warte!«

Blitzschnell wandte er sich zu mir. »Ja, Lola?«

Ich wies mit dem Zeigefinger zur Couch und er setzte sich noch mal. Der Ausdruck auf seinem Gesicht wirkte sehr selbstsicher, und irgendwie hatte ich das Gefühl, dass er das alles genauso geplant hatte.

»John, ich habe ja nicht gesagt, dass ich nicht möchte.«

»Ach wirklich?«

»Ich habe nur gesagt, dass es nicht geht.«

Gespielt traurig blickte er wieder zur Seite. Ach, komm schon!

»Oh, ach so. Na dann. Tschau, Lola.«

Ich zog ihn zurück, da er wieder versuchte abzuhauen.

»Aber das gilt nur, wenn du dumme Gedanken hast und Lorenz damit nur ärgern willst. Ansonsten hätte ich nichts dagegen.« Ich grinste ihn an und dieses selbstsichere Strahlen erhellte wieder seine Züge.

»Also, wenn ich das nicht vorhätte und auch sonst keine Hintergedanken, dann …«

»… dann würde ich mit dir gerne zu dem Ball gehen. Als Freunde«, betonte ich noch einmal und klopfte ihm dann auf die Schulter. Er sollte merken, dass ich ihm damit einen Gefallen tat und ich nicht mehr von ihm wollte als seine Freundschaft. Dieses Angebot nahm er an.

»Cool.«

Wieder dieses Lächeln. Meinte er das jetzt ernst? Fand er es wirklich okay, dass wir nur als Freunde dort

224

aufkreuzen würden? Aber warum schaute er mich dann so hinreißend an?

»Na dann, bis morgen, John«, sagte ich schließlich, lächelte ihm zu und stand auf, um ihm die Hand zu reichen.

Auch er stand auf. »Ja, Lola, bis morgen, und am Freitag sehen wir uns um sieben. Ich komme dich abholen mit meinem neuen Moped.«

»Mann, ich fühl mich geehrt«, scherzte ich und wollte ihm zum Abschied die Hand schütteln. Doch ihm schien nicht danach zu sein und er umarmte mich stattdessen liebevoll. Ein Teil von mir sträubte sich dagegen, doch ein anderer genoss diesen intimen Moment. Wieder einmal fragte ich mich, warum ich so empfand. Als wir uns voneinander gelöst hatten, schien er überglücklich zu sein. Er lächelte. Auch ich war irgendwie glücklich, auch wenn ich meine Gefühle nicht ganz einordnen konnte. Seine Augen strahlten mich an und ich glaubte in ihnen zu erkennen, wie verknallt er in mich war. Aber vielleicht verging diese Liebe bald wieder und ging stattdessen über in eine wundervolle Freundschaft.

## KAPITEL 15
## KOMPROMISS

Freitag, 13.56 Uhr

Schwerfällig lief ich meine Runden, auch wenn es nicht viele waren – zwei, um genau zu sein. Ben musterte mich die ganze Zeit, doch das störte mich nun weniger. Obwohl der Schwächeanfall vom Montag noch an mir zerrte, wusste ich jetzt, dass ich mich wehren konnte und mich nicht weiter von ihm bedrängen lassen musste. Das gab mir genug Kraft, um nun auch noch seinen Blicken standzuhalten. Zumindest hatte er aufgehört, mich zu belästigen und das war auch gut so. Dafür machte er sich jetzt an Rocky ran.

Wie gerade eben: »Hey Rocky, renn nicht so lahm. Komm, du hast doch so viel Kraft. Du rockst, Süße!«, rief Ben, und Rocky schien ganz hin und weg. So war das bei den Tussen. Kaum wurden sie von einem älteren Typen angeschmachtet, schon hielten sie sich für die tollsten. Dass die anderen über sie lachten, checkte sie anscheinend nicht, lachte sogar noch mit, was ihr weitere verächtliche Blicke einbrachte. Für Dave war das Ganze ein gefundenes Fressen. So konnte er immer wieder Witze über die beiden machen. Zwar wurde er von Ben zurechtgewiesen, doch groß zu stören, schien ihn das nicht. Denn er fing schon wieder an: »Hey, Alter, Benny-boy! Such dir doch eine mit mehr Hirn! Da läuft die Sache bestimmt besser. Oder nimm dir gleich 'nen Ball und mal ein Gesicht drauf, sogar der ist schlauer als Rocky!«

Wäre ich Rocky, würde ich mich garantiert nicht so dumm von der Seite anlabern lassen. Ich wäre bestimmt ausgerastet und hätte Dave den Hals umgedreht. Doch Rocky war so blöd, sie schien das gar nicht zu bemerken und flirtete eifrig weiter mit Ben. Als dieser Rocky nun ei-nen äußerst verstörenden Blick zuwarf – der sollte wohl sexy und flirty wirken –, brachen Dave, Klot und Ron in lautstarkes Gelächter aus, das man über den ganzen Sportplatz hören konnte, und auch die anderen stimmten mit ein. Darüber konnte ich nicht lachen, es war mir ein-fach zu blöd. Als Lorenz das bemerkte, verstummte auch er augenblicklich. Doch John schien sich darüber keine Gedanken zu machen. Er lachte eifrig mit, war inzwischen schon ganz rot im Gesicht und seine Augen tränten.

Irgendwie war das ja auch gut, dass Ben und Rocky sich jetzt so ... wie sollte man das nennen ... gegenseitig an-zogen. So war wenigsten der Sportunterricht einigerma-ßen erträglich, denn ich war nicht mehr das begehrte Op-fer Bens. Wir mussten uns nur zwei Runden einlaufen und dann konnten wir spielen, wobei sich natürlich auch wie-der einige drückten – Kathrin zum Beispiel.

Mein Blick schweifte wieder zu Lorenz. Er rannte ge-meinsam mit den anderen Jungs auf dem Fußballfeld herum. Er war vollkommen verschwitzt und sein Muskel-hirt klebte an seiner nackten Haut. Seine Haare waren zerzaust und schimmerten in der Sonne. Irgendwie sah er richtig ... heiß aus. Obwohl er eher schüchtern und unscheinbar war, war er trotzdem der attraktivste Junge auf dem Platz. Suchend blickte ich mich nach John um. Er war nicht da, genau wie die drei Dally-Brüder. Sicherlich spielten sie in der Sporthalle Basketball – zumindest vermutete ich das.

Also sah ich wieder zu Lorenz. Vollkommen konzentriert verfolgte er den Ball. Als Mr. Möcker ihm etwas von der Seite aus zurief, um seine Spielfähigkeiten zu verbessern, reagierte er nicht. Es gab nur ihn und den Ball. Kurz vor dem Tor passte er diesen zu Louis. Ich hatte zwar keine Ahnung von Fußball, aber dieser Pass schien sehr genau und koordiniert. Dennoch war es ein Fehler gewesen, denn der dicke Louis schien völlig überfordert und stolperte unkontrolliert in Richtung Tor. Lorenz, der wohl den Ausgang des Angriffs von Louis schon vorhersah, hatte abrupt abgebremst und starrte, mit geweiteten Augen verzweifelt auf den unbeholfenen Louis. Als dieser zum Schuss ansetzte und einige seiner Gegner sich schon um das Tor versammelt hatten, traf er den Ball nicht richtig, sodass dieser ins Aus rollte. Darauf folgten Beschimpfungen seiner Teamkameraden über sein »mangelndes Talent, für jegliche sportliche Betätigung«. Lorenz schien ebenfalls genervt, doch im Gegensatz zu den anderen, blieb er stumm und rannte zurück zu seinem eigenen Tor, um dieses gegen den bevorstehenden Angriff zu verteidigen.

Gefesselt vom Fußballspiel merkte ich gar nicht, wie jemand von Weitem auf mich einschrie: »Lola!« Ich zuckte

228

zusammen und drehte mich um, da schrie es wieder: »Könntest du mal deinen Hintern in Bewegung setzen und Sport machen! Du stehst hier nur dumm rum! Wir sind nicht zum Spannern hier!«

Ich verdrehte die Augen und warf Ben einen missbilligenden Blick zu. Als ich Richtung Sporthalle lief, schaute ich wieder zu Lorenz. Ich wusste gar nicht, dass er so gut Fußball spielen konnte. Wenn ich so darüber nachdachte, wusste ich eigentlich gar nichts über ihn. Automatisch fiel mir der Osterball ein. Mit wem er wohl dahin ging? Ob er überhaupt hinging? Ein schlechtes Gewissen nagte an mir und plötzlich fühlte ich mich richtig mies. Ich hatte das Gefühl, dass es ein Fehler gewesen war, John zuzusagen. Allerdings waren wir befreundet und ich tat ihm damit einen großen Gefallen – glaubte ich jedenfalls. Auf der anderen Seite würde ich Lorenz vielleicht damit verletzen, aber das wollte ich nicht. Auf keinen Fall. Ich wollte ihn nicht verlieren und wollte nichts zwischen uns kaputt machen. So merkwürdig das auch klingen mochte.

Fertig umgezogen verließ ich die Umkleide. Mit meiner orangenen Sporttasche fest in der Hand überquerte ich den Flur zu meinem Spind. Die Kleidung auf meiner verschwitzen Haut fühlte sich unangenehm an, ich hätte sie am liebsten ausgezogen und kühl geduscht. Zum Glück war das jetzt die letzte Stunde gewesen und ich konnte meinen Problemen in der Schule endlich entkommen. Na ja, zumindest für ein paar Stunden. Der Osterball fand ja am Abend statt, so ganz verdrängen konnte ich das

Problem also nicht. Als ich meine Sachen in den Spind gestellt hatte, drehte ich mich um und ... mein Herz blieb für einen Moment stehen. Lorenz hatte mich zu Tode erschreckt.

»Mann, tu das nie wieder! Oder willst du, dass ich wieder im Krankenhaus lande?«, sagte ich gereizt.

»Tut ... tut mir leid, Lola. Ich ... ich wollte dich nicht erschrecken. Wirklich«, stotterte er und ich sah, wie seine Hände zitterten. Kaum bemerkte er das, ließ er sie schnell in den Hosentaschen verschwinden. Verlegen schaute er mich an. Dieser Kontrast zwischen dem engagierten Sportler von gerade eben und dem stillen Mäuschen nun vor mir, war verwirrend, aber irgendwie auch interessant. Er war interessant.

»Schon in Ordnung. Was liegt denn an?«

»Ich wollte dich nur etwas fragen«, sagte er zögernd und trat einen Schritt näher.

In seiner Nähe fühlte ich mich wohl und ich beließ es bei dem Abstand. »Und das wäre?« Ich blickte ihn fragend an.

»Heute ist doch der Osterball ...« Kurz zögerte er, bevor er weitersprach. Seine Wangen röteten sich leicht. Wie süß er doch war. »Und ich wollte dich fragen, ob du da vielleicht mit mir ... ich meine, ob wir zusammen ... dahin gehen? Vielleicht?«

Oh nein. Bitte, das durfte nicht sein. Was sollte ich jetzt nur machen? Weglaufen? Eine Ausrede erfinden? Er würde vollkommen fertig sein, wenn ich ihm sagen würde, dass mein Date John war.

»Also, du fragst mich nach einem Date?«, versuchte ich, meine Antwort hinauszuzögern. Ich war nicht bereit, ihm die Wahrheit zu sagen.

»Ja ... ähm ... so könnte man es auch nennen. Also, was sagst du dazu?«

Was sollte ich denn jetzt dazu sagen? Ich wollte ihn nicht verletzen – nicht ihn. Wenn ich ihm die Wahrheit sagte, würde er sicher ausrasten und mich für immer hassen. Das wäre das Ende. Wie sollte ich es ihm nur schonend beibringen?

»Lorenz, das ist wirklich richtig süß, aber ich ... ich ...« Nachdenklich blickte ich zu Boden. Ich überlegte mir eine passende Ausrede, doch durch meine Angst und Hektik erzählte ich das Dümmste, das mir hätte einfallen können. »... Lorenz, ich werde nicht hingehen.« Als es raus war, hätte ich mich selbst ohrfeigen können. Warum hatte ich das gesagt? Oh Mann.

»Warum denn nicht?«

›Ja, genau, warum denn nicht, Lola?‹, fragte ich mich selbst und war kurz vor einem Herzinfarkt. Okay, einmal gelogen, musste man auch dabei bleiben. Oder? Jetzt durfte ich mir das nicht versauen. Na ja, eigentlich hatte ich es mir ja schon versaut. Aber die Ausrede war eigentlich auch ganz gut. Na ja, mehr oder weniger. Ich rettete einfach das, was noch zu retten war. »Weil ich Hausarrest habe ...«

Verwirrt und gleichzeitig enttäuscht blickte er mich an. »Du und Hausarrest? Was hast du denn angestellt? Eine Zwei in Biologie?« Er grinste, als hätte er einen guten Witz gemacht.

»Keine weitere Details. Das willst du gar nicht wissen«, sagte ich und klopfte ihm auf die Schulter.

»Eigentlich schon.« Und er klopfte zurück.

Mist, was sollte ich jetzt sagen? Na toll, jetzt war ich ja schon in einem Lügenmeer gefangen. »Familiäre Probleme, sehr privat. Du weißt schon. Tut mir leid.«

»Ach, kein Problem ... dann wünsch ich dir schöne Ferien«, verabschiedete er sich verbittert und ging traurig davon.

Was hatte ich nur getan? Ich hatte nicht nur sein Herz gebrochen, sondern ihm auch noch direkt ins Gesicht gelogen. Ich war ein verabscheuungswürdiger Mensch! Ich rief ihm hinterher: »Lorenz warte!« Er drehte sich um. »Vielleicht können wir uns ja mal treffen?«

Seine Mundwinkel sprangen nach oben und er wirkte erleichtert. Mein Herz machte einen doppelten Rückwärtssalto, als ich sein Lächeln sah. Mein Puls beruhigte sich aber sofort und ich fühlte mich wieder gelassen. Lorenz' ruhige Aura ergriff von mir Besitz, sobald ich in seiner Nähe war.

»Ja? Echt? Du meinst, wir beide? Alleine? Treffen? Ein ... ein Date?«, fragte er und seine Augen glänzten vor Freude.

Ich bereute meinen Vorschlag nicht. »Ja, so könnte man es auch nennen«, wiederholte ich seine eigenen Worte von vorhin und zwinkerte ihm lächelnd zu.

Wie ein fröhliches Rehkitz sprang er letztendlich davon und summte vor sich hin. »Ich ruf dich dann an!«, rief er mir noch zu und ich hörte, wie er am Ende des Ganges einen Jubelschrei ausstieß.

Ich musste grinsen. Er war zu goldig. Nicht goldig im Sinne von süß wie ein Kleinkind, sondern goldig im Sinne von ... ich weiß auch nicht. Jedenfalls war er so unkompliziert, so süß, aber dennoch so unglaublich sexy, wenn ich an das eine Mal zurückdachte, als sich sein Sixpack unter dem verschwitzen Sport-Shirt abgezeichnet hatte ... Irgendwie war ich erleichtert und freute mich auf das gemeinsame Treffen. Dennoch hatte ich immer noch gelogen. Hoffentlich würde er nicht zu dem Osterball kommen, denn dann hätte ich ein riesiges Problem. Aber das wäre ja nichts Neues. Wie sollte ich den Abend denn dann genießen, wenn ich die ganze Zeit auf der Hut vor Lorenz sein musste? Konnte ich den Abend überhaupt genießen, wenn John meine Begleitung war? Ich hoffte, es würde nichts passieren, zumal ich auch jetzt nicht mehr absagen konnte. Ich mein, wo wollte er denn jetzt noch eine Begleitung auftreiben? Auf der anderen Seite war er ja wirklich süß ... und vielleicht standen die Mädels ja bei ihm Schlange? Auf der anderen Seite war er aber nicht gerade der beliebteste Typ der Schule.

Als ich meinen Schulranzen fertig gepackt hatte, mein Spind geleert und mein Kopf auch einigermaßen frei von Gedanken war, ging ich aus dem Schulgebäude zum Bus.

## KAPITEL 16
## DER OSTERBALL

Freitag, 14.39 Uhr

Eigentlich hätte ich ja noch ein Kleid, das ich anziehen könnte. Wir müssen nicht shoppen, wirklich, Mum«, versicherte ich und hielt als Beweis das Kleid von Tante Lucy und Onkel Jeremy meiner Mutter vors Gesicht.

»Oh, du hast Recht. Dieses wundervolle blaue Kleid mit den glitzernden Steinen versehen … ist wirklich nicht geeignet für einen Schulball. Du brauchst etwas Neues, aber nicht so etwas Tolles. Du brauchst etwas schlichteres, nicht so teuer, eher billig.« Ich konnte den Sarkasmus meiner Mutter nicht verstehen.

»Meinst du das ernst?«, fragte ich deshalb nach.

Plötzlich wurde sie streng. »Das ist mein vollkommener Ernst, Schatz. Nimm deine Sachen, wir gehen shoppen!«, befahl sie, drückte mir meine Jacke in die Hand und ging erhobenen Hauptes zur Eingangstür.

»Und Tommy?«, fragte ich.

»Tommy? Der kann mitkommen«, sagte sie überzeugt.

»Wie bitte?«, ertönte eine Stimme direkt hinter mir. »Ich soll shoppen gehen? Wie eine Tusse?«

»Ja, Tommy, hier nimm deine Jacke und dein Skate-board. Wir gehen!«

Entsetzt tauschten mein Bruder und ich einen verwirr-ten Blick und schüttelten die Köpfe. Dann gingen wir schweigend wie Entenküken hinter unserer Mutter her und watschelten zum Auto.

Wir schlenderten durch die Einkaufspassage. Sie wirkte gi-gantisch und voller Leben. An jeder Ecke gab es andere Läden. Von Süßigkeiten bis hin zu Elektroartikeln, alles war vorhanden. Als wir mit der Rolltreppe in den zweiten Stock fuhren, schimpfte Tommy: »Was habe ich hier ei-gentlich zu suchen? Ich bin weder Modeberater, noch habe ich Lust, mit euch hier rumzuhängen.«

Meine Mutter starrte ihn entsetzt an, doch dann be-schloss sie, ihn zu ignorieren und wandte sich stattdessen mir zu. »Also, Lola, an was hast du gedacht?«

»Wie meinst du das?«, fragte ich verwirrt. Konnte sie etwa meine Gedanken lesen? Denn gerade hatte ich da-ran gedacht, wie sinnlos doch dieser Einkaufsbummel war.

»Was möchtest du tragen? Kleid? Bluse und Hose oder einen Rock?«

Puh. Sie ahnte nichts von meiner inneren Rebellion. Gut, ich versuchte, mir mein Outfit vorzustellen. Eigent-lich war es mir egal, was ich trug, oder was die anderen davon hielten, doch da ich mit John zum Ball gehen würde, wollte ich mich zumindest etwas schick machen. Also Rock ging schon mal gar nicht, und Blusen und Ho-sen hatte ich genug daheim, da hätten wir uns die Sache hier ja auch sparen können. Aber ich wollte meine Mutter nicht verletzen, so wie Tommy gerade zuvor. »Na ja, ich würde dann schon eher zum Kleid tendieren«, überlegte ich und zeigte auf den Laden ›Peggy Sue‹.

»Okay, wie du meinst. Dann, auf geht's!«, sagte meine Mutter eifrig und zerrte Tommy an ihrer Hand in den Laden. Sie wirkte wie ein kleines Kind, das unbedingt ein bestimmtes Spielzeug haben möchte.

Im Laden standen unzählige Ständer mit den verschiedensten Kleidern und auch Modeschmuck.

»Oh Mann. Ein Mädchenladen, na klasse«, nervte Tommy nun wieder und wurde von unserer Mutter weiter hinein in den Laden gezerrt. Auf einmal quietschte er erfreut auf und riss sich los. »Hey Alter! Was machst du denn hier?«

»Hey Tommy. Wurdest du auch gezwungen?«, hörte ich Taylors Stimme gerade sagen. Na toll, was machte denn der hier? In Letzter Zeit hatte ich – glücklicherweise – nichts mehr von ihm gehört. Er war nicht mehr bei uns zu Hause, er hat mich auch nicht mehr angeschrieben oder angerufen. Er hat einfach aufgehört, mich zu belästigen, nach dem letzten Vorfall mit Tommy. Ich versuchte, ihn nicht aufmerksam auf mich zu machen. Als ich so durch die Gänge schlich – um mir irgendetwas Schönes auszusuchen, damit wir endlich gehen konnten –, fiel ich über einen Kleiderständerfuß.

»Aua!«, schrie ich auf und schon war alle Aufmerksamkeit mir gewidmet. Meine Mutter half mir auf, und auch Tommy kam angerannt – mit Taylor.

»Oh Lola, Mäuschen … äh, ich meine, Lola, was ist passiert?«

Ich rollte mit den Augen. Würde er es denn nie verstehen? »Nichts. Ich bin nur gestolpert. Alles gut. Tschau Taylor.« Ich versuchte, einen dramatischen Abgang hinzulegen, doch meine Mutter hielt mich fest.

»Lola, sei doch nicht so unfreundlich. Taylor wollte nur nett sein.«

Mann, was mischt sie sich da jetzt ein? Genervt blickte ich sie an. »Wollen wir nicht shoppen? Ich hab bald mein Date.« Ich packte ihre Hand, um sie von den beiden Jungs wegzuzerren. Wo war Taylors Mutter eigentlich?

»Ein Date? Mit wem?«, fragte Taylor und in seinen braunen Augen bildeten sich Tränen. Das war Absicht gewesen.

»Jap. Ein Date. Wenn du mich jetzt entschuldigst, Kleiner. Ich muss jetzt mein Outfit zusammensuchen. Tschau«, sagte ich eiskalt und streckte mich, um ihm durch die Haare rubbeln zu können. War er schon wieder gewachsen? Ohne ein Wort zu sagen ging meine Mutter hinter mir her, und Tommy blieb bei Taylor.

»Schatz, bitte komm dann zum Eiscafé. Wir treffen uns dort!«, rief meine Mutter Tommy noch zu und folgte mir zu einem Ständer mit vielen Kleidern – rote, grüne, gelbe, blaue, gepunktete, gestreifte – alles, was ein Mädchenherz begehrte.

Meine Mutter hielt mir ein rotes, mit grünen Streifen versehenes Kleid vor die Augen. »Wie ist das?«

Ich grübelte. »Nein, zu bunt.«

Dann drückte sie mir ein graues Kleid mit glitzerüberzogenen Steinen in die Hand. »Und dieses?«

»Nein. Zu schlicht und unauffällig.«

»Aber es kostet nur 69,99€!«

»Was, so viel? Spinnst du? Bring das weg.« Bevor sie reagieren konnte, schnappte ich mir das Kleid und hängte es zurück an den Ständer. Dort fiel ein weißes Kleid in mein Blickfeld, welches mit himmelblauen Punkten, die mit Glitzer umrandet waren, verziert war. Ich nahm es in die Hand und zeigte es meiner Mutter.

»Das ist perfekt!«, schrie sie erfreut auf.

»Ja! Es kostet auch nur 49,95€! Ein Schnäppchen!«

»Ich bezahl es dir«, beschloss meine Mutter und nahm ihr Portemonnaie aus der Tasche. Ich packte ihre Hand, in der sie es hielt und sagte ruhig: »Ich werde es bezahlen. Du brauchst das nicht zu machen. Danke.«

Entsetzt legte sie ihre Stirn in Falten und meinte: »Na gut, Lola, dann sehen wir uns draußen.« Sie schloss ihre Tasche und ging aus dem Laden.

Nachdem ich bezahlt hatte, wollte ich nach passenden Schuhen schauen. Schließlich fand ich welche in einem wunderbaren Hellblau mit glitzernder Schleife.

»Perfekt, Lola! So wird der Glückliche, mit dem du ausgehst, vor Begeisterung umfallen!«, versicherte meine Mutter voller Freude, als ich ihr die Schuhe zeigte.

»Ja, das denke ich auch«, stimmte ich ihr etwas verwundert und nicht ganz so euphorisch zu und folgte meiner Mutter zu Tommy.

»Und? Habt ihr was gefunden?«, fragte er, als er uns erblickte. Obwohl er die ganze Zeit genervt an der Wand gelehnt und gelangweilt die vorbeilaufenden Passanten beobachtet hatte, konnte ich einen kleinen Funken von Neugier in seinen Zügen erkennen.

»Klar«, antwortete ich ihm knapp und gewährte ihm einen kurzen Blick in meine Einkaufstüte.

»Wow, alles in Blau. Sieht gut aus.«

»Na dann, lasst uns nach Hause gehen oder willst du auch noch etwas shoppen, Tommy?«, wandte sich meine Mutter mit einem fiesen Grinsen an ihn.

Dieser blickte sie geschockt, aber auch etwas verlegen an. »Ähm ... nein! Ganz bestimmt nicht. Los, auf nach Hause.« Er packte meine Mutter an der Hand und zog sie schnurstracks in Richtung Ausgang. Ich folgte ihnen, dachte über mein heutiges Date nach ... Und hoffte immer noch, dass meine Entscheidung kein Fehler gewesen war.

Das Kleid saß wie angegossen. Es musste Schicksal gewesen sein, dass ich es gefunden hatte. Irgendjemand wollte anscheinend, dass ich es zu diesem Anlass trug. Eine gruselige Vorstellung ... Ich stand vor meinem Spiegel und starrte mich an. Irgendwie gefiel ich mir heute – jedenfalls mehr als sonst. Meine Pickel hatte ich dezent überschminkt, das hatte ich früher öfter gemacht, doch seitdem ich nicht mehr mit Kathrin befreundet war, hatte ich mir das abgewöhnt. Ich wollte natürlich sein und nicht wie eine Barbiepuppe aussehen. In meine Haare hatte ich schöne Locken gedreht, die mir nun locker über die Schultern hingen. An meinem Handgelenk funkelte ein Armband. Ich sah ansonsten nicht so wesentlich anders aus als sonst. Bis auf meine Kleidung. Mein wundervolles Kleid und die schicken Schuhe dazu. Mein neues Outfit ließ meine smaragdgrünen Augen richtig strahlen. Auf einmal fühlte ich mich, als hätte ich Markenklamotten an, ich fühlte mich wie eine kleine Prinzessin. Das klang absurd, das wusste ich selber, aber so war es nun einmal.

Dann klingelte es. Ich sprintete die Treppen hinunter zur Tür, musste aber aufpassen, nicht zu stürzen, da meine Schuhe einen leichten Absatz hatten. Voller Selbstbewusstsein öffnete ich die Tür und war vollkommen überzeugt von mir.

»Wow, Lola, du siehst echt toll aus«, wurde ich von John begrüßt.

»Findest du?«, fragte ich und als ich sah, wie er nickte, formten meine Lippen ein »Dankeschön«.

»Du siehst aber auch nicht schlecht aus«, meinte ich und betrachtete ihn genauer. Er hatte den weißen Anzug wieder an und hielt einen Strauß Rosen für mich bereit. Zumindest hoffte ich, dass sie für mich waren. Warte, warum hoffte ich das?

»Lola? Alles in Ordnung? Können wir los, sonst kommen wir zu spät.« In Gedanken vertieft hatte ich gar nicht bemerkt, dass John mir den Rosenstrauß hinhielt. Ich bedankte mich nicht, sondern nahm ihn mit einem Lächeln an und reichte ihn nach hinten zu meiner Mutter, die ebenfalls zur Tür gekommen war.

»Ähm, klar. Dann los«, sagte ich. Wir verabschiedeten meine Mutter, die wieder im Haus verschwand. John bot mir nun seinen Arm und wusste nicht, was ich tun sollte. Eigentlich war das doch nicht schlimm, es war ja nur ein Date. Oder? Also hakte ich mich bei ihm unter und folgte ihm zu seinem Moped.

»Warte«, sagte ich dann und riss mich los.

»Was ist los?«

»Ich habe gar keinen Helm!«, schrie ich ungestüm und blickte ihn entsetzt an.

»Keine Sorge, Lola. Ich habe einen für dich.«

»Was?« Hatte ich mich gerade verhört?

»Ja, heute Nachmittag habe ich ihn für dich gekauft. Ich hoffe, er gefällt dir. Du kannst ihn gerne behalten, für eines unserer nächsten Dates, wenn ich dich abhole.«

Wieder dieses Lächeln gekoppelt mit einem süßen Zwinkern. Ich wusste nicht, was ich sagen sollte. Mir hatte es die Sprache verschlagen. Irgendwie war das süß, doch trotzdem fand ich seine Anmache merkwürdig. Dachte er wirklich, dass es weitere Dates geben würde? Ich dachte nicht einmal an ein zweites. Schließlich hatte ich Lorenz auch noch ein Date in den Ferien versprochen, und er hatte sich wirklich darüber gefreut… Aber wieso dachte ich schon wieder an Lorenz, wenn John doch direkt vor mir stand?

»Das ist wirklich lieb von dir, danke. Aber das wäre wirklich nicht nötig gewesen.«

»Nicht nötig? Lola, das ist das Geringste, was ich für dich tun kann. Ich würde wirklich alles für dich tun.« Er nahm meine Hand und blickte mir in die Augen.

Ich zog sie schnell weg und kratzte mir am Hinterkopf. »Ja … Können wir jetzt gehen? … Bitte?« Ich nahm ihm den Helm ab, setzte ihn auf und stieg anschließend auf sein Moped. Am liebsten wäre ich selbst gefahren, und zwar ganz weit weg von ihm. Doch John setzte sich vor mich und fuhr zügig los. Mir blieb nichts anderes übrig, als meine Arme um ihn zu legen und mich an ihm festzuhalten. Das hatte er garantiert gewollt, denn er fuhr plötzlich langsamer und schien den Augenblick zu genießen.

»Alles gut bei dir, Lola?«, fragte er nach hinten, ich nickte nur knapp. Wahrscheinlich hatte er es nicht einmal gesehen, doch das war mir egal.


Endlich da. Die unangenehme Fahrt war vorbei. Na ja, ›unangenehm‹ klingt schon irgendwie sehr hart. Ich habe es zwar nicht genossen, doch richtig schrecklich fand ich es auch nicht. Trotzdem wäre ich lieber mit meiner Mutter in ihrem Auto hergefahren – alleine, ohne John. Ich sah das bunte Treiben vor der Turnhalle. Sie war noch nicht geöffnet und alle Paare standen davor. Von außen schon war sie atemberaubend geschmückt. Ostereier waren am Dach aufgehängt und Lichterketten verzierten alle Fensterläden. Vor der Turnhalle stand ein riesiger, aufgeblasener Osterhase und hatte ein Schild in der Hand. ›Wir wünschen euch einen schönen Ball und erholsame Ferien!‹, stand darauf und ich musste grinsen. Unsere Lehrer waren wirklich für jeden Spaß zu haben – na ja, einige zumindest und zu bestimmten Anlässen. Mr. Müller stand vor der Turnhalle und passte auf, dass niemand eintrat, bevor nicht alles fertig war. »Zurück! Zurück mit euch!«

Vertieft in meine Gedanken hörte ich plötzlich Johns Stimme. »Lola ...« Doch ich reagierte nicht und schaute weiter dem bunten Treiben zu. Dann erblickte ich Dave, Klot und Ron, die gerade auf Anne, Nancy und Rocky zugingen. Sie begrüßten die Jungs mit einem Wangenkuss und gingen dann eingehakt zu dem Eingang der Turnhalle, wo sich eine kleine Traube aus meinen Klassenkameraden gebildet hatte. Wo war denn Kathrin?, fragte ich mich und suchte die Menge nach Lorenz ab. Ich sah ihn nicht, spürte dann aber, wie jemand mich leicht am Arm packte.

»Lola? Können wir jetzt gehen?«

»Was?« Ich war total weg gewesen und wusste nicht, was er von mir wollte.

»Wollen wir zu den anderen gehen?«, fragte er und blickte mir tief – zu tief – in die Augen.

»Zu den anderen?«

»Ja, zu den anderen. Komm«, sagte er und zog mich sacht hinter sich her. Ich hatte eigentlich nichts dagegen und überließ mich meinem Schicksal.

»Hey Alter? Du kommst mit Lola? Wow!«, meinte Klot und zog Nancy an sich.

»Und? Was ist daran so schlimm?«, fragte John provoziert.

»Nichts, aber schau mal meine Schnecke an!«, sagte Klot und küsste Nancy stürmisch auf die Lippen. Diese schien das gar nicht erwartet zu haben und wurde rot. Ich verdrehte die Augen.

»Welche Schnecke genau meinst du? Ich sehe hier kein schöneres Mädchen als Lola«, sagte John und legte seinen Arm um mich.

Ich versuchte, mir meine Verlegenheit nicht anmerken zu lassen und Abstand zwischen ihm und mir zu gewinnen. Als er mich verdattert anschaute, tat er mir schon etwas leid, denn die anderen tuschelten und schauten ihn mit einer Mischung aus Verachtung und Belustigung an. Trotzdem schien er voller Selbstbewusstsein und machte wieder einen Schritt auf mich zu. Da. Da war es wieder. Dieses Lächeln. Als würde er genau wissen, wie er mich um den Finger wickeln konnte. Ich fühlte mich immer so klein, schwach und unter Druck gesetzt, wenn er mich so ansah. Vor allem weil ich nichts dagegen tun konnte, dass meine Beine sich plötzlich wie Wackelpudding anfühlten und mein Herz anfing, wie verrückt in meiner Brust zu schlagen. Ich wandte mich schnell von ihm ab.

»Na ja … ich sag mal nichts. Ich will Lola nicht noch mehr den Abend versauen«, meinte Klot gespielt charmant, ließ dann von uns ab und zog Nancy noch fester an sich. Diese war immer noch hin und weg von ihm und himmelte ihn unentwegt an. Ich verdrehte genervt die Augen. Typisch. Kaum wurde die Tusse von einem Jungen angemacht, schon gab es keinen anderen mehr für sie. Wie naiv.

Als Rocky und Anne plötzlich erfreut aufquiekten, schaute ich mich verwirrt in der Menge um. Da war sie.

»Kathrin!«

Doch dann blieb fast mein Herz stehen. Das konnte doch nicht wahr sein. Niemals! Das war ein Albtraum! ›Wach auf, Lola, wach auf!‹ Ich sah, wie Kathrin und Lorenz Hand in Hand auf uns zugingen und versteckte mich schnell hinter John. Ich fühlte mich schrecklich und versuchte, meine Tränen zu unterdrücken. Wie konnte mir Lorenz nur so etwas antun? Wie konnte er mit der Obertusse Kathrin zu diesem besonderen Anlass gehen, wenn er doch eigentlich mich mochte? Vor allem da ich sie doch so verabscheute? Wieso nur? Und warum interessierte mich das überhaupt? Warum war Lorenz mir so ... so wichtig? Die vielen Fragen verursachten mir Kopfschmerzen. Ich war total überfordert. Wieso nur? Wieso mussten solche Dinge immer mir passieren?

»Hi Ladies. Was geht ab bei euch?«, grüßte Kathrin, ließ Lorenz stehen und umarmte jeden in der Runde. Sie trug ein rotes Kleid, dazu rote Absatzschuhe und eine rote Handtasche. Ihre Fingernägel waren, natürlich passend zum Outfit, in einem grellen Rot lackiert. Und um ihre rot geschminkten, vollen Lippen kräuselte sich ein gespieltes Lächeln, als sie ihre Freunde umarmte – falls es wirklich Freunde waren. Als sie bei John ankam, blickte sie ihn misstrauisch an und fragte: »Und wo ist deine Begleitung, Schätzchen?« John schüttelte missbilligend den Kopf und sagte nichts.

»Er hat angeblich das beste Mädchen bei sich«, kicherte Klot und zeigte in meine Richtung. Na super. Nun stand ich wieder im Mittelpunkt. Hilfe! Ich war verzweifelt, denn ich wusste, dass nun alle Blicke auf mich gerichtet waren – auch die von Lorenz.

»Das beste Mädchen? John, dass ich nicht lache. Lorenz geht mit dem besten Mädchen«, sagte Kathrin und blickte zu ihrem Begleiter, doch dieser schien nicht sonderlich glücklich und sagte nichts dazu.

»Also Johny? Lass mal deine Begleitung richtig anschauen!«

John wollte mich gerade hinter seinem Rücken nach vorne ziehen, als sich genau in dem Moment die Turnhallentür öffnete. Klot, Dave, Ron und ihre Begleitungen stürmten sogleich in die Halle, wahrscheinlich um den besten Platz auf der Tanzfläche zu ergattern. Um uns herum entstand ein riesiger Tumult.

»Wir sind noch nicht fertig, John«, sagte Kathrin, schleuderte ihre Haare zurück, packte Lorenz und stolzierte in die Turnhalle. Als wäre er ihr Spielzeug. Wie eklig.

Bald waren fast keine Menschen mehr vor der Turnhalle. Zum Glück hatte mich Lorenz noch nicht erblickt. Erleichtert fiel mein Blick auf John, der mich aber argwöhnisch und zornig anstarrte.

»Was denn?«, fragte ich ihn.

Plötzlich schrie er mich an, ich zuckte zusammen. »Was sollte das denn, Lola? Schämst du dich für mich? Wieso versteckst du dich hinter meinem Rücken?«

Sein Blick gefiel mir gar nicht, machte mir sogar Angst. So hatte ich ihn noch nie erlebt. Ich schaute auf meine Füße, um nicht ihn anschauen zu müssen. Ich wusste nicht, was ich sagen sollte.

Zu meiner Erleichterung hatte sich John echt schnell wieder eingekriegt. Trotzdem ging mir dieser Gesichtsausdruck nicht aus dem Kopf. Ich hatte nicht gewusst, dass John so ausrasten konnte …

Wir waren schon seit einiger Zeit – um genau zu sein, seit zehn Minuten – in der Turnhalle und ich stand in einer Ecke und wartete auf John, der uns gerade einen Punch besorgen wollte. Eigentlich hasste ich dieses Zeug. Rot, schleimig und einfach nur ekelhaft. Das war nicht immer so: Als ich noch eine kleine siebenjährige Göre war, hatte ich ein ›Punch-Problem‹, wie es meine Mutter so gerne nannte. Sobald ich auch nur in die Nähe dieses Gesöffs kam, hatte ich innerhalb von ein paar Sekunden einen Zuckerschock. Und einmal hatte ich so viel getrunken, dass ich mich übergeben musste, und seitdem trank ich dieses Zeug wirklich nur ungern und nur im äußersten Notfall.

Ich stand immer noch in meiner Ecke und hatte nicht aufgehört, Lorenz anzustarren, der mit Kathrin auf der Tanzfläche herumwirbelte. Am liebsten wäre ich zu ihm hingerannt, hätte ihn gepackt und so weit wie möglich von Kathrin weggeschleppt. Ich wusste, das klang egoistisch und es hörte sich so an, als ob er mein Eigentum wäre, aber ich hatte ihn nun mal so gern – wieso, wusste ich selber nicht so richtig. Was war nur mit mir los? Wieso fiel es mir so schwer, Lorenz einfach zu ignorieren und meinen Spaß mit John zu haben? Warum war ich nur so verkrampft? Okay, ich hatte ihn angelogen, hatte gesagt, ich würde nicht hier sein, aber nun war ich es, und er auch. Was sollte schon passieren?

Auf einmal kam John zurück und hatte wahrscheinlich bemerkt, dass ich die ganze Zeit zu Lorenz und Kathrin hinüberblickte, denn er sah mich mit einem verwirrten Blick an.

»Alles okay, Lola? Warum schaust du ständig zur Tanzfläche? Willst du tanzen?«

Na ja, wenn ich jetzt ging, war ich schon mal nicht in Gefahr, dass ich mit ihm eng tanzen musste, denn bis jetzt waren nur schnelle Lieder gespielt worden und unser junger DJ sah auch nicht so aus, als wäre er ein hoffnungsloser Romantiker oder erfreute sich gerne an einer liebestrunkenen Stimmung. Deshalb willigte ich ein und ging mit ihm auf die Tanzfläche. Dort angekommen gab ich mir große Mühe, nicht ins Blickfeld von Lorenz und Kathrin zu geraten. Die Tanzfläche war überfüllt. Ständig stießen wir mit anderen Paaren zusammen und langsam ging es mir auf die Nerven, dabei war es gerade mal unser erster Tanz und so wie ich John einschätzte, nicht unser letzter. Während des Tanzes schaute er mich die ganze Zeit durchdringend an und dieses Lächeln umspielte immer wieder seine Lippen. Mich wunderte es, dass ich mit meinen gelartigen Beinen überhaupt tanzen konnte.

Plötzlich ging die Musik aus und Mr. Wiedemann ergriff das Wort.

»Liebe Schüler und Schülerinnen, wie in jedem Jahr treffen wir uns hier vor den Osterferien und feiern gemeinsam den Osterball. Das ist wie immer eine Freude für mich und das ganze Kollegium. Doch in diesem Jahr gibt es eine kleine Änderung im Programm …«

»Eine Änderung? Welche denn?«, schrie Dave zur Bühne empor.

Mr. Wiedemann blickte Dave streng an und fuhr fort: »In diesem Jahr werden wir eine Ballkönigin und einen Ballkönig wählen …« Ein Raunen ging durch den Saal und alle begannen, wild durcheinander zu reden. Mr. Wiedemann verschaffte sich aber bald Ruhe und fuhr mit seiner endlosen Rede fort: »Hört doch zu! Es wird aber nicht so sein, wie ihr es sicherlich alle kennt, dass die Paare, die gemeinsam hierhergekommen sind, gewählt werden können. Nein, jeder einzelne Schüler von euch kann für eine weibliche und männliche Person stimmen. Die Stimmzettel liegen hier, rechts von mir, neben der Bühne, also greift euch während des Abends einen Zettel und füllt diesen bis 22.00 Uhr aus. Dann werft ihn in die Box und am Ende verkünden wir den Gewinner und die Gewinnerin, also unseren Ballkönig und seine Königin. Wir sind gespannt.«

Das Tuscheln begann schon wieder und ich sah, wie Kathrin zu Lorenz sprach und gierig auf die Stimmzettel zeigte. Wahrscheinlich machte sie gerade einen Plan mit ihm aus, damit sie Ballkönigin wurde und er ihr treuer Gatte. Ich musste einen Brechreiz unterdrücken. John fasste mir auf die Schulter und blickte mich erwartungsvoll an. Ich wurde rot, doch lauschte ich weiter Mr. Wiedemann, der anscheinend immer noch nicht fertig war.

»Okay, liebe Tanzmäuse, dann lasst eure kurzen Beine schwingen, denn jetzt wird's etwas langsamer. Also schnappt euch jemand ganz Besonderen und legt los! Auf geht's, DJ Maik!« Mr. Wiedemann zeigte leicht verstörend auf Maik, unseren DJ, und schnappte sich Mrs. Fein, nachdem der Song angespielt wurde.

Ich sah, wie alle Paare nun auf engstem Raum miteinander zu einem Stehblues tanzten und ich wollte mich dezent davonschleichen. Doch kurz bevor ich das sichere Land, also den Rand der Tanzfläche erreichen konnte, schnappte mich John und sprach mir sanft und mit einem selbstsicheren Unterton in der Stimme ins Ohr. Ich konnte mich nicht bewegen, war wie gelähmt, als mir seine tiefe, maskuline Stimme ins Ohr raunte. Sofort bekam ich eine Gänsehaut. Wie machte er das nur, mich immer so aus der Fassung zu bringen?

»Lola? Lust, mit jemand ganz Besonderem zu tanzen?« Wieder dieses Lächeln.

Ich wusste nicht, was ich sagen sollte und stotterte herum: »Ähm ... na ja, ich ... ich habe ... großen Hunger ... sehr großen Hunger. Genau, und deswegen muss ich jetzt gehen.«

Natürlich ließ John nicht locker. Diesen Tanz würde er sich nicht entgehen lassen. »Kannst du nicht danach etwas essen?«, fragte er leicht genervt und setzte gleich darauf wieder sein altbekanntes Lächeln auf.

Ich wurde schwach. »Okay, dann los«, stimmte ich schließlich mit einem aufgesetzten Lächeln zu und ließ mich zur Tanzfläche schleifen.

Verschieden farbige Scheinwerfer brachten ein atemberaubendes Feeling auf die Fläche. Alle Paare tanzten und wirkten glücklich. So viel Liebe konnte ich nicht ertragen und mir wurde schwindelig, als ich Kathrins Kopf auf Lorenz' Schulter erblickte. Wieso machte er nur so was? Ich wandte mich schnell ab und musste nun wohl oder übel mit John tanzen und ihm direkt in die Augen blicken. Er zog mich an sich und wirkte überglücklich, als er fordernd seine Arme um meine Taille legte. Mit einer Mischung aus Wohlbefinden und Ekel betrachtete ich mein Date. Er war schon hinreißend. Seine weißen Zähne funkelten mich an und seine Augen strahlten. Ein Kribbeln breitete sich in meinem Magen aus. Dennoch: Wir waren als Freunde hier! Wie konnte er mich nur so ... so willig anschauen? Wieder fiel mein Blick auf Lorenz. Und Kathrin. Diese blöde Kuh! Sie benutzte ihn doch nur. Das hatte er nicht verdient! Wieso musste ich John zusagen? Hätte ich das nicht getan, wäre Lorenz niemals in die Fänge dieser Schlange geraten. Aber wenn ich ihm zugesagt hätte, was wäre dann mit John gewesen? Wäre er zu Kathrin zurückgegangen? Hätte mich wieder missachtet und vergessen? Langsam nervte es mich tierisch, dass es sich in meinem Leben nur noch um diese zwei Typen drehte! Lorenz hier … John da. Wieso konnten mich nicht einfach alle in Ruhe lassen? Wieso konnte ich meine eigenen Gefühle nicht einfach abstellen? Vielleicht sollte ich einfach weglaufen. John einfach stehen lassen und Lorenz vor dieser Oberzicke retten. Ich hasste Kathrin!

In meiner rasenden Wut begann ich schon Stimmen zu hören: ›Lola, sei nicht so gemein zu John, er hat dir doch nichts getan, er liebt dich, also zerstöre ihm nicht diesen schönen Moment, indem du jetzt einfach wegläufst …‹ Die Stimme verschwand und mir wurde unangenehm zumute. Doch es war noch nicht vorbei, eine zweite Stimme meldete sich in meinem Kopf und langsam wurde es wirklich merkwürdig: ›Lola! Was tust du denn hier? Du weißt doch genau, dass du John nicht liebst! Renn weg, wenn du nichts empfindest! Ignoriere seine Gefühle, du weißt genau, was am besten für dich ist!‹ Die erste Stimme antwortete: ›Nein Lola! Hör nicht auf diesen Schwachsinn. Ignorier das einfach. Du bist ein gutes Mädchen, also verletze John nicht!«

Und nun legten beide Stimmen richtig los. Ein regelrechter Schlagabtausch begann in meinem Kopf:

›Verletze ihn! Nur du bist wichtig! Andere können dir egal sein!‹

›Sei nicht egoistisch!‹

›Sei egoistisch! John ist es nicht wert, dass du Lorenz, den armen Jungen, verletzt! Geh zu ihm.‹

›Nein, bleib bei John!‹

›Nein, geh zu Lorenz!‹

›John!‹

›Lorenz!‹

›John!‹

›Lorenz!‹

›John …‹

Mein Kopf brummte, alles drehte sich und ich schrie auf: »Es reicht jetzt!« Alle starrten mich an. Das war so peinlich. Jetzt war es gelaufen. Ich stand nun als Verrückte da und zusätzlich hatte ich John auch noch total blamiert. Und das Schlimmste war, dass ich für Lorenz jetzt nichts anderes mehr sein würde, als eine dreckige, verlogene Heuchlerin. Lügen hatten bekanntlich kurze Beine. Ich war so dumm! Das würden mir die beiden nie verzeihen …

Doch zu meiner großen Überraschung warf sich John regelrecht vor mich und sagte laut: »Meine Freundin hat so eine Angst vor Ungeziefer. Das war doch nur eine Kakerlake, komm, wir gehen.« Er packte mich am Arm und zerrte mich schnell hinaus. Hatte er genau dasselbe gedacht wie ich? Wollte er genauso wenig, dass Lorenz mich sah oder war ich ihm einfach nur peinlich? Er schleifte mich regelrecht vor die Turnhalle und blickte mich wieder so bösartig an.

»Lola, was sollte das? Noch mal so eine äußerst bekloppte Aktion von dir? Erst das draußen und jetzt … Warum hast du das gemacht? Dir reicht es also, ja? Soll ich gehen, oder was?« Ich schüttelte den Kopf. »Was reicht dir denn?« Er war wütend. Sehr wütend.

Mir tat alles so leid. »John, das hast du völlig falsch verstanden.«

»Falsch verstanden? Was soll man denn da falsch verstehen? Du bist vollkommen ausgerastet, weil es dir reicht, in meiner Nähe zu sein! Gib's doch zu, du hasst mich!« Er verlor völlig die Fassung und redete nur noch wirres Zeug. Er war vollkommen in seiner Wut gefangen.

»Du denkst völlig falsch. Wirklich, glaub mir. Ich würde dich niemals anlügen.« Lorenz schon ...

»Und das soll ich dir glauben?«

Eigentlich würde ich es mir selbst auch nicht glauben, um ehrlich zu sein. Die ganze Wahrheit durfte ich ihm trotzdem nicht erzählen, sonst dachte er noch, ich sei verrückt. »John, es tut mir leid. Es hatte nichts mit dir zu tun, wirklich.«

»Es hatte nichts mit mir zu tun? Also empfindest du doch etwas für mich?«

Was hat denn das jetzt damit zu tun? Seine Wut war wie weggeblasen. Jungs waren mir echt ein Rätsel. »Ähm, nein ... du bist ein guter Freund, mehr nicht. Wie kommst du denn jetzt überhaupt auf dieses Thema?«

Sein Blick ging in Verzweiflung über. »Ach, vergiss es. Das war nicht ernst gemeint«, erwiderte er bissig und wandte sich ab.

Ich wollte ihn aufmuntern. Ich wollte nicht, dass er sich von mir abwandte. »Na ja, wir haben ja eigentlich noch nicht wirklich zu Ende getanzt ...«

Langsam setzte er wieder dieses Lächeln auf und lauschte weiter.

»… und vielleicht können wir das ja jetzt fortführen? Also nur, wenn du willst?« Eigentlich wollte ich anfangs nicht mit ihm tanzen, doch irgendwie packte mich ein ungewöhnlicher Drang, dies jetzt doch zu tun. Solange er glücklich war, war alles gut. Was ich dachte oder fühlte, spielte dann keine Rolle mehr. Vielleicht war es auch falsch, dass ich mit ihm in die Turnhalle zurückkehrte, um mit ihm zu tanzen, aber das spielte jetzt keine Rolle mehr.

Jetzt war alles zu spät.

Wir standen wieder gemeinsam, eng beieinander, auf der Tanzfläche. Ich versuchte, es zu genießen und nicht wieder in zornige Gedanken zu verfallen, denn noch so einen Anfall konnten ich und mein angeknackster Ruf wirklich nicht gebrauchen. John fasste wieder um meine Taille, ich hatte meine Arme um seinen Hals geschlungen. Mein Kopf lag auf seiner Schulter – da dieser Tanz das nun einmal verlangte –, doch irgendwie fühlte es sich nicht mehr komisch an. Es fühlte sich … gut an.

Auf einmal war mir alles egal, sogar Lorenz interessierte mich nicht mehr. Ich hatte nichts mehr dagegen, dass mich John berührte oder ich ihn. Er sah irgendwie anders aus, irgendwie … besser. Warum ich so dachte? Keine Ahnung. Ich spürte seinen warmen Atem auf meinem Nacken und es bereitete mir eine Gänsehaut. Als ich seine Stimme vernahm, hob ich den Kopf von seinen breiten, muskulösen Schultern.

»Lola, ich würde gerne etwas probieren«, raunte er mir ins Ohr. Ich war vollkommen benebelt von diesem schönen Moment mit ihm. Hier. In dieser Sekunde.

»Okay, und was?«

254

»Sei einfach ganz entspannt und schließ deine Augen, alles ist gut, es ist nichts Schlimmes ...«

Ich vertraute dem Klang seiner Stimme und schloss die Augen – voll von positiver Erwartung. Ich spürte seinen Atem, der immer näher kam. Was hatte er nur vor? Plötzlich war er richtig nah und ich öffnete blitzschnell meine Augen. Seine feuchten Lippen berührten fast die meinen und ich musste schnell handeln, sonst würde es zu spät sein. Warum hatte ich das nicht gleich geahnt? Es war doch offensichtlich. Er wollte mich küssen, wieder einmal. Im Schock stieß ich ihn ruckartig von mir, sodass er stolperte. Er fing sich gerade noch, bevor er zu Boden fiel. Seine Augen waren weit aufgerissen und der Schock stand ihm ins Gesicht geschrieben.

»Lola!«

Was hatte ich nur getan? »Es ... es tut mir leid ...« Tränen rollten mir über die Wangen und ich lief davon.


Völlig erschöpft kam ich vor der Turnhalle an. Schweiß trat auf meine Stirn und ich fühlte mich einfach nur elend. Eigentlich war es ja richtig, was ich getan hatte. Ich wollte ihn nicht küssen und wenn er das nicht kapierte, dann musste ich eben auch mal zu härteren Mitteln greifen. Das war jetzt sein Problem. Trotzdem hatte ich ein schlechtes Gewissen. Ich sackte betroffen an der Wand zu Boden, da ich keine Kraft mehr hatte, irgendwo anders hinzugehen. Immer noch liefen mir Tränen über die Wangen, ich konnte sie nicht zurückhalten. Wieso ging immer alles schief? Lag das an mir? Vielleicht war ich zu aggressiv gewesen. Oder war John, der einfach zu aufdringlich war, nicht selbst schuld? Solche negativen Gedanken geisterten in meinem Kopf herum, als ich plötzlich John aus der Turnhalle kommen sah. Er sah sich suchend um.

»Lola? Lola, wo bist du?« Ich wollte aufstehen und mich hinter einer Bank verstecken, doch ich hatte keine Kraft mehr dazu. So musste ich hoffen, dass John mich in meinem schlechten Versteck nicht finden würde. Doch bald fiel sein Blick natürlich auf mich. Gelassenen Schrittes lief er auf mich zu.

»Ach, da bist du. Hör mal, es tut mir leid. Ich weiß nicht, was mit mir los war. Eigentlich wollte ich das nicht mehr machen. Ich wollte warten, bis du dazu bereit bist und es von dir aus tust, doch irgendwie habe ich das jetzt vermasselt.« Wie konnte er noch so selbstsicher klingen, nachdem ich ihn schon zum wiederholten Male vor allen anderen blamiert hatte?

Ich wischte mir meine Tränen aus dem Gesicht und versuchte, ein Schluchzen zu unterdrücken.

»Weinst du etwa?«

»Nein. Ich habe nur etwas ins Auge bekommen, geht schon wieder.« Oh Mann, das war echt die schlechteste Ausrede, die mir hätte einfallen können. Und der Ausdruck auf Johns Gesicht ließ vermuten, dass er mir nicht glaubte.

»Na ja ...«, murmelte er schließlich und etwas verlegen. Seine sonst so coole Fassade schmolz dahin. »Jedenfalls tut es mir leid und ich hoffe, dass du mir noch mal verzeihen kannst.«

256

Ich gab mir einen Ruck. »Na ja, ich habe vielleicht auch einen kleinen Fehler gemacht. Ich hätte dich nicht so bloßstellen sollen.« ›Obwohl er es ja eigentlich verdient hatte‹, dachte ich mir. »Es tut mir auch leid.«

Wir starrten uns an. Irgendwie wusste keiner mehr, was er hätte sagen sollen und ich wandte meinen Blick ab. »Na ja, dann geh ich mal nach Hause, der Abend ist eh ruiniert«, sagte ich und wollte davon trotten, doch John rief mich zurück. »Lola, warte!« Ich blieb stehen und drehte mich auf dem Absatz um.

»Du musst nicht gehen. Der Abend ist nicht ruiniert. Das ist er nur, wenn du jetzt gehst. Also bleib, denn ohne dich ist alles doof. Ehrlich. Komm, wir gehen noch mal rein.« Er schaute mich verzweifelt und gleichzeitig total süß an und streckte mir seine Hand entgegen.

»John, ich weiß nicht. Ich werde dich bestimmt wieder blamieren.«

»Du könntest mich niemals blamieren«, sagte er breit grinsend. Da war es wieder. Sein Lächeln. Auch ich konnte nun wieder lächeln. »Aber wenn du jetzt gehen würdest und ich alleine ohne meine hübsche Begleitung auf den Ball zurückgehen müsste, dann hättest du mich richtig blamiert, das wäre das Ende!«, sagte er theatralisch übertrieben und musste sich ein Lachen verkneifen.

Auch ich musste schmunzeln, doch hatte meine Mimik schnell wieder im Griff. »Na gut«, willigte ich schließlich ein, nahm seine Hand und wir gingen zurück in die Turnhalle.

Wir standen erneut am Rand der Tanzfläche und tranken wieder das schreckliche Gesöff – den Punch. John hatte nicht mehr verlangt zu tanzen und auch sonst sprachen wir kein Wort miteinander. Das Schweigen war mir unangenehm. Plötzlich fiel mir etwas sehr Wichtiges ein und ich sagte: »Hey John, wir müssen doch noch Ballkönigin und Ballkönig wählen.«

Verdutzt schaute er mir in die Augen. »Ich wähle sowieso dich.«

Verlegen schaute ich zur Seite und sah, wie sich meine Mitschüler prächtig amüsierten. Dave, Klot und Ron tanzten wie wild gewordene Hühner und ließen ihre Dates vollkommen im Schatten stehen. Anne, Nancy und Rocky standen in der Zeit bei Kathrin und tuschelten. Lorenz war nicht dabei. Wo war er nur? Doch schließlich sah ich ihn mit mehreren Punch-Gläsern in der Hand. Selbst unter vollkommener Konzentration, damit er auch nichts verschüttete, und mit Schweißperlen auf der Stirn sah er süß aus, dachte ich bei mir. Und warum dachte ich jetzt wieder so was? Ich wandte meinen Blick ab, als John meine Hand fasste.

»Okay, Lola, dann komm, wir gehen abstimmen.« Er drückte meine Hand, doch ich erwiderte diesen Druck nicht, sondern ging einfach mit ihm zu den Stimmzetteln. Fast direkt neben der Box, wo schon einige Zettel drin zu sein schienen, standen Anne, Nancy, Rocky, Kathrin und Lorenz. Ich versuchte, schnell einen Zettel zu erhaschen und ging zur Seite, wo sie mich nicht direkt im Blick hatten. Ich war so ein Feigling! Wieso konnte ich nicht einfach in der Nähe von Lorenz stehen bleiben? Warum war ich nur so feige? John folgte mir und streckte mir seinen Stimmzettel entgegen.

»Schau, Lola! Für mich bist du einfach das attraktivste, schlauste und talentierteste Mädchen hier im Raum und deshalb wirst du auch heute die Ballkönigin.«

Ich fühlte mich geschmeichelt und starrte auf meine Zettel. Wen sollte ich nur wählen? Und wen hatte John eigentlich zum Ballkönig gewählt? Ob er sich eiskalt selbst gewählt hatte, um an meiner Seite zu stehen? Erst jetzt erinnerte ich mich, dass Mr. Wiedemann auch erklärt hatte, dass das Königspaar zusammen einen Abschlusstanz zu absolvieren hatten und alle dabei zuschauen würden. Alle! Die ganze Klasse! Die ganze Schule! Einfach alle! Also kam mich selbst zu wählen nicht infrage. Kathrin würde ich ebenfalls nicht wählen, da ich kein Risiko eingehen wollte, dass sie mit John oder Lorenz gemeinsam auf der Bühne stehen würde. Die drei Obertussen Anne, Rocky und Nancy würden meine Stimme ganz sicher auch nicht bekommen. Ich hatte zwar keinen wirklichen Grund dafür, aber ich mochte sie nicht und wollte ihnen diesen Erfolg einfach nicht gönnen. Bei den Jungs war es einfach: Weder Klot, Ron, Dave oder John kamen infrage, obwohl ich eigentlich nichts gegen sie hatte. John war mein Freund, und mit den drei Brüdern hatte ich eigentlich gar nichts zu tun. Lorenz gab es auch noch, aber ich wollte ihn nicht wählen. Es kam mir komisch vor. Wenn John das mitbekommen würde, das ich nicht seinen Namen, sondern Lorenz auf den Zettel schrieb, würde er sicherlich ausrasten. Und das größte Problem war, dass Lorenz noch immer nicht wusste, dass ich hier war – dank John. Denn er hatte bisher als menschliches Schutzschild fungiert und mich immer wieder gegen die Blicke der anderen abgeschirmt – so auch gegen die von Lorenz. Jedenfalls wollte ich keine Risiken eingehen und wählte deshalb einfach den dicken Louis. Schließlich hatte er noch etwas gut bei mir.

Als ich fertig war, lunzte John auf meinen Zettel. »Wer oder was ist Louis?«, fragte er mich überheblich und mit einem verwirrten Unterton in der Stimme.

»Er geht schon Jahre lang in meine Klasse. Ist er dir noch nie aufgefallen?« John blickte uninteressiert in der Gegend rum und schüttelte beiläufig den Kopf. Ich fügte hinzu: »Er wollte unbedingt, dass ich ihn wähle«, log ich und steckte den ersten Zettel in die Box. John starrte auf seine Zettel und warf sie hinterher. Gerade noch rechtzeitig, denn schon kam ein Lehrer und holte die Box zum Auszählen der Stimmzettel ab. War es echt schon so spät?

»Wen hast du als König gewählt, Alter?«, rief eine Stimme aus dem Hintergrund. John drehte sich um und rief: »Na dich, Kumpel! Wen denn sonst? Du bist doch eh der Heißeste hier!«, lachte er und schlug mit seinem Freund ein, der nun neben mir stand.

Ich traute mich nicht, ihn anzusehen und schaute deshalb zur Seite.

»Und wen wählst du?«, fragte die Stimme neben mir und ich fühlte seinen Blick im Nacken.

»Louis«, sagte ich knapp und starrte auf den Boden.

John bemerkte mein komisches Benehmen sofort und sagte: »Na dann, Lorenz. Geh wieder zu deinem Date, wir sehen uns!«

»Logisch«, sagte Lorenz und trabte davon. Hatte er mich nicht erkannt? Ich wunderte mich, war aber auch froh, dass er mich nicht vor John zur Rede stellte. Als er außer Hörweite war, fragte John total ernst: »Ist irgendwas passiert zwischen dir und Lorenz?«

»Nein? Wie kommst du darauf?«, fragte ich überrascht und so glaubwürdig wie möglich.

»Ach, ich dachte nur.«

Warum wirkte er auf einmal so erleichtert? Und warum grinste er mich schon wieder so an? Meine Knie wurden weich, und als ein lautes Fiepen ertönte, hielt ich mir automatisch die Ohren zu. Mr. Wiedemann klopfte ans Mikrofon und sprach: »Liebe Schülerinnen und Schüler, es ist an der Zeit, die Gewinner bekannt zu geben, die den heutigen Ball mit einem atemberaubenden Tänzchen beenden werden. Also, geht jetzt alle von der Tanzfläche! Ich werde jetzt den Ballkönig präsentieren, der sofort zu mir auf die Bühne kommt und diese goldene Krone sein Eigen nennen darf!« Mr. Wiedemann hielt eine nicht gerade prunkvolle Krone in die Höhe, die aussah, als stamme sie aus dem erstbesten Bastelladen. Die Schüler vor der Bühne begannen, wild zu tuscheln. Die Scheinwerfer kreisten mit grellem weißem Licht, suchend in der Menge umher. Trommelwirbel. Ein Mädchen, das voller Aufregung die Hände ihrer Freundin hielt. Ein Junge, der seine Freundin küsste. Der dicke Louis, mit einer Popcorntüte in der Hand und eifrig und gierig kauend. Dave, der seinen Punch verschüttete. Ron, der Anne und Rocky anbaggerte. Klot, der gespannt zur Bühne starrte und Dave mit dem Aufwischen des verschütteten Punches half. Nancy, die ihr Kleid richtete. Kathrin, die sich an Lorenz schmiegte. Ich mit einem Würgereiz kämpfend. John, der mich von hinten umarmte. Ein unangenehmes Kribbeln. Immer noch Trommelwirbel. Die Scheinwerfer drehten sich langsamer. Blieben plötzlich an einer Stelle stehen, als Mr. Wiedemann voller Stolz verkündete: »Unser Ballkönig ist ... Lorenz Badrowski! Komm auf die Bühne!«

Alle Mädchen kreischten und die Jungen gaben merkwürdige Geräusche von sich.

»Wuhu! Super, Alter!«, schrie Klot.

»Du bist ein Tier!«, sagte Dave und heulte wie ein Werwolf.

»Krass!«, gab auch Ron seinen Senf dazu und stimmte in das Gejaule mit ein. John sagte nichts. Er klatschte nur in die Hände und flüsterte mir ins Ohr.

»Schade, dass Louis nicht gewonnen hat, er hätte sich bestimmt gefreut.«

»Louis?«, fragte ich verwirrt, doch erinnerte ich mich noch rechtzeitig an meine Lüge. »Ach so! Louis! Genau, das ist wirklich sehr, sehr schade.« Ich musste grinsen und klatschte ebenfalls kräftig in die Hände. Lorenz hatte es wirklich verdient und solange Kathrin nicht die Ballkönigin wurde, konnte ich mich für ihn freuen. Der Applaus hallte durch den Raum, als Lorenz auf die Bühne trat.

»Mr. Badrowski. Möchten sie das Amt als Ballkönig annehmen?«

»Ja, ich will«, erwiderte Lorenz mit fester Stimme und ich erinnerte mich an früher. Er war immer der größte Feigling der Klasse gewesen, richtig schüchtern, ohne Freunde. Und jetzt stand er auf der Bühne, wurde zum

Ballkönig gekrönt und strahlte ein starkes Selbstbewusstsein aus. Ich war stolz auf ihn. Behutsam setzte Mr. Wiedemann Lorenz die Krone auf, als wäre sie aus echtem Gold. Er verbeugte sich vor ihm und alle klatschten und jubelten Lorenz zu. Mr. Wiedemann übertrieb wie immer etwas. Er war einfach ein Ausnahme-Lehrer. Lorenz aber sah selbst mit dieser außerordentlich hässlichen Krone immer noch hinreißend aus. Er war perfekt für diesen Job.

Mr. Wiedemann ergriff erneut das Mikrofon. »In Ordnung, nun applaudiert ihr noch einmal alle super kräftig für unsere Ballkönigin. Es ist …« Alle Mädchen standen gespannt da. Auch ich war etwas nervös, obwohl es mir eigentlich hätte egal sein können. Die Scheinwerfer suchten wieder die Menge ab. Alle Mädchen zitterten. Waren voller Überzeugung, dass ihr Name gleich fallen würde. Ein Mädchen, das aus der Toilette stürmte und sich in der Menge positionierte, stieß Dave an, der sein neues Glas Punch wieder verschüttete. Dieser war genervt und entsetzt, schrie auf das Mädchen ein, welches heulend davon rannte – wieder in Richtung Toiletten. Klot hielt schon Papiertücher in den Händen, um Dave erneut zu helfen. Nancy zupfte noch einmal an ihrem Kleid herum. Rocky und Anne wandten sich von dem schleimenden Ron ab und überprüften ihr Aussehen in den Displays ihrer übergroßen Handys. John drehte mich zu sich um und schaute mir tief in die Augen. Ich konnte nicht mehr in Richtung Bühne, nicht mehr zu Lorenz blicken. Er legte seine Hand auf meine Schulter. Die andere streichelte meine Wange. Als er mich wieder herumdrehte, wurde das weiße, grelle Licht der Scheinwerfer langsamer. Schleichend bewegte es sich durch die Menge. Einige Mädchen begannen zu kreischen. Als Mr. Wiedemann dann endlich einen Namen aussprach, war alles still. Der Trommelwirbel war erloschen.

»... Lola Hugents!«

Stille.

Absolute Stille.

Plötzlicher Applaus.

Jubel.

Verblüfft blickte ich auf. Alle schauten mich an und ich fühlte mich extrem unwohl. Wieso ich? Welcher normale Mensch hätte mich schon gewählt? Ich war doch total unbeliebt? John applaudierte kräftig, doch als ihm klar wurde, wer mein König war, erstarb seine Freude über meinen Sieg.

Doch was mich am meisten beunruhigte, war der Ausdruck auf Lorenz' Gesicht. Völlig irritiert schaute er sich in den Reihen der Schüler nach mir um. Am besten wäre es, wenn ich gar nichts tat. Vielleicht übersah mich Mr. Wiedemann ja und nahm irgendjemand anderen? Sonst hatten mich ja auch alle übersehen und keiner hatte sich für mich interessiert. Eigentlich hätten mich die schlimmsten Gefühle plagen müssen, aber es war nicht so. Es war eher gespalten. Denn ich hatte keine Angst, sogar ein kleines Glücksgefühl regte sich in mir und ich fühlte mich leicht. Doch auf der anderen Seite war ich hilflos, schwach und fühlte mich extrem unter Druck gesetzt. Ich wollte nicht tanzen! Ich wollte auch nicht mit Lorenz tanzen, und so wie er mich ansah, wollte er es anscheinend auch nicht. Er hatte mich nämlich längst ertappt und wartete auf

264

seine Königin – wenn auch nicht gerade sehr glücklich. Mr. Wiedemann starrte verzweifelt in der Gegend rum und hatte mich noch nicht entdeckt. Er fragte: »DJ Maik? Haben Sie unsere Königin gefunden?« Unser DJ zuckte nur mit den Achseln und schaute verlegen auf sein Mischpult. Ich hoffte, dass Lorenz mich nicht verraten würde, doch eine andere Person kam ihm zuvor.

»Hier ist sie doch! Hier ist unsere wahrhafte Schönheit«, kicherte eine sarkastische Stimme aus dem Hintergrund.

»Was soll der Sarkasmus, Kathrin?«, fauchte John. »Willst du damit etwa andeuten, dass sie es nicht verdient hätte?«

Kathrin schaute zu ihren Freundinnen und blickte erst mich und dann John an. »Ach nein, Johnylein. Ich meine das vollkommen ernst.« Sie ging auf mich zu und legte ihren Arm um meine Schulter. »Unsere kleine Lola hat auch mal etwas Aufmerksamkeit verdient. Sonst bekommt sie die ja nur von armseligen Menschen wie dir.«

John konnte es nicht fassen, seine Muskeln spannten sich an und er war außer sich. Auch ich war fassungslos, stieß sie von mir weg und blickte sie zornig an. Am liebsten wäre ich auf sie losgegangen, doch ich wusste genau, dass sie John und mich nur provozieren wollte, würdigte sie daher keines Blickes mehr und ging – so selbstbewusst ich noch konnte – auf die Bühne. Sie blickte mir nach und ich spürte ihre Eifersucht und ihren Neid darüber, dass nicht sie, sondern ich die Ballkönigin geworden war – ich roch es förmlich.

Oben angekommen interessierte mich diese kurze, aber heftige Auseinandersetzung mit Kathrin nicht mehr, ich hatte andere Sorgen. Ich konnte Johns Blick aus der Menge auf mir spüren. Eifersucht, Wut, Vorwurf, vielleicht sogar Trauer. Lorenz starrte mich immer noch so merkwürdig an, doch ich konnte seinen Blick nicht deuten und wurde tierisch nervös, als Mr. Wiedemann, nach einer endlosen Rede, mir die Krone aufsetzte. Alle klatschten und jubelten, als Lorenz mir plötzlich seine Hand entgegen streckte. Was wollte der denn jetzt? In meine verwirrenden Gedanken vertieft, hatte ich nicht zugehört und wusste so nicht, was Mr. Wiedemann nun von mir wollte. Zumindest starrte er mich so auffordernd an. Was sollte ich jetzt tun? Mit Lorenz tanzen? Bei dem Gedanken, Lorenz zu berühren, seine Hand zu nehmen und mit ihm zu tanzen, breitete sich Unbehagen in mir aus. Dennoch legte ich meine Hand in die seine. Ich sah, wie sie zitterte. Vor Aufregung oder vor Angst, über das, was jetzt kommen würde? Offenbar war es wohl der Abschlusstanz. Ich schluckte. Da musste ich jetzt durch. Ich hatte keine andere Wahl.

Als wir uns in Richtung Tanzfläche bewegten, verfolgte nur ein einziges Licht meinen Partner und mich und ich fühlte mich für einen kurzen Moment wie eine echte Prinzessin. Es war schon alles sehr übertrieben. Die Zeremonie, die vielen Lichter, die Kronen und der Tanz – der übrigens das Schlimmste war. Dennoch fühlte ich mich bei Lorenz ... geborgen und war froh, dass ich nicht mit John oder dem dicken Louis tanzen musste. Es wäre wirklich ein Grauen gewesen. Ob ich die Einzige war, die ihn gewählt hatte?

John starrte mich während der ganzen, übertriebenen Zeremonie an. Er sah weniger glücklich aus. Aber vielleicht bildete ich mir das auch nur ein. Der zu langsame Abschlusstanz erinnerte mich an den Moment, als ich mit John gemeinsam auf der Tanzfläche war, seine Wärme gespürt hatte, seine Lippen immer näher gekommen waren und wie ich ihn von mir weggestoßen habe. Bei Lorenz hatte ich nun das Gefühl, dass er mit seinen Gedanken ganz woanders war. Als ich in seine leeren Augen blickte, waren diese für mich wie ein Spiegel, der meine eigenen Gefühle zurückwarf ohne seine preiszugeben. Ich fühlte mich extrem hilflos, doch zugleich unglaublich sicher. Die anderen waren mir plötzlich vollkommen egal.

Dann brach Lorenz endlich das Schweigen: »Hausarrest also, ja? Hältst du mich für einen Idioten?« Gereizt und enttäuscht blickte er mir direkt in die Augen.

»Ja, das war eine Lüge.«

»Ach, was du nicht sagst«, sagte er sarkastisch und ich überlegte mir, wie ich ihn wieder beschwichtigen konnte. Ich hätte ihn wirklich nicht anlügen dürfen, wieso hatte ich das nur getan? Das hatte ich nun davon.

»Lorenz, es tut mir wirklich leid. Es war nur eine Notlüge.«

»Eine Notlüge? Also ist es eine Not für dich, mit mir irgendwo aufzukreuzen, ja? Das hätte ich niemals von dir erwartet. Niemals!« Enttäuscht wollte er sich abwenden, doch ich hielt ihn zurück. Es wäre peinlich gewesen, wenn er den Rückzug angetreten und mich ganz alleine auf der

Tanzfläche zurückgelassen hätte. Außerdem war unser Gespräch noch nicht beendet.

»Nein, das hast du völlig falsch verstanden.«

Genervt schaute er zur Seite und verdrehte die Augen. Ich konnte ihn nicht mehr weiter anlügen und beschloss deshalb, ihm die Wahrheit zu sagen, schlimmer hätte es eh nicht mehr kommen können.

»Na schön. Bevor du mich gefragt hast, hatte es schon ein anderer getan und ich hatte ihm zugesagt.«

Als hätte ich seine Neugier erweckt, blickte er mich fragend an. »Und wer?«

Als ob er das nicht wusste. Das war so klar, dass er das fragen würde und ich ahnte auch schon, wie er auf meine Antwort reagieren würde. Trotzdem fuhr ich unbeirrt fort und sagte knapp: »John.« Ich spürte, wie seine Enttäuschung zunahm, doch versuchte er, locker rüberzukommen.

»Und das wolltest du mir nicht sagen? Denkst du, ich komme nicht damit klar, dass auch jemand anderes mit dir ausgeht? Das ist doch deine Entscheidung, und die hätte ich akzeptiert.«

Wie süß. Aber glauben konnte ich das nicht. Ich versuchte mich an einem Lächeln, doch es wurde nur eine verzogene Fratze.

»Lorenz, ich kann nicht mehr tun, als mich bei dir zu entschuldigen. Ich war dumm und es tut mir leid. Kannst du mir verzeihen?« Ich hoffte auf eine positive Antwort, denn meine Entschuldigung war vollkommen ernst gemeint. Ich wollte einfach nicht, dass irgendetwas zwischen uns stand, bevor es in die Ferien ging.

Während wir miteinander redeten, wirbelten wir immer noch über die Tanzfläche. Lorenz führte fantastisch. Er konnte so gut tanzen. Die Tanzschritte kamen wie von allein, ich musste überhaupt nicht darüber nachdenken.

Er blickte mich nachdenklich an und brachte schließlich ein kleines Lächeln zu Stande. Ich hatte lange auf seine Antwort gewartet. »Ist schon in Ordnung, Lola, ich verzeihe dir. Aber wenn du das nächste Mal mit meinem Kumpel ausgehst, kannst du mir das ruhig sagen. Ich werde nicht zur Bestie und reiße dir den Kopf ab.«

Erleichtert atmete ich auf. Ich war froh, dass unsere Freundschaft nicht vollkommen zerstört war. Er grinste mich an, aber ich spürte, dass er sich dennoch betrogen fühlte. Und seine Neugier war auch noch nicht gestillt. »Nur mal so, läuft da eigentlich was zwischen dir und John?«

Ich hätte mir denken können, dass Misstrauen die Folge meiner Lüge sein würde. Warum musste man immer gleich mit einem Typen zusammen sein, wenn man mit ihm irgendwo hinging? Hatte hier eigentlich niemand schon mal was von Freundschaft gehört? Ging es hier denn jedem nur um Liebe? Bei John wusste ich zwar, dass er etwas anderes wollte als ich, doch warum mussten die anderen auch noch das Gleiche denken?

»Nein, Lorenz. Wir sind bloß Freunde«, sagte ich überzeugt und hoffte, dass diese endlose Fragerei nun ein Ende haben würde.

Er wirkte sichtlich erleichtert und sagte nur: »Schön. Gut, dass ich das jetzt weiß.«

Ich schaute auf und unsere Blicke trafen sich. Es war ein gutes Gefühl, mit ihm zu tanzen. Irgendwie fühlte ich mich nun nicht mehr so unter Druck gesetzt, hilflos oder schwach. Nein, ich fühlte mich stärker als je zuvor, ging im Takt der Musik auf und genoss den restlichen Tanz mit Lorenz, meinem Ballkönig, in vollen Zügen.

# KAPITEL 17
## PROBLEMLOS

Montag, 06.32 Uhr

Kinder, beeilt euch! Lola, hast du alle Sachen gepackt? Tommy, komm endlich vom Klo runter!«

»Ja, Mum!«, riefen Tommy und ich gleichzeitig, die Stimme unserer Mutter klang schon leicht genervt. Angestrengt, doch gleichzeitig voller Tatendrang schleppte ich meine Koffer nach unten, um sie in unseren schwarzen, schon etwas älteren Pkw zu laden.

»Mami!«, schrie Tommy völlig verzweifelt, als ich gerade unten angekommen und dabei war, mein Gepäck im Kofferraum zu verstauen.

»Wo sind denn meine Stiefel?«

»Im Schrank! Und jetzt beeil dich!«, schrie meine Mutter zurück.

»Ja, und wo genau?«

Genervt verdrehte meine Mutter die Augen und rief: »Warte, ich komme schon«, während sie zu Tommy ins Haus schritt. Ich dagegen war fertig mit meinem Kofferkampf und stieg erfreut in den Wagen ein. Ich hatte mich dazu entschlossen, meinen Laptop und allerlei technische Geräte, die mir zur Kontaktaufnahme behilflich sein könnten, zu Hause zu lassen, dort, wo sie mich nicht belästigen konnten. Ich wollte einfach ein paar entspannte Tage mit meiner Familie verbringen und nicht von anderen Leuten belästigt werden. Vor allem hatten Lorenz und John so keine Chance, mit mir Kontakt aufzunehmen.

Der Tanz mit Lorenz und auch der Abend mit John waren so unbeschreiblich gewesen. Ich würde ihn in meinem ganzen Leben nie vergessen. John, der mich mit seinen braunen Augen anschaute und mir tief in die Seele blickte und mir immer wieder eine Gänsehaut bereitete ... dieses Lächeln, einfach hinreißend. Lorenz, mit dem ich über die Tanzfläche regelrecht geschwebt war und bei dem ich mich immer so geborgen fühlte ... so frei und entspannt. Beide schienen so perfekt – auf ihre eigene Weise. Und genau das war das Problem. Aber jetzt brauchte ich einfach etwas Zeit für mich. Zeit zum Nachdenken, ohne zwei Typen, die mein Leben immer wieder auf den Kopf stellten.


Wir fuhren jetzt schon eine Ewigkeit, zumindest kam es mir so vor, denn ich war unheimlich aufgeregt. Auf der Autobahn herrschte schon die ganze Zeit reger Verkehr. Doch nun versperrten uns große, kleine, breite und schmale Autos den Weg. Ich hasste Staus, aber da Ferien waren, konnte ich es gut verstehen, dass so viele Menschen jetzt in den Urlaub fuhren. Ich konnte mich kaum noch daran erinnern, wann ich das letzte Mal auf einer Autobahn gewesen war – wir waren schon lange nicht mehr in den Urlaub gefahren. Tommy unterhielt sich gerade mit meiner Mutter, doch ich hörte nur mit halbem Ohr zu. Meine Gedanken kreisten nur um das eine Thema: John und Lorenz. Ich konnte sie einfach nicht aus meinem Kopf verbannen – nicht einmal für vier Tage. Immer wieder musste ich an sie denken. Was sie wohl gerade machten? Ob sie versuchten, mich anzurufen? Oder war das alles nur Wunschdenken von mir? Vielleicht waren sie ja auch mal froh, mich los zu sein …

Und vielleicht hatte Lorenz ja schon längst vergessen, dass ich ihn eigentlich auf ein Date eingeladen hatte. Aber irgendwie konnte ich das auch nicht glauben, oder vielmehr wollte ich es nicht, denn schon allein der Gedanke an das bevorstehende Date ließ mir einen kalten Schauer über den Rücken laufen. Ich versuchte, meine Gedanken etwas auf das Wesentliche zu konzentrieren und schaute aus dem Fenster. Draußen zeigte sich eine wunderschöne Landschaft mit einigen Hügelketten. Nur wenige Wolken bedeckten den blauen Himmel, über unseren Köpfen kreisten Schwärme von Vögeln. Es war ein wunderschöner Frühlingstag. Die Sonne schien rund um die Uhr. Wenn wir mal fuhren, kamen wir an kleinen Häusern vorbei, die alt, aber dennoch wunderschön und rustikal aussahen.

Bald hatte ich John und Lorenz vollkommen vergessen. Verträumt saß ich da und beobachtete, wie die Bäume und Häuser an uns vorbeirauschten. Es war so schön anzusehen, dass ich für einen kurzen Augenblick am liebsten die Augen geschlossen hätte.

Plötzlich hielt meine Mutter ruckartig an. Die Reifen quietschten.

Angekommen.

Als wir in Richtung des gekennzeichneten Parkplatzes fuhren, sah ich, wie eine Kutsche in einen breiteren Feldweg einbog. Ich beobachtete, wie die zwei eingespannten Pferde die Last von dem Kutscher sowie von fünf anderen Personen zogen. Die Rosse waren groß und kräftig gebaut mit buschigem Fell an den Läufen – Kaltblüter, wie ich aus einer Pferdelektüre wusste. Ich beobachtete die Kutsche mit ihren Passagieren noch lange, bis sie schließlich hinter einer riesige Scheune abbog und somit aus meinem Blickfeld verschwand.

Als wir den bepflasterten Hof überquerten, sah ich Tauben auf den Dächern hocken, neben Schwalben, die fröhlich zwitscherten und Fangen spielten. Ein schwarzer Schnauzer lag auf den warmen Pflastersteinen in der Sonne und genoss die Wärme über und unter ihm. Als wir näher an ihn heran traten, sah ich, dass der Hund die Augen geschlossen hatte und dann hörte ich auch, wie er leise und friedlich schnarchte.

Wir liefen weiter Richtung Zentrum des Hofes, in dem sich das Hauptgebäude befand. Eine etwas fülligere, dunkelhaarige Frau nahm uns dort in Empfang, sie hieß Mrs. Winkel und war die Besitzerin des Gestüts. Als sie irgendwelche Fakten in ihren scheinbar uralten Computer eintippte, sah ich, als ich mich über die Anrichte beugte, einen weißen Kater auf ihrem Schoß, der sich dort zusammengerollt hatte und schnurrte. Auch er wirkte vollkommen entspannt, so wie der Hund, den wir draußen auf dem Hof gesehen hatten. Nach einigen Fragen unserer Mutter und etwas Geplauder zwischen den beiden Frauen

– die sich von Anfang an prächtig verstanden –, übergab uns Mrs. Winkel unsere Zimmerschlüssel und begleitete uns freundlich zu unserer Unterkunft.

Vor einer Tür blieb sie stehen und erklärte: »Da wären wir. Einen angenehmen Aufenthalt wünsche ich Ihnen und falls Sie irgendwelche Fragen haben, stehe ich Ihnen gerne zur Verfügung.«

»Vielen Dank, Mrs. Winkel.«

Da meine Mutter keine weiteren Anliegen mehr zu haben schien, wollte sich die Chefin abwenden, doch schnell fiel mir eine wichtige Frage ein. »Wo können wir uns für den Reitunterricht anmelden?«

Leicht überrascht drehte sie sich erneut um und fing an zu strahlen. »Ich dachte mir schon, dass diese Frage noch kommen würde. Wer möchte denn gerne reiten?« Fragend blickte sie meine Mutter an. Doch ich kam ihr zuvor. »Mein kleiner Bruder und ich, wenn möglich.«

»Aber natürlich, wann wollt ihr denn loslegen? Habt ihr schon Erfahrung?«

»Na ja, so richtig sind wir noch nicht geritten.«

Verwirrt blickte mich Mrs. Winkel an. »Was meinst du mit ›nicht so richtig‹, Liebes?«

»Wir sind noch nie alleine geritten«, sagte ich nun mit fester Stimme, auch wenn es mir unangenehm war.

»Wenn das so ist, nimmt euch noch heute mein Kollege Mr. Brown an die Longe. In Ordnung?«

Zustimmend nickte Tommy mir zu und ich sagte: »Okay, das klingt gut. Wann müssen wir dann wo sein?«, fragte ich, und bevor ich noch etwas sagen konnte, fiel mir Tommy ins Wort: »Welches Pferd habe ich? Bekomme ich ein schwarzes oder vielleicht doch ein braunes? Wo bekomme ich das denn heraus?«

»Kinder, jetzt überschüttet Mrs. Winkel doch nicht schon wieder mit Fragen«, schimpfte unsere Mutter und sah die Chefin entschuldigend an.

»Ach, das ist nicht so schlimm, Mrs. Hugents. Viele Kinder haben Fragen, wenn sie hier ankommen. Besonders aufregend ist es für diejenigen, die noch nie die Freude hatten, auf einem Pferd zu sitzen. Ich verstehe das vollkommen. Es war auch aufregend für mich, als ich das erste Mal auf einem Pferd sitzen durfte. Ein tolles Gefühl, sag ich Ihnen.« Mrs. Winkel zwinkerte Tommy und mir zu und fuhr fort: »Mr. Brown, euer Reitlehrer, wird euch zunächst mit allem vertraut machen. Findet euch bitte um 13.00 Uhr vor den Stallungen ein.«

Voller Vorfreude blickten wir sie an und nickten eifrig. Tommy schien bald zu platzen vor Freude, denn er hampelte die ganze Zeit herum. »Das ist toll, Mrs. Winkel. Also wir sind dann um 13.00 Uhr da!«, versprach Tommy und konnte nicht stillstehen, bis meine Mutter ihm schließlich beruhigend auf die Schulter fasste, ihm seine Koffer in die Hand drückte und ihn in die Wohnung geleitete.

»Ich werde dafür sorgen, dass sie pünktlich sind.«

»Dankeschön, Mrs. Hugents, dann bis bald und noch mal einen schönen Aufenthalt hier auf dem Winkelhof«, sprach sie, schüttelte jedem von uns die Hand und zog von dannen.

Wir warteten ungeduldig auf unseren Reitlehrer Mr. Brown. Tommy hatte mich schon fünf Minuten früher gedrängt, zu den Stallungen zu gehen. Er konnte es einfach nicht erwarten. Aber ich war ja genauso gespannt. Welche Regeln es beim Reiten wohl gab? Ob alle nett waren? Und das Wichtigste: Welches Pferd würde ich wohl heute zugeteilt bekommen?

Tommy spähte umher und konnte seine Aufregung nicht unterdrücken. »Da ist er! Endlich«, jubelte Tommy erleichtert, als unser Reitlehrer, Mr. Brown, um die Ecke bog. Er hatte eine enge, schwarze Reithose an, einen schwarzen Helm auf und ein merkwürdiges langes, stockähnliches Ding in der Hand. Als er bei uns ankam, verzog er seine Lippen zu einem strahlenden Lächeln und entblößte weiße, perfekte Zähne.

»Hallo, mein Name ist Mr. Brown und ihr müsst Tommy und Lola sein, die Hugents, stimmt's?« Sein Blick wanderte zwischen Tommy und mir hin und her. Höflich wollte er uns die Hand reichen. Doch ich zögerte, als ich sah, wie verschmutzt sie war. Tommy schien das nicht zu stören, denn er schüttelte die Hand ohne Bedenken. Ich überwand mich schließlich auch, denn als er mich mit seinen grauen Augen freundlich anschaute, dachte ich nicht weiter an seine schmutzigen Hände. Für einen Reitlehrer schien er noch ziemlich jung. Mitte zwanzig, schätzte ich.

»Ja genau, wir sind die Hugents, freut mich«, sagte ich und Tommy nickte freundlich. Das Strahlen wich nicht von seinem Gesicht.

»Na dann, würde ich sagen, gehen wir mal los. Wir haben keine Zeit zu verlieren.« Stolz schritt er voran, Tommy und ich folgten ihm auf den Fersen.

»Wir haben hier auf dem Winkelhof insgesamt vierhundert Pferde und Ponys, von denen aber nicht alle als Schulpferde genutzt werden«, erklärte Mr. Brown. »Aber kommen wir erst mal zu euren Pferdchen, die euch für die nächsten vier Tage zugeteilt sind. Andere Schüler, die schon länger reiten, wechseln die Pferde regelmäßig. Doch ihr fangt gerade erst an und da ist es besser, wenn ihr euch erst mal auf ein Pferd einstellen könnt. Ich habe mir die Freiheit genommen und euch zwei Pferde ausgesucht, die für euer Alter und eure Größe passend sind. Es sind zwei außerordentlich zuverlässige Pferde, die für Anfänger wie euch perfekt geeignet sind.«

Überwältigt schaute ich mich in den Stallungen um. Ich sah viele Boxen mit den unterschiedlichsten Pferderassen, ein langer Gang führte an ihnen vorbei. Als wir an den Pferden vorbeischritten, entdeckte ich einen wunderschönen Rappen mit welliger Mähne und glänzendem Fell. Seine braunen Augen musterten uns misstrauisch. Wie schön er war! Ich ging auf ihn zu, um seine weiche Schnauze zu tätscheln, da schnaubte dieser verächtlich und wandte sich eiskalt ab. Mr. Brown kicherte und ich fühlte mich abgewiesen. Was hatte ich falsch gemacht? Sogar mit einem männlichen Pferd hatte ich Probleme.

»So, nun hast du Black kennengelernt. Er ist der einzige Friese, den wir besitzen, auf ihn sind wir sehr stolz. Er ist ein sehr edles Tier, müsst ihr wissen. Ihn zu reiten, erfordert eine Menge Selbstbewusstsein, denn von dem besitzt er ziemlich viel.«

Oh. Also schon mal nichts für mich. Wir gingen weiter, doch ich blickte noch einmal zu Black zurück. Der Friese war gerade dabei, seinen Morgensnack zu verspeisen. Ich riss mich von dem Anblick des stolzen Friesen los und folgte Mr. Brown und meinem kleinen Bruder Tommy zu der nächsten Pferdebox.

Als wir nach gefühlten drei Stunden unsere Pferde endlich an den Zügeln zu dem Putzplatz führen durften, betrachtete ich noch einmal unsere beiden Reittiere. Tommys Wallach, Domino, war ein Schwarzwälder Fuchs mit dunkelbraunem Fell und heller Mähne. Auf seiner Schnauze befand sich eine schmale Blesse, die sein Aussehen noch mal perfekt abrundete. Er war einfach wunderschön.

Mein Pferd war Choclate. Sie war ein sehr stolzes Pferd und wusste genau, was sie wollte, deshalb kamen auch nur wenige mit ihr aus – das hatte zumindest Mr. Brown gesagt. Im Gegensatz zu Domino – der fast noch als Pony durchging –, war sie eine stattliche, große Stute mit dunkelbraunem Fell und einem weißen Halbmond auf der Stirn. Auf ihrem Rücken erkannte ich viele kleine weiße Punkte, die aussahen wie Vanillestreusel. Sie sah einfach aus wie ein viel zu groß geratener Schokokuchen.

Als wir unsere Pferde fertig geputzt und gesattelt hatten und unser Weg schließlich vor der enormen Reithalle endete, ging es endlich los. Wir stiegen auf unsere Pferde und Mr. Brown trieb diese eifrig vorwärts. Ich fühlte mich leichtfüßig, als ich auf Choclates Rücken saß und bemerkte kaum, wie sie immer schneller wurde. Ein Gefühl der Freiheit offenbarte sich mir und ich hätte ewig so weiterreiten können…

Nach der ersten Reitstunde – die leider viel zu schnell vorbeigegangen war -, machten wir uns auf den Weg zu unserer Ferienwohnung. Die ganze Zeit waren wir schweigend nebeneinander hergelaufen – beide überwältigt von dieser Erfahrung.

»Hey Tommy, wie läuft es eigentlich mit Ronja? War sie nicht deine große Liebe?«, sagte ich spöttisch, um das unbehagliche Schweigen zu beenden. Einerseits war es verstörend, dass er angeblich schon ›Liebe‹ empfinden konnte, aber auf der anderen Seite freute ich mich für ihn und fand das auch irgendwie süß – obwohl ich ihm das natürlich nicht zeigen würde.

»Boah, fang nicht mit der an.«

Verwirrt blickte ich ihn an. Auf so eine Reaktion war ich nicht vorbereitet. »Was? Ich dachte, ihr seid Feuer und Flamme füreinander? Was ist passiert, Brüderchen.«

Verlegen blickte er zur Seite, und als wir fast an unserem Ziel angelangt waren, blieb er plötzlich stehen. »Weißt du, Lola, manche Mädchen sind gar nicht so, wie sie eigentlich scheinen.«

»Wem sagst du das«, murmelte ich mehr zu mir selbst und musste innerlich grübeln.

»Ronja ist dumm. Das ist alles.«

»Komm schon, Tommy, da ist doch noch mehr«, stichelte ich und blickte ihn weiter an. Doch er starrte nur genervt und enttäuscht zugleich auf den Boden.

»Ach Ronja …«, murmelte er vor sich hin.

»Was ist, Tommy? Hat sie dich abgewiesen? Hat sie dir wehgetan?«, fragte ich und mein kleiner Bruder tat mir unheimlich leid.

Schließlich schaute er zu mir auf und fing an zu sprechen: »Okay, Lola, ich erzähl's dir. Also, ich bin in die Schule gekommen und war fest davon überzeugt, sie mir endlich zu schnappen …« Schwache Wortwahl, dachte ich mir, sagte aber nichts und lauschte weiter. »Doch als ich kurz vor ihr war, tuschelte sie mit ihren Freundinnen und ging. So schnell, dass ich gar nicht zu versuchen brauchte, sie aufzuhalten.« Getroffen schaute er zu Boden, doch redete sofort weiter. »Später habe ich es dann noch mal versucht, aber je länger ich sie beobachtete, je länger ich hinter ihr herlief und je öfter sie mir aus dem Weg ging, desto mehr hasste ich sie.«

»Hassen?«, unterbrach ich ihn schließlich doch. »Wie kannst du sie denn hassen? Sie hat dich doch bloß ein wenig ignoriert, und hassen ist so ein hartes Wort …«

»Na ja, nicht hassen, aber ich konnte sie immer weniger leiden, und das ist ja noch nicht alles. Taylor …«

Oh nein, nicht Taylor!

»… hat mir erzählt, wie sie über mich geredet hat.«

Prompt fiel ich ihm wieder ins Wort. »Das ist doch gut. Das …«, wollte ich weitersprechen, doch als er mir direkt in die Augen sah, verstummte ich augenblicklich. In seinem Blick lag so viel Kummer, so viel Schmerz, dass es mir das Herz brach.

»Was ist daran bitte gut, wenn sie über mich erzählt, dass ich ein Trampeltier bin, stinke, hässlich und eine arme Kirchenmaus bin? Hä?«

Ich sah, wie er mit den Tränen kämpfte und mich wütend anblickte. Das hatte ich rein gar nicht erwartet. Wieso musste ich anderen Menschen auch immer ins Wort fallen? Eine Gabe von mir, die ich zutiefst verachtete.

»Tommy, das ... das tut mir leid ... ich wusste nicht ...«

»Ja, das ist dein Problem, Lola! Du weißt rein gar nichts!«, schrie er mich an, während ihm Tränen über die Wangen liefen und rannte zu unserer Ferienwohnung. Wie gelähmt stand ich da und bewegte keinen Muskel. Mir ging nur immer wieder im Kopf herum, was für ein schlechter Mensch ich war.


Mit knurrendem Magen wartete ich auf das Abendessen. Tommy hatte sich zum Glück wieder eingekriegt, wir hatten uns inzwischen wieder vertragen. Er kam zu mir, entschuldigte sich für seinen pubertierenden Ausbruch, und nach einer herzlichen Umarmung war alles wieder vergessen. Ich gestand mir aber dennoch ein, dass ich nicht immer so voreilig sein sollte und aufhören musste, unüberlegt zu reden oder zu handeln. Dann würde ich hoffentlich niemanden mehr verletzen.

Wir saßen zusammen an dem großen Holztisch und aßen jeder eine Scheibe Brot. Tommy beschmierte seines wie immer mit Leberwurst, ich stellte mich mit ein wenig Frischkäse zufrieden. Unsere Mutter schien eher weniger Appetit zu haben, denn sie rührte ihr gerade zubereitetes Brot nicht an. Tommy schien das nicht zu bemerken, ich fragte aber gleich: »Mum, hast du überhaupt keinen Hunger? Was ist los?«

Verwirrt blickte sie auf und lächelte mich strahlend an. »Was? Nein, alles in Ordnung, mein Schatz. Ich habe nur etwas … Heimweh. Das ist alles.«

›Heimweh? Wieso sollte sie denn Heimweh haben, wir sind doch alle hier‹, dachte ich, aber beschloss, nicht weiter darauf einzugehen.

Meine Kleidung war verschmutz und meine Hände so dreckig, dass ich nur noch Schwarz an ihnen sah. Choclate hatte sich mal wieder alle Mühe gegeben, mir viel Arbeit zu bescheren. Von Kopf bis Fuß war sie voller Dreck. Schlamm klebte an ihren Beinen, und selbst die Ohren waren voller Staub. ›Putzen ist echt der reinste Horror‹, dachte ich, während ich den Striegel auf dem Boden ausklopfte. Doch zum Glück war ich bald fertig und Choclate glänzte wieder – wie Vollmilchschokolade, die man frisch aus der Verpackung holt. Während mir bei dem Gedanken das Wasser im Mund zusammenlief, ordnete Mr. Brown die nächste Aufgabe an. Wie immer leistete ich dem ohne weitere Fragen Folge. Aber diesmal wurde es komplizierter. Während Tommy es – wenn auch mithilfe von Mr. Brown – auf Anhieb bei Domino schaffte, hatte ich schon ewig viele Versuche unternommen, die Trense anzulegen und war immer wieder gescheitert. Doch um Hilfe bitten wollte ich trotzdem nicht, ich war doch kein kleines Kind mehr. Irgendwie würde ich es schon hinkriegen, diesen Gaul von meinen guten Absichten zu überzeugen. Also versuchte ich es erneut, aber dieses Mal schleuderte mein Pferd seinen Kopf so heftig herum, dass ich ins Taumeln geriet. Ich stolperte rückwärts und versuchte, mein Gleichgewicht wieder zu finden. Aber umsonst; ich fiel nach hinten. Doch statt des kalten, feuchten Bodens, den ich schon erwartete, fühlte ich zwei muskulöse Arme unter meinen Achseln und einen warmen Atem in meinem Nacken, der mir eine Gänsehaut bereitete. Wer auch immer mich da so heldenhaft aufgefangen hatte, richtete mich nun sanft auf. Als ich mich einigermaßen von meinem Schock erholt hatte, drehte ich mich langsam um und mir stockte der Atem.

Da stand John, direkt vor mir und starrte mich mit einem mitfühlenden Gesichtsausdruck an. Er trug schwarze Reiterhosen und einen ebenso schwarzen Reithelm, der seine Haare vollständig bedeckte. Dazu gesellten sich noch ein paar moderne Reitstiefel, die mir noch mehr gefielen als meine eigenen. Ein kurzes, eng anliegendes T-Shirt, das seinen durchtrainierten Bizeps in Szene setzte, machte dieses für mich makellose Reitoutfit perfekt.

Als wir da so standen und uns wortlos anblickten, wurde mir mulmig zumute. John war hier? Wie konnte das sein? War er mir etwa gefolgt? Nein, das konnte nicht sein. Woher sollte er denn wissen, dass ich mit meiner Familie in den Ferien auf den Reiterhof wollte? Aber was machte er dann hier? Konnte man nicht einmal seine

Ruhe haben? Wenn er dachte, er könnte mit mir hier seine Zeit verbringen, hatte er sich aber gewaltig getäuscht. Ich wollte die Zeit mit meiner Familie genießen. Und sonst nichts. Es ging doch nicht immer nur um ihn? Er könnte gleich wieder gehen!

Trotz meiner Wut und Überraschung blieb ich stumm. Schweiß trat mir auf die Stirn, ich fühlte mich schmutzig. Und das war ich ja auch. So verdreckt vor John zu stehen, schlug mir beträchtlich auf meine gute Laune. Als ich mich gerade dazu aufgerafft hatte, ihn anzusprechen, kam er mir auch schon zuvor. »Hey Lola! Na, wie sind deine Ferien?«

Ich bemerkte seine extreme Entspanntheit und beneidete ihn. Als ob er diesen Moment genau geplant hätte …

»John, was machst du hier?«, sagte ich vielleicht etwas zu schroff und bedauerte den rauen Tonfall sofort. Doch für eine ehrlich gemeinte Entschuldigung ließ mir John keine Zeit.

»Ich? Ach, ich verbringe nur ein paar schöne Tage mit meiner Familie. Meine kleine Schwester liebt Pferde und deshalb waren wir schon öfter hier. Diesmal ist sie zwar nicht mitgekommen, aber wir sind trotzdem gefahren, wahrscheinlich einfach der Gewohnheit wegen.« Er lachte herzlich und vollkommen gelassen. Dieser…

»Aber naja, anscheinend hast du ja dasselbe vor. Bist du zum ersten Mal hier?«

Ich erahnte Aufrichtigkeit in seiner Stimme. Trotzdem wollte ich ihm die Geschichte mit unserer ›zufälligen‹ Begegnung nicht glauben.

»Ja, wir sind zum ersten Mal hier. Das war Tommys Idee. Er weiß, dass ich schon immer mal reiten lernen wollte«, erklärte ich so entspannt wie möglich, doch konnte ich ein leichtes Zittern in der Stimme nicht unterdrücken.

John bemerkte das sofort.

»Lola geht's dir gut? Soll ich deine Mutter holen?«

Wie kam er denn auf die Idee? Dachte er etwa, ich wäre so zimperlich oder schwach, dass ich nicht auf mich selbst aufpassen konnte? Außerdem fragte ich mich, woher er wusste, wo sich unsere Unterkunft befand, aber ich wollte nicht weiter darauf eingehen. »Nein, das brauchst du nicht, wirklich. Mir geht es gut«, sagte ich so überzeugend wie möglich und wandte mich ab. Doch nach nur ein paar Schritten stolperte ich über meinen Putzkasten.

Mit einem Satz war John bei mir und fing mich erneut auf.

»Dir geht's nicht gut«, stellte er fest. »Ich hole jetzt deine Mutter.«

»Ich bin bloß gestolpert!«, fauchte ich ihn an. »Für meine Ungeschicktheit ist nicht meine Erschöpfung verantwortlich.«

Misstrauisch musterte er mich, doch ich hielt seinem forschenden Blick stand.

»Sicher?«, fragte er.

»Sicher«, bestätigte ich.

Endlich ließ er von mir ab.

Er fragte: »Also, du hast noch nie auf einem Pferd gesessen?« Der erstaunte Unterton in seiner Stimme verwirrte mich. Deshalb nickte ich nur.

»Ich habe ganz anders gedacht«, erklärte er, als er meinen verwirrten Gesichtsausdruck bemerkte. Dieses Lächeln!

»Inwiefern?«, fragte ich dann aus Neugier schließlich doch. Konnte er mal aufhören, mich so dämlich anzugrinsen?

»Na ja, ich dachte eben, dass du das schon mal gemacht hast.«

Verwirrt runzelte ich die Stirn.

»Nein, hab ich nicht, und wenn du mir das nicht glauben kannst oder willst, dann bleib halt bei deinen Spekulationen. Das ist mir völlig egal!«, schrie ich ihn an. Natürlich war mir völlig klar, dass ich vielleicht ein bisschen überreagierte. Aber das interessierte mich im Moment nicht, stattdessen fixierte ich John nun zusätzlich mit einem genervten Blick. Seine Gesichtsmuskeln arbeiteten und seine entspannte Art schmolz dahin. Jetzt sah er nur noch verzweifelt aus.

»Tut mir leid. Ich habe es nicht so gemeint.« War das das Einzige, was er zustande brachte? Er senkte den Blick.

Völlig irritiert über seine plötzliche Einsicht, klopfte ich ihm schließlich auf die Schulter. Was war nur mit diesem Typen los?

»Kein Problem, wirklich. Mir tut es auch leid.« Irritiert blickte er auf.

Doch bevor er etwas erwidern konnte, fuhr ich fort: »Mir geht's heute wirklich nicht so gut.«

»Und warum?«, fragte er sofort.

Kurz dachte ich nach.

»Albtraum«, sagte ich knapp und erinnerte mich an meinen schrecklichen Traum von heute Nacht.

»Wenn ich keinen Schlaf kriege, bin ich auch empfindlich und genervt«, kicherte er und grinste mich mit diesem unwiderstehlichen Lächeln an. Seine Verzweiflung war wie weggeblasen. Er war wieder ganz der Alte.

»Na ja, dann werde ich hier mal weitermachen«, sagte ich, um weiteren Diskussionen aus dem Weg zu gehen.

»Brauchst du Hilfe?«

»Nein«, erwiderte ich sofort.

Ungläubig zog er die Augenbrauen hoch.

»Na gut, vielleicht doch.« Diesen Jungen konnte man wirklich nicht anlügen.


»Komm, Lola, Frühstück!«

»Ich komme, Mum!«, rief ich, gerade aus dem Bad kommend. Es war unser letzter Tag auf dem Winkelhof und das bedauerte ich sehr. Obwohl ich mir schon kaltes Wasser ins Gesicht gespritzt hatte, war ich noch müde und fühlte mich schlapp. Vorgestern war einfach viel zu viel passiert. Das mit John – schrecklich. Er hatte die ganze Reitstunde kein Auge von mir gelassen und behinderte mich so, dass ich mich gar nicht konzentrieren konnte und Choclate immer unruhiger wurde. Beinahe wäre ich vom Pferd gefallen, als wir angaloppierten, wobei ich fast mein Gleichgewicht verloren hätte, da Choclate andauernd hochschreckte, wenn der Schweif von Caruso – das war das Pferd von John – ständig nach ihrer Nase schlug. Das brachte auch mich total aus dem Konzept, doch zu meiner

Erleichterung galoppierten wir nur ein paar Zirkel und gingen anschließend wieder in den Schritt über. Ach, der Schritt, eine tolle Gangart. Sehr entspannend, und ich musste nicht viel machen. Choclate machte fast alles von allein, da hatte Tommy mit Domino schon mehr zu tun. Er lief so lahm, dass Mr. Brown ihn sogar im Entengang hätte einholen können.

Als die Reitstunde dann vorbei war, konnte ich John zum Glück aus dem Weg gehen. Ich sattelte Choclate schnell ab, machte die Trense heraus und verwöhnte sie mit einem kleinen Apfel und einer Putzmassage. Als John dann auf mich zukam, sprintete ich mit ihr gemeinsam auf die Weide und verkroch mich anschließend auf mein Zimmer. Ich war schon ein ziemlicher Feigling. Ich hatte Angst, mit John – einem ganz normalen Jungen – zu reden. Na ja, war er wirklich nur ein ›normaler Junge‹ für mich? Wohl kaum. Ich rannte jedenfalls weg, versteckte mich vor ihm. Warum? Da wollte ich einfach in den Ferien mal alles vergessen, und was passierte? Meine Probleme folgten mir! Das war echt frustrierend.

Nichtsdestotrotz war heute wieder ein toller Tag. Die Sonne schien, der Himmel war blau und wolkenlos und die Vöglein zwitscherten. Der perfekte Tag, um etwas ganz Besonderes zu machen. Das dachte sich auch Mrs. Winkel, denn sie bestellte alle Reitschüler, die Ferien hier auf dem Hof machten, um Punkt 11.00 Uhr in ihr Büro. Ich wusste, dass ich spät dran war und Tommy ebenfalls. Deshalb beeilten wir uns mit dem Frühstück und ich verschlang mein Honigbrot gierig und vielleicht etwas zu schnell, denn anschließend hatte ich leichte

Bauchkrämpfe. Doch das hielt mich nicht davon ab, meinen letzten Tag auf dem Winkelhof zu einem ganz besonderen zu machen.

Sechs Reitschüler standen schon mit ihren Eltern und Mrs. Winkel auf dem großen Platz. Da waren neben mir und Tommy zum Beispiel Sophie, die ich aus den Abteilungsstunden kannte, Bobby, bei dem man dachte, dass sein Pferd unter ihm zusammenbricht, Alex, ein attraktiver Mann, der ursprünglich aus England kam und fünf Jahre älter war als ich, Fiona, ein kleines, zierliches, zehnjähriges Mädchen und Clarize, sie war die netteste von allen und wir verstanden uns richtig gut. Das Schöne an ihr war, dass sie nicht so war wie Kathrin, die mich immer umarmen wollte, sobald ich auf sie zu kam. Ich hasste dieses Getue, doch habe es Kathrin zu Liebe mitgemacht, denn sie war ja meine einzige und beste Freundin. Oh, und natürlich der Problemmacher – John.

Als wir ankamen, ergriff Mrs. Winkel sogleich das Wort: »Also, ihr Lieben, hört alle mal her. Ich habe etwas Wichtiges zu verkünden. Wie ihr ja alle wisst, ist heute Gründonnerstag und passend dazu machen wir heute einen Ausritt ins Grüne. Wir haben hier jedes Jahr auf dem Winkelhof eine kleine Veranstaltung und die nennt sich der ›Osterritt‹ …«

Ich blickte zu Tommy und konnte ein Grinsen nicht mehr unterdrücken. Auch John schien sichtlich begeistert zu sein, denn er gab Alex einen Klaps auf die Schulter und flüsterte ihm mit strahlenden Augen etwas zu.

»… Bei dem Osterritt werdet ihr in zwei Teams aufgeteilt mit je vier Reitern, logischerweise. Mr. Brown und ich werden jeweils eine Gruppe begleiten. Jede Gruppe wird dann an verschiedene Orte geführt und muss dort innerhalb einer bestimmten Zeit alle versteckten Ostereier finden. Mr. Brown und ich werden die Zeit messen und eure Ergebnisse notieren. Anschließend geht es dann zurück zum Hof, wo ihr auf dem Weg kleine Prüfungen bestehen müsst. Diese werden von Mrs. Hugents und Mr. Ross aufgestellt.«

Ich wusste, dass meine Mutter heute weg sein würde, doch dass sie mit Johns Vater unterwegs sein würde, erschütterte mich etwas, auch wenn es nur um den Aufbau von ein paar Spielen ging. Dieser Gedanke plagte mich aber nur eine Weile, denn Mrs. Winkel kam zum krönenden Abschluss: »… So, das wäre alles, und jetzt geht bitte zum Putzplatz, macht eure Pferde fertig und wartet dann auf Mr. Brown und mich. Dann müsst ihr Lose ziehen, die bestimmen, wer mit wem in einem Team ist.« Mit diesem Satz verschwanden Mrs. Winkel und Mr. Brown im Hauptgebäude und wir machten uns auf den Weg zum Putzplatz.

»John! Hilf mir mal!«, ertönte Sophies Stimme, die große Probleme hatte, ihr Pferd beim Trensen ruhig zu halten.

»Ich komme sofort«, rief John, doch ich achtete dann nicht weiter auf die beiden, denn ich war vollkommen mit Choclate beschäftigt. Ich musste zwar zugeben, dass ich im Laufe der Zeit etwas besser im Putzen geworden war, doch es war immer noch die reinste Qual. Zwar störte mich der viele Dreck nicht mehr und ich musste auch nicht bei jedem Ausklopfen des Striegels husten, wenn mir der Staub ins Gesicht blies, aber die Anstrengung ging mir nach wie vor in die Knochen. Beim Reiten klappte es auch schon sehr gut, zu meiner Überraschung. Ich konnte schon allein mein Pferd lenken und war jederzeit bereit, für ein paar Galoppsprünge, die mir aber dennoch ein unschönes Gefühl im Magen bereiteten. Insgeheim hoffte ich, dass wir bei dem Ausritt heute keinen Galopp reiten würden. In meine Gedanken vertieft hörte ich gar nicht die ruhige und entspannte Stimme von der kleinen Fiona, die urplötzlich neben mir stand.

»Ähm, Lola?«, fragte sie mich und zupfte mit ihrer kleinen, dünnen Hand an meiner Jacke, damit ich sie bemerkte.

»Ja, Fiona? Was gibt's denn?«

»Könntest du mir mal kurz beim Satteln helfen? Carmen will einfach nicht stillstehen.«

Ohne zu zögern half ich ihr, den schweren Sattel auf Carmens Rücken zu hieven, machte ihn zu und klopfte der Stute noch sanft den Hals. Kurze Zeit später befand ich mich wieder bei Choclate und eine weitere Stimme drang an mein Ohr. Es war Alex. Mit seinem noch leichten englischen Akzent fragte er: »Lola, das ist mir zwar etwas unangenehm, doch könntest du mir vielleicht beim Trensen helfen?«

»Klar, aber ich kann es selbst noch nicht so gut«, musste ich zugeben und wurde rot.

»Zusammen schaffen wir das bestimmt«, sagte Alex motivierend und strich sich durch seine roten Haare.

Nach mehreren Versuchen schafften wir es dann tatsächlich, den hochnäsigen Black erfolgreich zu trensen. Als ich gehen wollte, stieß ich mit Clarize zusammen. Sie entschuldigte sich aufrichtig und ging dann in Richtung Alex. Sanft strich sie ihm durch die Haare und stupste seine Nase.

Ich hörte, wie sie ihn mit ihrer beruhigenden Stimme fragte: »Hey, alles in Ordnung? Gibt's Probleme?«

»Nein, nein, alles gut, Süße. Lola hat mir schon geholfen.«

Ohne irgendwelche schlechten Gedanken winkte sie mir freundlich zu und sagte zu ihrem Freund: »Du hättest auch mich fragen können, Lola ist ja noch nicht so lange dabei. Vielleicht will sie ja auch ihr Pferd fertigmachen.«

»Ach nein, ich denke nicht, dass es für sie ein Problem war. Wir sind ein gutes Team«, meinte Alex und zwinkerte mir zu.

»Sollte ich neidisch sein?«, fragte Clarize spitz und lächelte mir zu.

»Ja, das solltest du«, sagte Alex sarkastisch und küsste sie zärtlich auf den Mund.

Ich konnte mir ein Lächeln nicht verkneifen und machte mich schnell aus dem Staub, um nicht ihre Zweisamkeit zu stören.

Endlich war ich dann mit Choclate fertig und klopfte ihr den Hals, als sie die Trense annahm. Die anderen schienen auch so weit fertig zu sein. Außer Bobby, der mir und John abwechselnd hilflose Blicke zuwarf. Obwohl ich selbst noch ein Anfänger war, wollten alle, dass ich ihnen half, doch selber konnte ich es genau so wenig. Dennoch bat ich Fiona darum, Choclate zu halten, damit ich zu Bobby gehen und ihn aus seinen Qualen erlösen konnte. Leider hatte ich nicht bemerkt, dass John auch schon bei Bobby auf der Matte stand. Charlott tänzelte unruhig umher und nahm keine Rücksicht auf den verzweifelten Bobby, der vergeblich versuchte, den Sattel aufzulegen und fast in Tränen ausbrach. Mit einem verschmitzten Lächeln half John dem armen Kerl und fühlte sich dabei richtig cool.

Doch mir war das egal, ich schaute John nicht einmal an, sondern fragte Bobby stattdessen freundlich: »Brauchst du sonst noch Hilfe bei irgendetwas?«

»Ja, Lola, es wäre nett, wenn du mir beim Trensen helfen könntest.«

Ich warf John einen kurzen Blick zu, der Bände sprach. Doch er schien nicht zu verstehen und blieb eiskalt dort stehen, wo er stand. Anscheinend wollte er sehen, wie ich versagte, damit er mich dann verspotten konnte. Aber diesen Gefallen wollte ich ihm nicht tun und rührte mich auch nicht. Bobby schien unseren ›Kampf‹ zu bemerken und fragte unsicher:

»Alles okay mit euch, Leute?«

Keiner antwortete.

»Könnt ihr mir jetzt helfen?«

Wieder waren wir beide still und Bobby wurde langsam wütend.

»Hallo? Könnt ihr mir jetzt endlich mal helfen! Mir ist egal, wer, Hauptsache jemand bringt mal diese dumme Trense in das Maul dieses nervigen Gauls!« Wütend versuchte er es schließlich selbst, und Charlott machte ohne zu zögern ihr Maul auf. John ließ den Blick nicht von mir ab und grinste mich hämisch an, als ich nicht mehr auf ihn, sondern auf Bobbys urplötzliches Trenstalent sah.

»Gut gemacht, Bobby. Ich geh dann mal wieder zu Choclate.« Ich wollte mich gerade umdrehen.

John hielt mich aber zurück und sagte: »Hey Lola, du weißt doch sicher, dass das gerade nur ein Späßchen meinerseits war, oder? Kein Grund zur Sorge. Ich weiß doch, dass du ein unglaubliches Talent zum Trensen hast. Du brauchst mir nichts zu beweisen, ich mag dich auch so.« Dann zeigte er wieder einmal sein altbekanntes sexy Grinsen, bei dem mir immer ganz flau im Magen wurde.

Sollte das jetzt ein schlechter Scherz sein? Ich wollte ihm gar nichts beweisen! Er war mir eigentlich völlig egal.

»Ja, John, okay … dann … bis gleich.« Mehr brachte ich nicht hervor. Denn ich war so gereizt und so genervt von ihm und wollte nicht schon wieder einen Wutausbruch bekommen, wie bei unserem letzten Gespräch. Ich ging also zu Choclate und tätschelte ihren Hals, bis Mr. Brown und Mrs. Winkel endlich bei uns ankamen. Die Chefin hatte einen Korb mit acht Losen in der Hand, den sie zuerst Alex entgegenstreckte. Dieser nahm eines heraus und starrte auf die darauf stehende Nummer. Es war eine Eins. So ging es die Runde rum, bis der Korb schließlich bei mir ankam. Das letzte Los war mein, und es zeigte eine Zwei.

Wir ritten einen schmalen Weg in Richtung Wald entlang. Wie der Zufall es wollte, war John neben Clarize und Bobby in meiner Mannschaft, die andere bestand also aus Alex, Fiona, Sophie und meinem kleinen Bruder Tommy, die deutlich besser besetzt war als unsere. Schade, dass ich nicht gemeinsam mit Tommy in einem Team war, dachte ich, als wir am Waldesrand ankamen. Überall waren Frühjahrsblüher zu sehen. Äste lagen auf der harten, von der Sonne ausgetrockneten Erde und verdeckten sie fast vollständig. Jedoch lugte hier und da eine kleine Blüte aus dem Unterholz hervor. Dies schien auch Dexter, dem gescheckten Wallach von Mr. Brown, zu gefallen, denn er schnappte gierig nach dem blühenden Grün, Weiß, Rot – eigentlich nach allen Blumen, bei der Farbe war er jetzt nicht so wählerisch – und schritt vergnügt den schmalen Pfad entlang. Als wir nach einer gefühlten Ewigkeit auf einer großen Wiese ankamen, schaute sich Mr. Brown um und sagte: »Den Rest des Weges laufen wir zu Fuß. Ihr könnt eure Pferde hier abstellen.« Er zeigte auf einen kleinen umzäunten Bereich auf der Wiese. Wahrscheinlich hatten sie ihn extra für diesen Ritt hier aufgestellt.

Als Bobby, Clarize, John und ich unsere Pferdchen auf die kleine Weide gebracht hatten, gingen wir weiter einen verborgenen Indianerpfad entlang. Auf dem Weg zu unserem heiß ersehnten Ziel machten Bobby und John dämliche Faxen. Sie verhielten sich wie kleine, gestörte Indianer und übten abwechselnd ihren Indianerruf. Bobby zog etliche Male an Clarize' Pferdeschwanz, und als wir dann am Ziel ankamen, waren meine Nerven bis zum Zerreißen gespannt. Wie konnte man nur so dämlich sein?

»Da wären wir. Und hiermit erkläre ich die Ostereierjagt für eröffnet! Ihr habt fünf Minuten, um die zwanzig Eier zu finden! Auf die Plätze, fertig, los!«, schrie Mr. Brown und drückte gehetzt auf die Stoppuhr.

Wir waren jetzt schon an unserer vorletzten Eiersuchstation angekommen und dafür, dass unsere Gruppe so schlecht war, waren wir eigentlich richtig gut. Wir hatten nur zwei Eier nicht gefunden, und solange Mr. Brown keines verlor, hatten wir ganz gute Chancen auf den Sieg. Nach weiteren fünf Minuten hatten wir zwar ein weiteres Osterei nicht finden können, doch waren trotzdem stolz auf unsere erbrachten Leistungen.

»Das nenne ich Teamgeist, Leute!«, freute sich Mr. Brown und klatschte mit jedem von uns einmal kräftig ein.

»Wir waren echt toll!«, bestätigte Clarize und fing an zu lachen. Sie umarmte erst mich, dann Bobby und zum Schluss John, der mich währenddessen merkwürdig musterte. Anscheinend dachte er – oder er hoffte es –, dass ich eifersüchtig werde würde, aber den Gefallen tat ich ihm nicht, sondern freute mich genauso wie die anderen.

Als John schließlich rumging und jeden einmal siegreich umarmen wollte, streckte ich ihm jedoch nur meine Hand für einen ›High five‹ entgegen und sagte: »Gut gemacht, John.« Obwohl ich ihm gerade eine mächtige Abfuhr erteilt hatte, ging er stolz und erhobenen Hauptes zu seinem Hengst zurück. Er hatte wirklich ein tolles Pferd, obwohl es nicht dasselbe war, wie das aus unserer ersten gemeinsamen Abteilungsstunde. Wie Mr. Brown schon gesagt hatte, erhielten die erfahrenen Reiter immer unterschiedliche Pferde – und John zählte definitiv dazu. Coconut war einfach unglaublich. Er war ein Fuchs mit einem sternenförmigen Abzeichen auf der Stirn. Außerdem hatte er komplett weiße Beine und viele kleine

Punkte auf seinem Rücken, die aussahen wir Kokosraspeln. Choclate und er passten wirklich perfekt zusammen. Warte, wieso hatte ich das gerade gedacht? Hatte ich wirklich gerade Johns Pferd mit meinem verkuppelt? Um diesen unbehaglichen Gedanken loszuwerden, stieg ich auf Choclates Rücken und ritt gemeinsam mit den anderen zur ersten und letzten Station.

Dort angekommen sahen wir, wie bunte Eier in allen möglichen Farben an hauchdünnen Papierfädchen von den Bäumen hingen. In meinem Gesicht stand bestimmt ein großes Fragezeichen.

»Hier müsst ihr im Trab unter den Bäumen durchreiten, die Eier an den Papierfädchen abreißen und in eure Taschen stecken. Ganz einfach.« Verblüffung stand in unseren Gesichtern, während Mr. Brown jedem eine kleine Tasche in die Hand drückte.

»Immer zwei Mann reiten zusammen. Als Erstes reiten Bobby und Clarize bis zu der ersten Markierung …« Er zeigte auf eine weiße Fahne, die mehrere hundert Meter vor uns im Wind flatterte. »Dann folgen John und Lola, reitet schon mal vor. Wir machen das wie eine Staffel. Wenn Bobby dich …«, er zeigte auf John, »… und Clarize dich, Lola, abklatscht, könnt ihr losreiten und versuchen, so viele Eier wie möglich zu schnappen, bevor ihr dann am Ende auf eine kleine Lichtung zureitet und über die Zielgerade trabt. Erst dann stoppt die Zeit. Aber das Wichtigste ist: Die Gangart Trab! Kein Galopp und auch kein Schritt. Ihr reitet nur im Trab! Ihr seid noch nicht so erfahren und die Verletzungsgefahr wäre einfach zu hoch.« Er hielt kurz inne und schaute in unsere begeisterten Gesichter. »Habt ihr alles verstanden?«

Alle nickten eifrig und stiegen auf ihre Pferde. Mr. Brown gab John und mir ein Zeichen und wir ritten an unsere Ausgangsposition zu der weißen Fahne. Wenige Minuten später hörten wir die laute Stimme meiner Mutter, die als Starter fungierte, und darauf gleich das Hufgetrampel der Pferde. John schaute zu mir herüber, doch ich ignorierte ihn. Nach einer gefühlten Ewigkeit des Schweigens kamen endlich Bobby und Clarize zu uns und klatschten ab. Schnell brachte ich Choclate in den Trab und hatte schon bald die ersten Eier in meiner Tasche.

John war hinter mir und rief mir nach wenigen Metern zu: »Lola, wie wäre es mit einem kleinen Sprint?« Wieder ignorierte ich ihn und konzentrierte mich stattdessen darauf, das nächste Ei zu ergattern, welches nur wenige Meter von mir entfernt im Baum hing.

Doch erneut hörte ich Johns Stimme: »Warte, Lola, ich komme! Pass auf, jetzt zeig ich dir mal, wie ein Profi reitet!« Voller Enthusiasmus hörte ich, wie er sein Pferd durch ein Schnalzen antrieb. Auf einmal schnaubte Coconut. Direkt hinter mir. Wie konnte er nur so schnell sein? Ich redete entspannt auf Choclate ein und beachtete das andere Pferd nicht, denn ich wollte den Sieg. Mein Blick fixierte das nächste Ei. Choclate schien genauso entspannt, aber dennoch konzentriert wie ich und schnaufte erfreut, als ich die Hand nach dem scheinbar letzten Ei ausstreckte.

Doch dann passierte etwas Unerwartetes.

John raste auf Coconut an mir vorbei und streifte Choclates Körper. Diese blieb abrupt stehen und tänzelte nach hinten. Völlig in Schockstarre hielt ich krampfhaft die Zügel fest und hörte Mr. Browns besorgte, laute Stimme von Weitem rufen:

»Zügel locker lassen! Ruhig bleiben! Halt dich am Hals fest! Lola! ...Lola!« Doch die Worte erschienen mir wie aus einem Traum – nicht wirklich. Ich hatte tierische Angst und spürte auch Choclates Anspannung. Bitte, lass das alles nur ein Traum sein! Das war das Einzige, was ich noch denken konnte, bevor Choclate auf die Hinterbeine stieg. Ich rutschte aus den Steigbügeln, die Zügel glitten aus meinen Händen und ich fiel auf den harten Steinboden. Benommen fasste ich mir an den schmerzenden Hinterkopf. Blut. Viel Blut. Das Letzte, was ich noch mitbekam, war, wie Choclate davonraste und unzählige Schreie ertönten. Ich spürte, wie mein Kopf brummte, hörte, wie das Blut in meinen Ohren raste und wie die Stimmen der anderen immer leiser wurden, sodass sie bald nur noch ein Flüstern für mich waren. Schwarze Flecken tänzelten vor meinen Augen und bald verschlang mich die Dunkelheit ganz …

## KAPITEL 18
## HALB DABEI

Unbekannter Tag, unbekannte Zeit:

Meine Arme zuckten. Meine Beine verkrampften sich. Mein Atem ging flach. Alles um mich herum war verschwommen. Schwarze Punkte tänzelten noch vor meinen Augen und ich dachte, dass dies für immer so bleiben würde. Jeder Muskel meines Körpers war angespannt und schmerzte. Jeder Knochen schien geprellt, mein Körper schien ein einziger blauer Fleck zu sein. Ich fühlte mich elend.

Von weit her – so schien es mir – hörte ich Stimmen: »… ist gut verlaufen. Wir werden ihr nur noch … umlegen«, war das Einzige, das ich halbwegs verstand.

Die Stimme war tief, wahrscheinlich ein Mann, aber sie schien mir nicht vertraut. Ich blinzelte und versuchte, meine Augen einen Spalt zu öffnen, doch schloss sie sofort wieder, als ein greller Lichtblitz mich blendete. Ich spürte, wie jemand mein Bein anhob und es anschließend wieder sanft senkte. Ich hörte eine weitere Stimme, fraulich und sehr vertraut. »… muss sie noch hierbleiben?«, fragte diese gerade.

»Wir behalten sie noch …«

»Ich hoffe, es wird …«

»Das … ich auch.«

Abgehackte Satzteile schwirrten in meinem Kopf herum und bereiteten mir extreme Kopfschmerzen. Ich vernahm ein Klopfen an der Tür.

»… schon wach? … mit ihr sprechen?«

Das war eine weitere männliche Stimme, etwas höher, doch viel vertrauter und schöner als die andere. Ich genoss diesen Klang und verkrampfte, als die andere männliche Stimme zu Wort kam.

»Nein … aufnahmefähig.«

»Schade«, bedauerte die schöne Stimme, die mein Herz kleine Sprünge machen ließ. Auch wenn jeder Sprung leicht in meinem Brustkorb schmerzte, war es doch ein atemberaubendes Gefühl. Ich bedauerte es, als ich die traumhafte Stimme nicht mehr hörte, weil sich offenbar die Tür schloss. Ich versuchte erneut, meine Augen aufzumachen, doch mein Körper wollte mir nicht gehorchen und so fiel ich wieder in einen tiefen Schlaf…

Ich öffnete die Augen. Grelles Licht begrüßte mich und ich musste mehrmals blinzeln, um nicht gleich wieder die Lider zu schließen. Die Blicke mehrerer Personen bohrten sich in mich hinein, doch ihre Körper waren nur Schemen vor meinen halb geöffneten Augen. Es wurde leise geflüstert – ich verstand nichts, als hätte man mir Wachs in die Ohren gestopft. Der Geruch von Primeln stieg mir in die Nase und ich dachte erst, ich wäre auf einer Blumenwiese.

Doch als ich meine Augen ganz öffnete, wusste ich sofort, wo ich war – an meinem ›Lieblingsort‹:
Ich war also mal wieder im Krankenhaus.
Die männliche Stimme – wahrscheinlich die gleiche wie vorhin – sprach mich nun direkt an. »Ms. Hugents, Lola, willkommen zurück.« Sie gehörte dem Arzt, der mich interessiert musterte und mir spöttische Blicke zuwarf. Langsam kannte ich ihn gut.

»Hi«, sagte ich knapp und fixierte die anderen Personen. Eine Frau kam auf mich zu, meine Mutter, sie setzte sich besorgt auf meine Bettkante.

»Oh Lola, Schätzchen, ein Glück, ist dir nichts passiert, du bist aufgewacht. Ich war krank vor Sorge, ich bin so erleichtert.« Sie drückte und küsste mich liebevoll und ich hörte ihr tiefes Schluchzen. Als sie von mir abließ, waren ihre Tränen auf meinem Gesicht verteilt.

Ich wollte diesen traurigen und unschönen Moment überspielen und sagte so fröhlich wie ich konnte: »Und? Was hab ich Tollpatsch diesmal angestellt?«

Jetzt heulte meine Mutter nur noch mehr und verließ das Zimmer. Verwirrt blickte ich hinter ihr her und sah Tommy auf der anderen Seite des Raums an dem großen Fenster stehen.

Er erklärte: »Du bist von Choclate gefallen, als sie auf die Hinterbeine gestiegen ist.« Choclate … wie es ihr jetzt wohl ging?

»Ist ihr was passiert?«

»Nein. Ihr geht's gut, aber du bist auf den harten Steinboden gefallen und nicht mehr aufgestanden, das haben zumindest die anderen erzählt. Mr. Brown ist sofort zu dir gerannt und hat dich untersucht, doch du warst schon längst ohnmächtig.«

»Mr. Brown? Die anderen? Wo sind sie?«

»Na, auf dem Winkelhof.«

»Hä?«, fragte ich und konnte mir keinen rechten Reim auf seine Antwort machen. Wir waren doch noch im Urlaub, als das passiert ist, und nach Hause gefahren sind wir auch nicht. Verdutzt blickte ich Tommy an. »Welcher Tag ist heute?«

»Freitag. Wir sind nach deinem Sturz gleich nach Hause gefahren, doch ich soll dir schöne Grüße von allen ausrichten. Sie werden dich vermissen.«

Ich musste die Tränen unterdrücken, die sich nun in mir aufgestaut hatten. Ich war also wirklich einfach so fort. Clarize, Alex, Bobby, Fiona, Sophie, Mrs. Winkel und Mr. Brown waren so tolle Menschen, ich hatte sie so gern und konnte mich nicht einmal richtig verabschieden. Auch Choclate hatte ich zurückgelassen. Dann fiel mir der Wettbewerb wieder ein.

»Was ist denn aus dem Osterritt geworden?«

»Na ja, es gab kleine Unterbrechungen ... Außerdem wurde John disqualifiziert, weil er unerlaubt angaloppiert ist und dadurch Schuld an dem Unfall hatte. Den Preis haben schließlich wir bekommen.« Tommy grinste und ich gratulierte ihm herzlich.

»Das ist ja toll, Tommy.«

Doch seine Miene verdüsterte sich sofort wieder. »Die Siegerehrung war nicht gerade sehr ... fröhlich. Nachdem Mr. Brown erste Hilfe geleistet, deine Blutung gestoppt und dir einen Kopfverband angelegt hatte, lagst du bei uns im Auto und wolltest einfach nicht aufwachen. Ich hatte so eine Angst um dich«, meinte mein kleiner Bruder. Tränen kullerten ihm über die Wangen und ich nahm ihn in den Arm. Nach einer Weile richtete er sich auf und fragte starr: »Willst du gar nicht wissen, was mit John ist?«

»John? Der hat mir das doch hier alles eingebrockt. Natürlich will ich ihn nicht mehr sehen«, sagte ich wütend. Bei dem Gedanken an ihn, kochte es in mir.

»Er war einmal da, wollte mit dir reden, doch du warst noch … na ja … weg. Seitdem ist er nicht noch mal hergekommen. Ich denke, er macht sich große Sorgen um dich.«

»Sorgen? Das bezweifle ich nicht …«, sinnierte ich und machte mir trotz meiner Wut Gedanken um ihn. Schließlich würde ich mir auch riesige Vorwürfe machen, wenn er wegen mir vom Pferd gefallen wäre. Zwar waren seine Schuldgefühle total berechtig, doch tat er mir trotzdem auch irgendwie leid.

»Was willst du jetzt machen?«, fragte Tommy und setzte sich wieder auf meine Bettkante.

»Ich denke, ich werde nichts tun. Warum auch? Er sollte zu mir kommen … obwohl ich ihn nicht wirklich sehen will … Mir ist jetzt alles egal!«, erklärte ich und war verwundert, wie ernst ich diese Worte meinte.

»Ich werde jetzt mal Mum suchen. Wir fahren dann nach Hause.«

»Danke, kleiner-großer Bruder.« Er grinste und ging aus dem Zimmer. Erst als auch der Arzt verschwand, realisierte sich ein Gedanke, der sich in mein Hirn einbrannte.

Nämlich, dass John hier gewesen war, als ich nur so halb dabei war. Ihm gehörte die schöne Stimme, die mir so gefallen hatte. Ihm gehörte die Stimme, die mich so entspannt hatte. Er war es, nach dem ich mich sehnte.

# KAPITEL 19
## ENDLICH DA

Montag, 10.28 Uhr

Mit Krücken ging ich am Montagmorgen durch die Schultür. Jeder Schritt schmerzte. Da ich noch zu weiteren Untersuchungen beim Arzt gewesen war, kam ich erst zur Sportstunde in die Schule. John hatte sich die restlichen Ferien über nicht bei mir gemeldet. Er war wie vom Erdboden verschluckt. Einerseits war es gut, dass er mich nicht mehr belästigte. Andererseits empfand ich es doch auch als Frechheit, dass er es nicht für nötig hielt, sich bei mir zu entschuldigen. Ich starrte auf mein gebrochenes Bein, schüttelte den Kopf und stolperte weiter.

Es klingelte. Der Sportunterricht war vorbei. Ich wollte von der harten Holzbank aufstehen, von der aus ich die ganze Zeit den Unterricht verfolgt hatte, doch ich schaffte es nicht aus eigener Kraft. Da wurde mir eine Hand, die sich an einem muskulösen Arm befand, entgegengestreckt. »Na, Lola, soll ich dir helfen?« Seine Stimme klang warm und sanft.

»Danke, Lorenz«, sagte ich, als ich in die glasblauen Augen blickte, die mich immer so verzauberten.

»Und? Wie waren deine Ferien so?«, fragte er schließlich, um ein Gespräch mit mir zu beginnen, nach dem er sich sichtlich sehnte. Doch ich zeigte ihm nur mein gebrochenes Bein. Er schien zu verstehen und sagte beruhigend: »Das wird schon wieder.« Dann wurde seine Miene finster. »Vielleicht kann John ihn ja heilen. Er kann doch alles so viel besser.« Dieser plötzliche Stimmungswandel verwirrte mich. Wieder einmal spürte ich die Rivalität, die sich zwischen Lorenz und John aufgebaut hatte. Es war beinahe so, als wäre er eifersüchtig.

»Lorenz? Was ist denn los mit dir?«

Wütend starrte er mich an und schrie: »Erst lügst du mich wegen des Balls an, dann vergisst du unser Date, meldest dich nicht einmal. Dann hängst du nur mit John ab, und jetzt fragst du mich ernsthaft, was mit mir los ist? Du bist so falsch! Ich hatte gedacht, du magst mich wirklich, aber wenn du lieber mit Johny und den Pferdchen auf dem Pferdehof – wie auch immer – kuscheln willst, dann lass mich doch einfach in Ruhe!«

Schlagartig fiel mir alles wieder ein: Ich hatte den armen Jungen versetzt. Ich hatte ihn vergessen und verletzt. Aber was John damit zu tun hatte und woher er das mit dem Pferdehof wusste, konnte ich nur ahnen. Er tat mir so leid und ich wollte ihn nicht verlieren – warum auch immer. Ich konnte es nicht ertragen, wenn er böse auf mich war, ich konnte ihn einfach nicht so leiden sehen.

»Woher weißt du das überhaupt, dass ich in den Ferien auf einem Reiterhof war?«

»Weil dein geliebter John in der Jungsumkleide damit geprahlt hat. Ihr habt euch ja so gut verstanden, in spätestens zwei Wochen würdet ihr verliebt durch die Schultür kommen und wärt wieder zusammen. Bäh!«

Jetzt wurde auch ich wütend. Was hatte John gesagt? Spinnt der? Hat er jetzt schon Wahnvorstellungen? Die Vorwürfe von Lorenz verletzten mich und stichelten meine Wut auf John nur noch mehr an. Ich hasste diesen Kerl! Wenn ich könnte, würde ich jetzt in die Jungsumkleide rennen und ihm eine reinhauen. Aber so richtig! Mitten in sein perfektes Gesicht!

Nun schrie ich Lorenz ebenfalls an: »Er ist so ein Idiot! Er ist doch der Grund, warum ich diese Krücken habe! Wegen ihm bin ich vom Pferd gefallen! Ich war einen Tag bewusstlos! Dieser Kerl wäre der Letzte, mit dem ich verliebt zur Schultür hineinkommen würde! Er hat mir meine Ferien versaut, mein Leben, einfach alles! Und jetzt wirfst du mir auch noch vor, dass ich mit ihm in den Ferien Spaß gehabt habe? Ich habe jeden Moment mit ihm gehasst! Jeden einzelnen! Er wollte einfach nicht weggehen! Was glaubst du, warum ich in den Urlaub gefahren bin? Damit ich weg sein konnte von ihm und von dir! Ihr nervt mich, ihr bedrängt mich, ihr macht mir das Leben schwer! Ich kann einfach nicht mehr.« Ich blickte noch ein letztes Mal in Lorenz' entsetztes Gesicht und versuchte einen dramatischen Abgang hinzulegen – wenn auch mit Krücken.

Als ich durch die Turnhallentür ging, sah ich John mit versteinertem Gesichtsausdruck dastehen. Er hatte alles mitgehört, das spürte ich und ich sah es ihm an. Ohne ihn eines weiteren Blickes zu würdigen, ging ich den Flur entlang bis zu meinem Spind, packte meine Sachen und ging, immer noch so richtig in Rage, so schnell ich konnte aus dem Schulgebäude hinaus. Ich wollte nicht länger in die Gesichter von John und Lorenz blicken, auch wenn ich vielleicht gerade den größten Fehler meines Lebens gemacht hatte.

Ihre grauen Augen blitzten vor Zorn, als Dave sich wiedermal über ihre Größe lustig machte, doch ich hörte nur mit halbem Ohr zu. Ich hatte andere Sorgen …

Ständig kreisten Gedanken über John und Lorenz in meinem Kopf herum, denn seit Montag – seit meinem extremen Gefühlsausbruch – sprachen beide kein Wort mehr mit mir, sie schauten mich noch nicht einmal mehr an. Eigentlich hatte ich es ja so gewollt, doch jetzt, wo es so war, gefiel es mir ganz und gar nicht. John und Lorenz waren eigentlich die Einzigen gewesen, die ich noch in der Schule hatte, sie waren immer für mich da gewesen. Und ich dumme Nuss hatte sie so verletzt, dass ich jetzt nur noch Luft für sie war, und dabei glaubte ich tatsächlich, dass es richtig gewesen war, was ich getan hatte.

Wieder einmal blickte ich zu Lorenz, doch der war genau wie John und die anderen damit beschäftigt, auf die vor Zorn kochende Mrs. Fein zu starren. Anspannung lag in der Luft und nur Dave schien gelassen. Er hatte anscheinend nichts aus dem letzten Vorfall mit unserer Lehrerin gelernt, hatte lieber eine Sechs kassiert, als seine Freizeit in der Schule zu verschwenden. Ich wäre total erschüttert, wenn ich eine Sechs bekommen würde, doch Dave schien das überhaupt nichts auszumachen. Mein Blick schwankte von Lorenz zu John, der eifrig mit seinem Bleistift spielte und hoffte, wie die anderen anscheinend auch, dass der Geschichtsunterricht bald vorbei sein würde. Auch er würdigte mich keines Blickes, und in mir kroch die Verzweiflung hoch. Hatte ich jetzt alle verloren? Würde ich den Rest meines Lebens ohne Freunde sein? Erst jetzt erkannte ich, wie wichtig mir die Freundschaft zu John und Lorenz war und ich wollte sie einfach wieder, um jeden Preis.

Ich aß mein Honigbrot – ich liebte Honig –, als wir gerade im nächsten Klassenraum für mein Lieblingsfach Biologie saßen. Mrs. Green stellte uns gerade die Organe des Menschen vor. Zur Veranschaulichung nutzte sie eine künstliche, aus Plaste bestehende Figur, die aussah wie ein aufgeschnittener Mensch und in der man alle Organe des menschlichen Körpers sehen konnte.

»Also, wer kann mir sagen, was das ist?«, verlangte Mrs. Green zu wissen, zeigte auf etwas und strich sich durch ihre braunen, welligen, langen Haare.

»Das ist der Dünndarm«, antwortete ich sofort und spürte, wie sich die Blicke meiner Mitschüler in mich hineinbohrten.

Unsere Biologielehrerin hakte nach. »Kannst du uns auch etwas darüber erzählen?«

Alle starrten mich erwartungsvoll an und ich begann zu berichten: »Also, der Dünndarm ist der längste Teil des Verdauungstraktes und seine Funktion ist die Resorption.

Das ist die Aufnahme der wasserlöslichen Nährstoffe ins Blut oder in die Lymphe. In die Lymphe werden die Fette, besser gesagt die drei Fettsäuren und Glycerol, transportiert und in das Blut die Eiweiße und Kohlenhydrate, besser gesagt die Aminosäuren und Einfachzucker, auch Monosaccharide genannt.«

Alle schauten verwirrt, als hätten sie kein Wort davon verstanden, was ich soeben gesagt hatte. Diesmal schauten mich auch mal wieder John und Lorenz an – zum ersten Mal seit Montag –, doch nun wich ich ihren Blicken aus. Warum, das wusste ich selber nicht. Ich wollte mich lieber auf den Unterricht konzentrieren, zumal Biologie mein Lieblingsfach war. Das war aber bei vielen anderen meiner Mitschüler nicht der Fall. Die meisten, wie zum Beispiel die Drillinge, mochten Sport viel lieber – was ich nun wieder überhaupt nicht nachvollziehen konnte. Für mich war Sport nur sinnloses Rumgerenne, bei dem man sich alle Knochen brach und dabei widerliche Schweißausbrüche erlitt. Lorenz und John waren da anders. Lorenz war total das Mathe-Ass und John verlor sich nur zu gern in vergangenen Zeiten. Bei Nancy, Anne und Rocky war ich mir nicht sicher, denn bei ihnen hatte man das Gefühl, dass sie alle Fächer hassten und lieber wieder zurück in ihr Einkaufszentrum gehen würden. Obwohl ihre Eltern steinreich waren, konnte ich mir nicht vorstellen, dass sie es später einmal zu etwas bringen würden.

Nach meiner Erklärung zum Dünndarm nickte Mrs. Green kurz und lächelte mich zufrieden an. Ich sah ihre leicht braunen Zähne, und ihr stechender Mundgeruch schlug mir entgegen. Ich war froh, als sie sich dann von mir abwandte und zu Kathrin ging, die gerade damit beschäftigt war, ihre Fingernägel zu lackieren. ›Diese Frau sollte mal mehr essen!‹, dachte ich mir und starrte auf ihre dürre Gestalt. Nachdem Kathrin eine ausführliche Verwarnung erhalten hatte, dass sie ihre Kosmetikartikel bitte außerhalb des Unterrichts verwenden sollte, klingelte es zur Pause und alle strömten aus dem Zimmer, außer mir, die nur mit ihren Krücken hinterher humpeln konnte.

Ich wartete wieder mal mit meinen Krücken auf der Holzbank darauf, dass der elendige Sportunterricht vorbeiging und ich endlich nach Hause gehen konnte. Als es dann zum Schulschluss klingelte, fiel mir ein riesiger Stein vom Herzen und ich verließ die Sporthalle. Längere Zeit hatte ich Mr. Möcker aus meinen Gedanken vertreiben können, doch als er dann heute vor der Schule in seinem schwarzen Volvo saß, konnte ich es nicht fassen, ihn wiederzusehen. Nun fragte ich mich, warum ich ihn so lange nicht gesehen hatte. Hatte er sich krankschreiben lassen? War ich einfach so in Gedanken, dass er mir die ganze Zeit nur nicht mehr aufgefallen war? Oder war er einfach nur für einige Tage in den Knast gewandert? Es schien jedenfalls nicht so unnormal, dass der Referendar mit seinem schicken Auto vor unserer Schule stand und alle freundlich begrüßte. Außer mir schien es keinen sonderlich zu wundern und ich beließ es dabei, da ich keine sinnlosen Gedanken an Mr. Möcker, besser gesagt Ben, verschwenden wollte. Ich lief also geradeaus zur Bushaltestelle, um dort meinen schweren Ranzen abzustellen und auf den Bus –

mit dem extrem alten Busfahrer darin – zu warten. So schnell ich konnte humpelte ich die Steintreppe hinunter bis zu der langen Reihe der Ranzen, die schon von anderen Schülern hier abgestellt worden waren. Nur mit großer Mühe konnte ich meinen schweren Ranzen von den Schultern gleiten lassen und ihn in die Reihe einsortieren. Wenn Lorenz und John nicht sauer auf mich wären, hätten sie mir garantiert geholfen und ich hätte mich nicht so abquälen müssen.

So in Gedanken vertieft bemerkte ich gar nicht, wie ein kleiner Junge an mir vorbeisprintete und mich anrempelte. Ich geriet ins Taumeln und verlor meine rechte Krücke, die mehrere Meter von mir entfernt liegen blieb. Sogleich kippte ich nach rechts, konnte mich zum Glück aber noch rechtzeitig mit dem Arm abstützen, bevor ich auf mein gebrochenes Bein fiel. Hilflos lag ich am Boden und konnte ohne meine verlorene Krücke nicht aufstehen. Alle lachten und ich schämte mich. Es war ein schreckliches Gefühl, ich fühlte mich extrem niedergeschlagen und allein. Wo waren nur Freunde, wenn man sie mal brauchte? Ich versank wortwörtlich im Erdboden, als sich die nackten Finger der anderen Schüler auf meine hilflose Gestalt richteten. Warum war ich nicht einfach mit dem Kopf auf dem harten Boden aufgeschlagen und sofort ins Koma gefallen? Dann hätte ich mir diese peinliche Situation zumindest erspart!

Auf einmal streckte mir eine Hand meine verlorene rechte Krücke entgegen, die ich erleichtert annahm. Als ich mich langsam aufrichtete, stütze mich die Person und half mir aufzustehen. Das Erste, was mir an ihr auffiel, war die hippe Kleidung und moderne schwarze Lederschuhe. Erst jetzt fiel mein Blick auf das Gesicht der Person: braune Kulleraugen und Haare, die zu einem perfekten Kurzschnitt frisiert waren, und ein aufrichtiges, dennoch cooles Lächeln. Das konnte nur einer sein: Ben, der Rocker.

»Lola, Lola, Lola …« Belustig schüttelte Ben den Kopf. »Was machst du denn wieder für Sachen? Du musst die Krücke schon in der Hand behalten, du Dummerchen.« Er grinste, und sein Lächeln machte mich froh. Ich war vollkommen fertig, aber zugleich sehr erleichtert.

»Danke, Ben. Schön, dass dich das amüsiert.«

Sein Blick wurde ernst.

»Das amüsiert mich nicht. Ich bin bloß froh, dass dir nichts passiert ist.«

Hä? Warum war er froh, dass mir nichts passiert war? Seit wann interessierte er sich denn für kleine, tollpatschige Mädchen wie mich? Wir waren doch nie so was wie befreundet, hatten uns nicht mal wirklich beachtet? Also was sollte das hier? Verdutzt blickte ich ihn an.

»Hat's dir die Sprache verschlagen, Lola?«, fragte er spitz.

Ich schüttelte den Kopf. »Nein.«

»Aber mit dir ist schon alles okay?«

Ich nickte. »Warum interessiert dich das denn überhaupt? Du hast mich doch sonst nie beachtet«, fragte ich schließlich und sprach somit meine Gedanken aus.

Sein Gesichtsausdruck verfinsterte sich. »Gut. Ich kann auch wieder gehen. Ich wollte dir ja nur Gesellschaft leisten, du trauriges Klößchen.«

Ich konnte ein Grinsen nicht unterdrücken. Wer sagte heutzutage bitteschön noch ›Klößchen‹? Trotz seines coolen und äußert lässigen Auftretens wirkte er wie ein kleines Kind. Er erinnerte mich stark an meinen kleinen Bruder Tommy. Als ich sah, wie sich sein Gesichtsausdruck wieder erhellte, erkannte ich, dass er das alles so geplant hatte, er wollte mich aufmuntern.

»Nein, geh nicht. Tut mir leid. Das habe ich nicht so gemeint. Ich bin froh, dass wenigstens einer mir geholfen hat. Heutzutage sind aber auch alle Schüler vollkommen asozial.«

Er lachte. In meinen Ohren klang sein Lachen beruhigend und ehrlich. Er lachte vollkommen aus dem Herzen heraus und ich lachte einfach mit. Jetzt hatte ich nicht mehr das Gefühl, allein zu sein. Ich hatte das Gefühl, als würde er mich verstehen.

Als ich in den Bus stieg und den Busfahrer freundlich grüßte, lief Ben direkt hinter mir. Wie ein kleiner Beschützer ließ er mich nicht aus den Augen und ich spürte seinen Blick im Nacken, der mir Sicherheit gab. Während wir auf den Bus gewartet hatten, hatten wir uns gut unterhalten. Er erzählte mir zum Beispiel, dass er Schlagzeug und Gitarre spielte und lud mich sogar ein, mal vorbeizukommen, um mir das anzuhören. Insgeheim wollte ich das sofort. Ich wusste auch nicht, er gab mir das Gefühl von Wohlbefinden und unbeschreiblicher Sicherheit. Ich mochte ihn und ich hoffte, wir würden in Zukunft mehr Zeit miteinander verbringen und uns weiterhin so gut verstehen. Als ich mich dann auf meinen Stammplatz setzte, ließ er sich neben mir nieder, ohne mich zu fragen.

Vielleicht hatte er bemerkt, dass ich nichts dagegen haben würde und wir unterhielten uns gleich eifrig weiter, bis er schließlich sagte: »Und was hast du jetzt vor mit John und Lorenz?«

Ich beschloss, gar nicht erst zu fragen, woher er davon wusste. Dieser Satz war nur ein Grund mehr für mich, endlich mit beiden abzuschließen. John, dank dem ich jetzt mit Krücken laufen durfte, und Lorenz, dem seine Eifersucht zu Kopf gestiegen war. Egal wie perfekt die beiden auch schienen, sie waren einfach nicht das, was ich brauchte oder wollte. Jetzt nicht mehr. Hätte mich das jemand anders gefragt, wäre ich sicherlich ausgerastet, doch bei Ben war das irgendwie anders. Ich hatte das Gefühl, ich würde ihn schon jahrelang kennen und verspürte diesen Drang, ihm alles zu erzählen. Schließlich sagte ich, dass ich es nicht wüsste und abwarten wolle. Das verstand er und hakte nicht weiter nach. Anscheinend wollte er nicht aufdringlich sein, doch bei ihm hätte es mich sowieso nicht interessiert. Wenn ich mit ihm redete, war es nicht so ein Gefühl wie bei Lorenz oder John, es war anders, viel vertrauter, so als wäre er mein Bruder und ich könnte ihm einfach alles anvertrauen. Er bescherte mir gute Laune und ein gutes Gefühl im Magen.

Dann hatten wir meine Haltestelle erreicht und ich stieg aus. Als ich noch einmal zum Bus zurückblickte, sah ich, wie er grinste und mir fröhlich zuwinkte. Voller Freude erwiderte ich den Gruß und war froh, ihn mal von einer ganz anderen Seite kennengelernt zu haben.

# EPILOG

Sonntag, 19.48 Uhr

Ich saß auf dem weiß-grau gefleckten Teppich in meinem Zimmer und beendete gerade das Telefonat mit Ben. »Ja, dann bis morgen.«

»Tschüdelü!«

Ich legte auf. Dank Ben war mein Leben wieder einigermaßen akzeptabel. Die letzten Tage in der Schule war er immer an meiner Seite gewesen. Zufällig kam er in mein Leben und hatte es dennoch so bereichert. Durch ihn fühlte ich mich besser. Ich hatte endlich wieder jemanden, auf den ich mich voll und ganz verlassen konnte – einen Freund.

John und Lorenz waren mir nun völlig egal. Na ja … nicht vollkommen, aber es fiel mir immer leichter, sie in der Schule auszublenden. Es hatte keinen Sinn mehr, an sie zu denken. Ich wollte sie einfach hinter mir lassen. Ich brauchte sie nicht und sie mich anscheinend auch nicht.

Als meine Mutter mich nun schon das dritte Mal zum Abendessen rief, packte ich das Telefon und sprintete die Treppen hinunter. Am Küchentisch angekommen, bemerkte ich, wie meine Mutter hastig ihr Essen hinunterschlang und dabei unentwegt auf die Uhr starrte. Was hatte sie denn bloß? Hatte sie so großen Hunger, dass sie nicht einmal mehr warten konnte, bis auch ich am Tisch saß? Da sah ich ihr Outfit: total elegant, klassisch, einfach traumhaft schön. Hatte sie sich etwa geschminkt? So blöd war ich nun auch wieder nicht, ich wusste natürlich, dass sie sich nicht für unser gemeinsames Abendessen so aufgebrezelt hatte. Ich beschloss, sie zur Rede zu stellen. »Mum, warum hast du dich denn so schick gemacht?«

Meine Mutter schaute mich nicht einmal an, als sie sagte: »Ich muss noch ein paar Besorgungen in der Stadt machen.«

»In dem Aufzug und so spät?« Ich schaute sie unglaubwürdig an und legte den Kopf schräg. Warum war sie in letzter Zeit nur so merkwürdig?

Jetzt schaute sie mich doch an. »Ach, Lola … eure Mum braucht eben auch einmal etwas Privatsphäre.«

Schon wieder diese Ausrede. Langsam ging mir ihre Geheimniskrämerei auf die Nerven. Ich verdrehte die Augen.

»Da brauchst du jetzt nicht die Augen zu verdrehen«, mahnte sie, stand auf und nahm ihre Handtasche von der Theke.

»Du bist nur so … so komisch in letzter Zeit«, erklärte ich. »Warum sagst du uns nicht einfach, was los ist? Du kannst uns doch alles erzählen, oder Tommy?«

Tommy, total vertieft in sein Abendessen, hatte mal wieder nichts mitbekommen. »Was?«

Ich atmete genervt aus. »Schon gut. Iss weiter.« Sogleich versenkte er den nächsten Bissen in seinem Mund. Typisch.

»Ich weiß, Lola. Alles ist gut. Ich bin spät dran. Wir sehen uns morgen.«

Morgen? Wollte sie die ganze Nacht wegbleiben? Hastig drückte sie Tommy und mir einen Kuss auf die Stirn und ging zur Tür hinaus. Was sollte das denn? Sie konnte doch jetzt nicht einfach gehen? Ich schaute zu Tommy, doch den schien das alles gar nicht zu interessieren. Entsetzt und gleichzeitig total verwirrt folgte ich ihr auf den Fersen. Vor der geöffneten Haustür blieb ich stehen und blickte ihr nach. Draußen war es schon dunkel und die Straßenlaternen leuchteten meiner Mutter den Weg zu ihrem Auto. Sie hatte mir schon den Rücken zugedreht und bemerkte nicht, dass ich sie beobachtete. Da sah ich, wie sie sich ihr Handy ans Ohr hielt und dann hörte ich, wie sie der Person am anderen Ende der Leitung in einem ernsten, aber gleichzeitig fröhlichen Tonfall mitteilte: »Ich glaube, du kannst bald kommen. Sie sind so weit.«

Impressum

Selina & Loreen Kaiser
**LOLA**
Band 1
**Mein Leben und ICH**
Jugendroman

1. Auflage • Januar 2018
ISBN Buch: 978-3-95683-502-5
ISBN E-Book PDF: 978-3-95683-503-2
ISBN E-Book epub: 978-3-95683-504-9

Lektorat: Ulrike Rücker
ulrike.ruecker@klecks-verlag.de
Umschlaggestaltung: Ralf Böhm
info@boehm-design.de • www.boehm-design.de

© 2018 KLECKS-VERLAG
Würzburger Straße 23 • D-63639 Flörsbachtal
info@klecks-verlag.de • www.klecks-verlag.de

Bibliografische Information der Deutschen Nationalbibliothek:

Die Deutsche Nationalbibliothek verzeichnet diese Publikation in der Deutschen Nationalbibliografie; detaillierte bibliografische Daten sind im Internet über http://dnb.d-nb.de abrufbar.

Marlena Frei

**Gefühls Chaos**
**Ein Sommer voller Träume**
Jugendroman

Taschenbuch • 13 x 20 cm • 348 Seiten
ISBN Buch: 978-3-944050-63-8
ISBN E-Book PDF: 978-3-944050-64-5
ISBN E-Book epub: 978-3-95683-184-3

Der 14-jährigen Jane erscheint ihr Leben wie die reinste Katastrophe. In der Schule muss sie mit Mobbing kämpfen und zu Hause hat sie immer öfter Streit mit ihrer Mutter. Ob es daran liegt, dass ihre kleinen Brüder immer bevorzugt werden und ihre Mutter sie einfach nicht versteht? Noch schlimmer wird es, als ihr geliebter Opa stirbt.

Doch plötzlich lernt Jane Simon kennen und ist das erste Mal richtig verliebt. Als dann auch noch ihre einzige Freundin Luna auf einen Besuch nach Deutschland kommt und Jane auf einen Urlaub in Hamburg einlädt, scheint es sich zum Besten zu wenden.

Aber alles kommt anders als erträumt ...

Vanessa Merten

**Kampf um Rasakien**
**Das Erwachen der Elemente**

Fantasy-Roman

Taschenbuch • 13 x 20 cm • 754 Seiten
ISBN Buch: 978-3-942884-95-2
ISBN E-Book PDF: 978-3-942884-96-9
ISBN E-Book epub: 978-3-95683-100-3

Moneax. Ganz Rasakien ist dank ihm dem Untergang geweiht und nur ein Wesen vermag es, den Weg zu weisen, ihn zu stoppen. Árlana – Herrin der Erde-, Sália – die Herrin der Luft- und Linuél – die Herrin des Wassers- sind dazu auserkoren, das Orakel zu finden und mit seiner Hilfe ganz Rasakien zu retten. Doch die Wesen, die sich ihnen in den Weg stellen, werden immer mächtiger und als sie auch noch Árlana zu einer der ihren machen, scheint alles verloren zu sein, bevor der Widerstand sich überhaupt richtig formen konnte …